"从实践到理论"企业管理丛书·利丰系列

服务供应链

宋 华 著

中国人民大学出版社

·北京·

前　言

人类社会经历了农业经济和工业经济时代，服务经济代表的第三产业正逐渐取代第一、第二产业成为国家财政的主要支柱。服务业的发展水平被看做是国家与地区经济和社会发展程度的重要标志。目前，中国服务业的市场化、社会化水平还比较低，服务业占 GDP 的比重为 41%，这一数值与发达国家有很大差距（西方发达国家普遍达到 70% 左右，纽约、伦敦、香港等国际大都市的服务业比重更是达到 90% 左右），甚至不及低收入国家的平均水平 43%。因此，大力发展服务产业已经成为我国经济发展的迫切任务，按照"十二五"规划目标，到 2015 年服务业增加值占 GDP 的比重要超过 50%。

大力发展服务产业，需要深刻理解服务产业化发展的特点和规律。我国商品流通业、饮食业、修理业、零售业、运输业等传统服务业，占整个服务业产值的约 40%。传统的服务行业对服务型的生活消费来说是一种直接的方式，即面对面的消费服务。传统的服务行业具有较高的需求弹性，对自然资源的依赖较低，服务、生产和消费同时发生，产品很难进行存储；与此同时，传统服务业对经济的贡献或经济附加值的创造非常有限。20 世纪 60 年代，史蒂夫·鲍莫尔断言，作为劳动密集型的服务业，其生产率增长比制造业更加难以实现。作为服务业发展的悲观论，人们将这一论断称为"鲍莫尔病"。但事实上，在服务行业的发展过程中，"鲍莫尔病"并没有发生。原因在于，鲍莫尔忽视了这样一个事实，即服务业不仅是劳动密集型产业，同时也是知识和技术密集型产业。与传统服务业相比，现代服务业具有高科技、高附加值、高增长、高盈利能力和较强的辐射的特性，对于优化产业结构、提高产业竞争力和区域竞争力起着重要的作用。

20世纪80年代，罗默的新增长理论以知识和技术作为内生变量进入生产函数，强调知识、资本、劳动力和土地均是独立的生产要素。在发达国家，服务产业正逐渐从劳动密集型、资本密集型向知识密集型过渡，发展越来越依赖于技术、知识和人力资本，知识密集型服务行业呈现出发展的趋势。以知识为基础的服务业的这种转变主要表现为知识密集型的服务产业发展迅速。现代服务业显著依赖于专业知识和技术，向社会提供以知识为基础的中间产品或服务。以知识和技术为主的、高附加值的，如法律服务、管理服务、工程服务、金融服务、计算机服务和其他知识密集型的服务行业发展十分迅速。在发达国家，现代服务业已成为增长最快的产业。在中国，知识密集的服务行业有很大的发展空间，大力发展以高新技术为载体的知识密集型的服务部门是服务业发展的必然趋势。据统计，欧盟服务业近50%的工作机会是知识密集型服务行业提供的，美国知识密集型服务业对GDP的贡献率高达50%，韩国也达到22.1%。

在这一背景下，以服务为主导的产业供应链发展最为典型。实践证明，世界经济和经济生产中，服务业是增长最快的行业，越来越多的生产企业从提供产品转变到提供产品和服务再转变到提供服务解决方案，服务化已成为制造业发展的重要方向，制造产业呈现出服务为主导的发展新趋势。

首先，以服务为主导的制造业价值链中的生产服务的绩效在增加。自20世纪后期以来，经济领域的一个革命性的变化，是制造业和服务业的整合。许多传统制造企业从销售产品到销售服务，通过服务创造差异化优势，宗旨是提供比竞争对手更好的服务来吸引消费者。从服务业内部结构来看，通信、金融、保险、物流、农业支撑服务、中介和专业咨询服务等生产性服务所占比重不断增加，成为服务业的主流，在主要工业国已达50%以上。许多著名跨国公司的主营业务也已经开始由制造向服务衍生和转移。服务在企业的销售额和利润中所占的比重越来越高。

如：20 世纪 90 年代中后期 IBM 开始了由制造商向服务商的转型，到 2001 年服务收入达到 349 亿美元，占总收入的 42％，首次超过硬件成为 IBM 的第一收入来源。2005 年 IBM 公司服务收入所占比例超过 50％，利润连年增长高达 10％ 以上。目前，IBM 已是全球最大的 IT 服务商，不论是从企业经营状况，还是从外界形象，IBM 均已从硬件制造商成功转型为为客户提供解决方案的信息技术服务公司。可以预见，受大多数跨国制造企业的转型带动，全球生产性服务业未来仍将保持强劲的发展势头。

其次，越来越多优秀的生产企业从"以生产为中心"向"以服务为中心"过渡，从重视产品转向越来越关注产品的整个生命周期，包括市场调研、产品开发或改进、制造、营销、服务。一方面，制造业和服务业的界限越来越模糊。最为明显的是通讯产品，某些信息产品也可以像制造业一样进行批量生产。另一方面，制造业部门的功能也日趋服务化，主要表现为：一是制造业部门的产品是为了提供某种服务而生产的，例如通讯和家电产品；二是随产品一同售出的有知识和技术服务；三是服务引导制造业部门的技术变革和产品创新。

最后，以服务为导向的制造业还体现在越来越多的制造企业进行"外包"或"服务剥离"。许多制造商将前期、中期或产后的服务职能交由其他公司来完成。企业要充分发挥核心竞争力，就必须把自己不擅长的那部分业务外包出去，以更加专注于自己的核心业务，而相关的专业外包公司能提供更加专业、优质的服务，降低企业的成本，这是一个双赢的局面。如美国著名的耐克公司，自己只生产其中最为关键的鞋的气垫系统，而其余业务几乎都由外部公司制造提供。耐克公司将主要精力集中于新产品的研发和市场营销上，在全球范围内制造和销售耐克牌运动鞋，产值以每年 20％ 的速度增长，在过去七八年间，耐克公司为股东赚取了年均超过 30％ 的利润。这种转变促进了提供专业化生产服务的企业的快速发展，例如提供技术产品开发、硬件和软件开发人员的甄选和培训、管理咨询、金融支持、物流服务、营销和售后服务的整个过程。现代服务业的快速发展已成为新的经济增长点。

　　应当看到，近几年来，随着以服务为主导的供应链在全球的蓬勃发展，以及中国企业开始意识到服务化运作对于增强企业管理竞争力的重要性，有人开始对生产性服务和服务供应链给予研究上的关注，但是，迄今为止对于服务供应链的系统化研究尚未形成。通过梳理国内文献，我们发现，目前虽然有些研究开始涉足服务供应链管理或生产性服务，而且也提出了产业服务化的思想，但是具体到服务供应链的特质是什么，其拓扑结构如何表现，服务供应链中供需之间的互动如何进行，服务供应链的组织形态有哪些，服务化外包的决定因素是什么，服务供应链战略实施如何展开，产业供应链与供应链金融如何结合等问题，则没有真正涉足；现行的生产性服务研究较少考虑到现代供应链管理的特点，即它是一种以信息和知识为中心，通过产业服务化运作消除以往企业经营中存在的信息孤岛和业务孤岛为目的的综合管理，更没有将强调上下游企业整合管理的供应链管理思想融入到服务管理思想中。因此，如何正确看待现代服务供应链管理，应该用什么样的思路和途径来真正推动技术密集型、知识密集型服务供应链整合，是本书所要重点研究的课题。

　　本书是国家自然科学基金"利益相关者导向的物流网络结构与绩效研究"（70772088）的最终成果以及中国人民大学研究品牌计划"中国企业生产性服务战略结构与模式研究"（11XNI002）的阶段性研究成果。在研究和叙述的过程中，我们认为对以服务为主导的供应链管理研究尚处于探索阶段，其中提出的问题和框架体系存在着较多的缺陷。应当看到，产业的服务化趋向或者说服务供应链管理的兴起，并不能完全取代其他产业或产业职能的作用。事实上，生产性服务具有中间投入的特性，与第一、第二产业以及生活性服务业的关系十分密切，是分工细化和服务外部化的产物，它们之间相互促进，推动产业或产业职能向纵深发展。其他产业的不断发展，能够扩大对生产性服务业的需求，促进生产性服务业或服务供应链的发展；反之，服务供应链的发展也能够有力支撑其他产业的发展。因此，加快生产性服务或服务供应链的发展，必须提高三次产业自身的竞争力，深化产业链分工，不断加强产业之间的互动，增强产业之间的关联。具体来讲，一是加快服务外包行业的发展，深化专业分工。通过引导和推动企业进行管理创新和业务流程再造，将一些非核心的生产性服务环节转变为外部化的专业服务，以核心竞争优势整合企业的服务供给能力，实行专业化经营，深化发展产业链上的专业化分工体系。二是加快信息技术服务业的发展。在企业内部，将信息技术用于企业生产的各个环节，加强部门之间的交流合作；在企业之间，通过建立信息共享平台推动上下游企业之间的合作。三是将生产性服务引入三次产业生产过程，着力提高产品的附加值。从产品生产的研究设计、市场调研到物流运输、营销策划，都通过生产性服务业的参与来提升产业竞争力，加速产业升级。此外，相对于发达国家而言，中国在服务供应链方面无论在理论还是实践上仍处于探索阶段，还没有形成一套完善的分析研究体系和框架，所以，对该领域的研究和推动，哪怕是不尽完善的，也是必要的。

基于上述认识，本书选取的角度和方法力图突出以下几个特点：一是深刻反映和介绍服务主导的供应链管理的前沿发展和管理理论，并通过其中的内容介绍和分析，对企业经营战略和环境的巨大变革之于服务主导的供应链发展的影响进行全面的揭示，使人们能真正理解当今服务供应链管理的"战略性"。为此，在本书的写作过程中，一方面我们尽可能地从宏观与微观两个层面来分析企业服务供应链的运作规律，另一方面我们尽可能地跨越不同管理领域（诸如运作管理、营销管理、战略管理等）来全面反映服务供应链领域的研究进展和特点。二是在深化应用型的基础上，较全面地反映中国企业在服务供应链领域的实践和发展。虽然本书主要是针对服务供应链管理的理论分析和探索，但是我们仍努力将一些调研结果和前人的优秀研究成果反映出来，使人们能对中国加强服务供应链战略和管理的紧迫性有所认识。为此，在本书的撰写过程中，除了介绍、研究相应的管理理论和方法外，还对这些方法在中国国内一些企业的运作实践等做出相应的介绍和分析判断。本书的写作尽管是一种理论上的研究探索，但是在具体研究的过程中，特别是理论支持的证据分析上，我们舍弃了过于抽象和理论化的研究方法（诸如数学模型分析法或者基于统计的实证研究方法），采用了案例研究的方法，使本书更具可读性，至于理论上的深入分析，读者可以参阅相关的参考文献。三是在内容体系的安排上，尽可能以服务供应链的管理流程和要素为基础，既体现服务供应链管理的战略层面，也反映服务供应链运作的方法层面。

国家自然科学基金委员会的冯芷艳处长以及香港利丰集团的张家敏先生、林至颖先生和梁凯旋小姐为本书的写作提供了很多有益的意见和卓有成效的支持。每一次与他们的沟通和畅谈，都使我汲取了大量管理理论和企业实践的智慧，激起我思维的火花，也推动了我对这一领域的深入探索和再思考，同时也直接促成了本书的撰写与付梓。我的恩师中南财经政法大学的彭星闾教授也给予了我极大的支持，他关于企业创新力与控制力两栖能力有机统一的观点触发了我对服务供应链差异化组织方式的思考。我的学生博士生刘林艳女士、北京语言大学的王岚博士、中央财经大学的陈金亮博士也为本书的写作提供了很大的帮助，甚至直接参与了部分章节的写作。中国人民大学出版社的曹沁颖女士为本书的出版做了大量工作。在此一并向他们表示由衷的感谢。

服务供应链管理或服务主导的运营管理是一个发展很快的领域，受作者能力的局限，特别是该领域的迅猛发展，书中难免有错误和不足之处，欢迎广大读者批评指正。

目　录

第一章 从产品制造供应链走向
服务供应链

随着经济的不断发展，服务业在经济发展中所起的作用越来越大，近年来，世界各国服务业增加值比重的平均水平已经超过了 60％，高收入发达国家平均水平超过了 70％，服务业越来越成为世界各国国民经济的支柱产业。2000 年，世界第三产业增加值比重为 67.1％，到 2004 年，这一数值上升至 69％。2000 年，高收入国家第三产业增加值比重为 72.4％，中等收入国家为 55.3％，低收入国家为 51.1％。服务业增加值比重不断上升，在某种程度上是因为服务创新创造了许多新的服务业产业类型，某些传统的服务部门逐渐为新兴的服务部门或工业产品所取代，不同的新部门渐次成为主导的服务业部门，致使服务业增加值比重持续增长。

服务业是为了满足需求而存在的，这种需求既包括最终消费者的生活需求，也包括作为生产者和服务业中间投入的需求。为满足最终消费者需求而提供的服务称为消费性服务，为满足生产者和服务业中间投入的需求而提供的服务称为生产性服务。伴随着经济的发展，消费性服务业与生产性服务业都保持持续增长，新兴的服务部门也不断出现。在新兴的服务部门不断涌现的同时，服务业还呈现出一种新的趋势，即由劳动密集型逐渐向技术知识、人力资本密集型过渡（王子先，2006）。与新兴的服务部门不断出现相对应的是某些传统服务部门的淘汰，随着经济的发展和技术的进步，不仅出现了许多新的需求，创造出许多新的服务类型，同时也使得一些传统的服务类型减少直至消失。总的来说，服务业在不断地增长，而且新旧服务业的更替决定了不同发展阶段需要选择创新型的服务方式来带动经济的发展。

伴随着第三产业的飞速发展，在公司层面，近年来一些优秀企业除了大力发展其传统的核心业务之外，逐渐把关注点转向服务领域，并希望依托服务来保持其长期的竞争优势。这一转变在市场营销、运营等领域表现最为突出，在关系经营（relationship marketing paradigm）、价值导向经营（value-based marketing paradigm) 被提出后，Vargo 和 Lusch（2004）提出了服务导向的经营逻辑（service-dominant marketing logic）。他俩对服务重新下了定义，认为服务是为了其他主体和自身的利益，运用各种专用能力（包括知识和技能）而进行的各种行为和活动。服务导向的经营逻辑认为当今市场中产品和服务的界限越来越模糊，提供给顾客消费的不是单纯的产品，而是产品与服务的组合，而且服务要素所占的比重越来越大。服务往往是无形的，而且其生产和消费过程是无法分离的统一过程，因此企业只能在顾客消费过程中才能同步提供服务，顾客也只能通过消费才能感受服务的价值（Jacob F.，Ulaga W.，2008）。这使得对服务的管理越来越重要，越是具有较高服务管理能力的公司，也越具有较强的市场竞争力。

在过去的几十年，很多工商管理研究学者和管理咨询人员不断提出，企业要从生产和制造产品的模式中走出来，转向关注和提供服务的模式。这种从生产制造向服务转变的倾向，不但在柯达和苹果这种 B-to-C 的企业中广泛存在，而且在 IBM 和 GE 这种 B-to-B 的企业中也广泛存在。这种模式转变的出现，是由发达国家甚或全球经济从制造经济向服务经济转型的形势所导致的，在世界市场上交换和流通的，更多的是服务而不是产品。服务越来越引起了人们的关注，企业也在不断地从基于产品的生产战略转向基于服务的供应链战略（宋华，陈金亮，2009）。

虽然服务部门越来越成为经济增长的重要力量，企业也越来越重视服务对于企业竞争优势获取的重要性，然而不论从实际的生产活动还是从学术研究来看，采购供应、供应链管理和运作管理的重心仍然在产品和制造部门，学者们还是倾向从产品转移的角度定义供应链管理，他们认为供应链管理是指从最上游供应商到最终极客户的整个流程中涉及的信息、流程、产品、资金等管理及配置活动，供应链管理仍以产品为核心。Ellram 等人（2004）指出，之所以造成这种结果，一方面是因为世界经济是建立在生产制造和农业基础之上的，人们对服务部门的重视程度远不及对生产制造部门的程度高，另一方面是因为服务部门提供的服务往往没有集中管理，对服务的需求者而言还存在着获取上的难度。要使供应链管理的理论与实践顺应服务业发展的需要，就需要重新审视服务主导型的供应链运营发展的背景、核心要素以及运作的规律。

1.1　产品制造型供应链的运作与管理

如今，企业越来越意识到产品制造供应链管理是企业竞争力的重要来源。供应链管理活动最初来源于传统的作业管理活动，诸如采购、分销与物流管理。随着管理的不断发展，如今的供应链活动逐渐成为一种综合性的管理流程活动，即通过信息共享平台的建设和信息分享，实现产业链中供应与分销活动的协调，这其中综合信息化平台的建设以及供需职能的协调成为供应链管理活动的核心。然而，在供应链管理领域，近年来基于价值网络实现的服务供应链的提出对传统的产品制造供应链服务构成了强大的挑战。

20 世纪 80 年代中期，"供应链管理"一词在一些物流文献中开始使用。当时，它着眼的是面向在库削减的产品流的改善，以及供给者与需求者之间的供需调整，特别是对于像零售业、食品行业等需要较多在库的产业，通过上游企业和下游企业的整合，集中管理整个流通渠道的物质流，可以取得强大的竞争优势。此后，供应链管理的观念逐渐向计算机、复印机等各种产业延伸。对供应链管理的含义，理论界和实践界有各种不同的理解，有的认为供应链管理与物流管理的内涵是相同的，有的认为供应链管理是物流管理的延伸，有的认为供应链管理是一种企业事业的综合等（见表 1—1）。事实上，供应链管理概念上的歧义与物流管理概念上的多义密切相关。在现代物流管理的理解上，有广义（即跨越组织间的界限，寻求综合的物流控制和管理）和狭义（即企业内部的库存、运输管理）的区分，显然，广义的物流管理与供应链管理的含义是基本一致的。但是，目前通行的看法是供应链管理并不仅仅是物流管理，比后者包含的机能更多。例如，Cooper、Lambert 和 Pagh 认为供应链是物流管理范畴的扩展，它除了包含与商品运动相关的各种活动外，还包括组织间的协调活动和事业流程的调整活动，比如在新产品开发过程中，营销、研发、生产、物流以及财务等不同的供应流程都需要统一起来。此外，为了提供市场的对应能力，还需要与外部的企业寻求合作，因而由供应链构成的多数企业间事业流程的整合被看做是供应链管理。与他们的观点相类似，Handfield 和 Nichols 将供应链定义为从确保原材料到最终消费者整个过程中所发生的与物质和信息流相关的所有活动，而供应链管理则是为获得持续的竞争优势，在供应链关系（supply chain relationship）基础上各种活动的整合。从这一定义中可以看出，供应链是以生产者为中心，由位于上游的供给阶段和下游的流通渠道中的所有企业所组成；供应链的活动，包括信息系统的管理、采购供应、生产管理、订货管理、在库管理、顾客服务，以及废弃物处理等。

表1—1　　　　　　　　　　供应链管理的各种定义

类型	学者	定义
流程导向型	Jones 和 Riley（1985）	所谓供应链管理是指从供应商到最终使用者整个过程中物体流动的所有管理活动
	Houlihan（1988）	供应链管理是对从供应商开始，经生产者或流通业者，到最终消费者的所有物质流动进行管理的活动
	Langeley 和 Houlcomb（1991）	供应链管理是为提供能给最终使用者带来最高价值的产品或服务，而开展的渠道成员间的相互作用
	Cavinato（1991）	从企业到最终顾客整个过程中所发生的购买活动、附加价值活动和营销活动
	Novack 和 Simco（1991）	供应链管理是以从供应商开始，经生产者或流通业者，到最终消费者的所有物质流动作为管理对象
	Stevens（1990）	从供应商开始，经附加价值（生产）过程或流通渠道，到顾客整个过程中，物质流动的管理
	Lee 和 Billington（1992）	原材料调达、零部件或最终产品的提供，以及向顾客流通的生产或流通中心网络组织
连接或物流型	Scott 和 Westbrook（1992）	供应链是从原材料开始到最终使用者为止，生产或供应流程中各种要素的连接
	Turner（1993）	从原材料供应商开始，经过生产、保管、流通等各个阶段，到最终顾客等整个过程的连接
信息型	Johannson（1994）	供应链管理是为实际商品调达而使用的手段，这种手段追求的是供应链参与者之间信息的恰当提供，供应链管理中各种成员间所产生的信息流，对供应链全体的绩效而言是极其重要的

4

续前表

类型	学者	定义
信息型	Towill，Naim 和 Winkner（1992）	所谓供应链是由原材料供应商、生产设备、流通服务、顾客以及信息反馈等要素构成的系统
	Manordt 和 Harrington（1995）	从供应商开始，顾客、消费者，即最终消费者所有参与者之间所发生的产品和信息双向的流动
整合型	Cooper 和 Ellram（1990）	从供应商开始到最终使用者流通渠道的全面管理
	Ellram 和 Cooper（1993）	所谓供应链管理就是为取得系统全体最高的绩效，而对供应商开始到最终用户整个网络的分析、管理
	Hewitt（1992）	供应链的整合不是对现有组织的再造，而是事业流程再设计的必然结果
未来发展型	Cavinato（1992）	供应链的概念是由管理调达和流通渠道构成的，它是从原材料到最终顾客为止沿着产品流所有附加价值的企业所组成，较之交易要素，它更重视的是关系
	Farmer（1995）	供应链管理这个概念更应该用无缝隙性需求整合（seamless demand pipeline）来取代

资料来源：Bechetel，Jayaram，Supply Chain Management：A Strategic Perspective，*The International Journal of Logistics Management*，1997，8（1）.

从以上对于供应链管理的认识来看，如今谈论的供应链管理虽然强调了产业价值链基础上的协作和整合，然而从其管理要素和侧重点上讲，仍然是一种基于产品为主导的供应链管理。具体讲，目前探索的供应链管理主要有如下几个特点：

第一，从交易的单元看，供应链上的参与者相互交易、交往的基础是物质或产品，供应链上的各种整合活动都是以物质产品为基础而展开的，例如从供应链管理的范围上看，可以分为组织内部、供应阶段和面向顾客的流通阶段三个方面。组织内部的管理是指对从供应商购进的原材料和零部件进行加工等各种各样机能的组织与控制。供应阶段的管理则是如何使企业将恰当的商品，在恰当的时间、恰当的地点传递给恰当的用户。这其中采购管理应承担的管理职责是：（1）选择恰当的供应商；（2）供应商能力的鉴定或培育；（3）设计恰当的契约机制；（4）构筑与供应商的良好关系。面向顾客的流通阶段的管理，则主要是物流管理的职责，即以配送管理为中心，一方面有效地管理商品的流动，另一方面通过与流通企业建立良好关系，能动地推动生产活动充分应对市场环境的变化。显然，我们可以看到，所有这些管理活动和经营要素都是以物质要素和产品的有效供给、产品价值的有效实现为核心的，从这个意义上讲，供应链组织中的服务只是产品价值链业务衍生出来的活动，诸如库存管理、运输配送等服务都是为了实现产品有效率和有效益的流动而产生的。

第二，从价值实现的角度以及客户在供应链中的角色看，价值是由一方创造出来的。在产品主导型的供应链运行中，尽管供应链参与各方都承担了信息分享和相应的作业活动，但是价值的最终创造却是由供给方来实现的。对供应链运作模式，Bowersox 等学者（2010）提出了推动式（push system）和拉动式（pull system）两种形式，推动式是相对于面向库存生产的制造企业的供应链运行模式，在这种模式下，所有的供应链运作都是自上而下进行的，即供应链价值的实现由供给方完成；相反，拉动式供应链指的是面向市场和订单生产的企业供应链模式，即供应链的各种活动和协调均由市场或下游牵引，也可以说供应链价值是由需求方实现的。这两种不同的模式尽管运作的机理不同，但是从价值创造的承担者看，都由某一方单独完成。虽然之后 Chpora 和 Meindl（2001）进一步分析了供应链运作的模式，提出在同一个供应链中可能会同时存在推动式和拉动式，其中越是居于供应链的上游，越有可能是推动式，而越是居于供应链的下游，越有可能采用拉动式，但是从供应链单一交易的状况看，价值仍然是一方创造的，只不过在不同的阶段，价值创造的主体呈现出一定的差异性。基于这一逻辑，在产品制造供应链管理中，虽然强调最终客户需求对供应链运作的能动作用，但是从供需之间的交互行为来看，客户（特别是最终消费者）只是需求的发起者，其本身并不参与到供应链日常的运作和管理活动中，因此，客户是企业供应链运作服务和满足的对象。

第三，从供应链运作的宗旨看，产品制造供应链强调的是"客户满意"（customer satisfaction），即通过供应链各个环节的有效运作，满足客户既定、期望的需求。具体而言，在传统的市场营销以及产品制造供应链管理中，认为客户的需求是由价格需求、质量需求、功能需求、文化需求、市场需求等组成，而客户满意则取决于企业所提供的产品或服务与客户需求期望之间的差异，因此，为了提供客户满意度，首先需要了解客户既定的期望，并根据这些期望来组织生产经营活动，满足或部分超越期望。

第四，从组织方式上看，产品制造供应链的协调是序贯性的。在产品制造供应链运作中强调链上企业之间的相互协调，协调在供应链管理上的重要意义不言而喻，许多学者将组织之间的协调机制引入供应链管理理论，将其作为供应链管理的基本关键要素（Christopher M.，1992）。Simatupang 等人（2002）定义供应链协调为联合（结合、协调、调整、联盟）供应链成员的一系列目标（行动、目的、决策、信息、知识、资金等）使之达到供应链目标。产品制造供应链的协调包括了企业内部以及企业之间的协调，企业内协调（intra-firm coordination）是指供应商、制造商和销售商企业内部各部门之间各项活动的协调，包括产品开发、原材料采购、生产、库存、销售各部门之间的协调。例如，库存和生产部门或者生产和销售部门之间的协调。而企业间协调（inter-firm coordination）是指供应商、制造商和销售商之间的相互协调，包括各企业之间的物流、资金流和信息流协调，它是贯穿于整个产品生命过程的相关企业（上下游企业）之间的协调，也就是说是从原材料的采购到产品的生产、销售直到最终顾客的相关供应商、制造商、销售商之间的协调。无论是企业内部协调还是企业之间的协调，其背后隐含的一个条件是，它所追求的集成式管理的跨职能和跨企业协调是异地分布式、序贯性的，虽然信息化的发展以及企业流程重组的管理手段使得供应链运作和协调中会出现并行作业，但是生产过程的专业化和阶段性的分工使得所有供应链内部和外部资源的协调和组织是序贯性的，从本质上讲，产品制造供应链流程仍然是串行的。

第五，从资源整合的类型上看，产品制造供应链更多强调的是被操作性资源（operand resources）。根据企业战略管理资源基础观的理论，企业竞争优势来自于异质性资源的构建，而这种资源必须具有价值、稀缺、不可模仿以及不可替代的特点（Barney，1991）。资源的整合是供应链管理的核心，供应链管理通过协调各个参与方，聚合链上的资源，集中起来加以运用从而实现企业绩效。但是，传统的产品制造供应链在资源的类型上，更看重的是被操作性资源。所谓被操作性资源，通常指的是有形、静态的资源，这种资源往往需要通过采取一定的行动使其变得有价值（Vargo S. L.，Lusch R. F.，2008）。尽管产品制造供应链管理中也提及操作性资源（operant resources），即具有能动性的能力、知识、智慧等隐性的事物，但是从资源整合管理的重心看，仍然偏重于被操作性资源，比如在产品制造供应链管理活动中，更加强调物质供应、生产制造、产品技术、商品流通、库存配送等资源和能力的形成与培育。

1.2　产品制造供应链面临的挑战与变革的环境

基于以上分析可以看出，在供应链管理领域，传统的产品制造供应链虽然从全局、系统的角度整合了商流、物流和信息流，但是这种管理运行模式仍然面临着诸多强大的挑战：首先，此前的管理大多站在生产制造的角度来探索供应链的结构或运作，很少考虑到服务要素在供应链管理构造和运作中的独特作用；其次，以往的产品制造供应链在信息化的建设上，强调的是信息的分享，以及基于分享基础上的流程和运作协调，忽略了这种信息交互所产生的知识创造和知识传递；再者，传统的产品制造供应链强调的是上下游企业所构成的链式结构，并且其创新和运作都是基于这种链状结构。所有这些传统供应链运作的特点，都使得企业的运营呈现出了一种发展的瓶颈，其问题在于虽然链上的企业实现了一定程度的信息分享和协同运作，从而最大限度地满足了客户的需求，但是从价值创造的角度看，它毕竟是有限的。

首先，从供给端看，在充分竞争的市场环境下，企业都意识到了供应链网络的重要性。如今企业之间的竞争是网络的竞争，而不是单个企业的竞争，谁拥有网络的优势，谁就拥有竞争上的优势，因此，在这种状态下，产品制造供应链的发展成为企业发展的普遍战略。对于特定的企业来讲，对产品制造供应链系统的投资会逐渐增加，也就是说，产品制造供应链所产生的绩效呈现边际效益递减的趋势。与此同时，由于产品制造供应链系统的可复制性，更增加了企业产品制造供应链的运作风险，亦即为了满足和获取客户的需求，各个企业都需要建立稳定的交易关系，降低供应链运作当中存在的各种交易费用，使企业的战略意图能得到完全的贯彻。但是，从另一个方面看，这种体系的建立也需要有强大的产业链支配力，这种基于权力较量上的供应链的建立和控制必然会产生较大的管理成本，这表现在：为了形成自己可控制的产品制造链，需要庞大的投资，这种投资不仅是一种物质设施的投资，还包括为了使合作者（包括供应商和客户）能有效地协作，克服现货市场存在的逆向选择、道德风险和机会主义而投资的各类专用性资产。此外，为了使上下游之间的约束行之有效，即遵守共同的交易条件或惯例，需要投资建立一套相互监督的机制。这一体系建立后，一旦没能在产品制造供应链的竞争中获胜，就会面临投入产出不对称的灾难。

其次，从需求方的角度看，客户或消费者行为的变化也对产品制造供应链构成挑战，即客户或消费者需求的不确定性程度有不断增大的趋势。如今，由于客户或消费者需要哪类产品是不确定的，即便客户或消费者产生明确的需求，但是随着环境和时间的改变，或者其他因素的影响，其需求往往会发生改变。因此，这使得传统产品制造供应链面临着巨大的挑战，即如何敏锐地洞察客户或消费者的真实需求，正确、迅速地了解市场上需要什么类型的产品、生产多少等问题，而且为了杜绝缺货或商品的滞销，需要充实流通阶段的商品管理和进发货管理，而一旦判断失误，或者供应链组织运作不当，就会导致巨大的损失，供应链也会面临崩溃的潜在风险。

产品制造供应链所存在的问题不仅来源于制度安排上的不足，还与近十几年来市场环境的变化密切相关，也就是说产品制造供应链所赖以存在的条件和基础，在当今发生了根本性的变革。

1.2.1　产业流程分解与网络组合运作体系的建立

产品制造供应链的产生有赖于生产流程之间的强连接，以及地域的集中性生产，因为只有整个业务流程紧密相连，环环相扣，链上的组合和协调才能有效实现。如果供应链上的各个环节过于分散化，特别是空间上的分散性，会使得产品制造的过程风险很大，供应链运行的成本也会上升。然而，现代产业的发展改变了原来线性、地缘性发展的格局，越来越表现为开放的形态，分工形式的主要特点是迂回生产，即在原材料和最终产品间插入越来越多的中间环节。间接或迂回生产形式的发展导致在产业链的原材料和最终产品生产间增加了越来越多的中间产品的专业化环节，产业流程延长、增宽，并且随着产业技术基础的改变，产业的整个链条发生了"断裂"，产生了各个生产环节的片段，从事这些环节的企业一方面具有极强的流动性，另一方面由于模块化的价值实现更加依附于其他环节。因此，此时竞争与合作关系成为主流，各个企业通过物质流、资本流和知识流相互联系、相互依存、相互制约，整个产业流程成为一个开放的、立体的经济活动体系。正是在这一背景下，产业活动的分解，甚至再分解得以形成，这种分解主要表现为从企业内部的串联式生产经营，发展为垂直分工型的经营体系，进一步扩展为网络化、模块式的经营体系（见图1—1）。如图所示，产业流程的分解不仅是在产业链条打开后从产业链条的某个环节分离出去，而且融合了外部的各种作业活动和资源，形成一个一个的、各具特色和不同性质的子系统。这些不同属性的子系统活动由外部供应商来提供所需的产品和服务，并最终整合成最终客户所需要的产出。产业网络模块化分解过程中被分离的子系统不仅指原材料供应、产品制造、批发和零售、客户服务等，而且指对企业间分工格局与企业竞争力影响表现得最为突出的设计、技术集成、金融服务等高附加值环节的分离。同时，分离的环节可以包括上游与下游的环节，在分离的过程中包含着知识与技术的流动。正是在这种状态下，传统的产品制造型供应链显现出了管理上的不足和乏力，这主要是因为产品制造供应链着重的是产品制造过程中的资源和能力集合，而在产业网络化、模块化分解中，不仅需要产品制造活动的协调，更需要如何有效分解产业链，组合子系统的知识和才能，特别是如何整合各个子系统的才智和能力。例如，冯国经等在《在平的世界中竞争》一书中描述，波音777飞机是由位于世界各地17个国家的900多个供应商提供的300万个零件组装而成，波音公司主要生产机翼和机身、安装飞机，飞机的大部分零部件向全球各地外包。对于波音787，波音公司也将避碰系统和零能见度着陆系统外包给位于新德里附近的HCL Technologies的印度工程师们。产业的这种变化，不仅是分散风险、有效利用全球的技术生产资源、进行全球销售，更是通过这种复杂的系统，聚合全球的资源和服务要素，重新创造了一种价值体系，推动诸如集成技术产业、金融产业、设计产业等的发展（冯国经，冯国纶，温德，2009）。显然，这种产业性的分解和布局，已经不是一种简单的垂直产业分解，而是一种网络化、模块化的产业布局，这种产业性的发展现状必然要改变传统的产品制造供应链的运作模式。

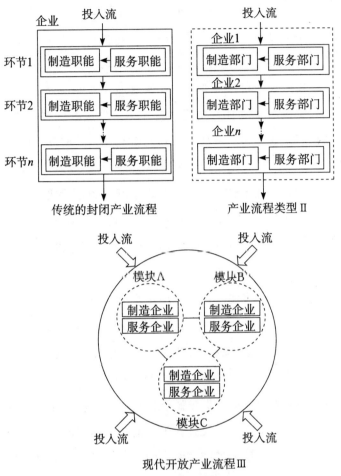

图1—1　产业流程分解的趋势

1.2.2　产业之间的融合和产业发展的动态性

对固有的产品制造供应链产生冲击的一个技术性因素是，传统的产品范围或产业边界被逐渐打破，从而引起了产业之间的融合与新的扩展。进入21世纪，高技术产业的发展以及信息技术在传统领域的推广应用使各产业之间的技术趋同性提高，导致产业之间的边界趋于模糊。一方面，全球产业结构加速分化，高新技术的渗透使核心技术趋同、无缝化新兴产业群不断涌现。另一方面，产业技术的融合化在一定程度上改变了单一知识及技术的产业划分标准，致使"产业融合"开始逐步取代"产业分立"成为产业演进的重要方式。有学者研究认为，产业之间的这种融合主要有四种

11

方式：一是渗透性融合，即高新技术及其相关产业向其他产业渗透、融合，并形成新的产业，如生物芯片、纳米电子、三网融合（即计算机、通信和媒体的融合）；二是互补性融合，即通过产业间的互补和延伸，实现产业间的融合，往往发生在高科技产业的产业链自然延伸的部分，这类融合通过赋予原有产业新的附加功能和更强的竞争力，形成融合型的产业新体系；三是重组型融合，这类融合被认为主要发生在具有紧密联系的产业或同一产业内部不同行业之间，是指原本各自独立的产品或服务在同一标准元件束或集合下通过重组完全结为一体的整合过程；四是替代性融合，即新产业逐步取代旧产业，指的是新融合的产业逐步取代传统意义上的产业。在这四类产业融合中，渗透型和替代型被认为更倾向于"融"，而互补型和重组型更偏向于"合"（郑明高，2010）。显然，以上对产业融合的理解是从融合的途径上分析的。事实上，无论是什么形态的产业融合，都反映为三个层面上原有价值链的解构与新型价值网络的重新组合（见图1—2）。产业融合的第一个层面是产业领域三大产业之间特别是制造业与服务业之间的技术和市场重叠化。例如，产业金融（如科技金融、能源金融、物流金融、环境金融等）的形成就是制造业与服务业之间的重叠。这种重叠使得制造产业获得了金融上的支撑，不仅有利于制造产业运行的顺利开展，而且创造了重要的经济价值，拓展了产业发展的空间。对于金融服务而言，其内涵和外延也发生了根本性的变化，这主要表现为：从小金融到大金融的转变，就是从银行的货币市场走向整个资本市场，包括证券、债券、信托等；从老金融到新金融的拓展，就是从单一信贷产品走向众多金融新产品，包括租赁、基金、产权等。产业融合的第二个层面是同产业领域内不同行业之间的融合。例如，制造产业领域内各电子产品子市场之间在技术、市场等方面的界限越来越模糊，市场的融合创造了一个崭新的市场空间——多媒体市场或信息产品市场。信息产品的生产经营过程实际上是文本信息、图像信息以及计算机数据数字化的综合创造过程，它要求生产商拥有综合电子产品、信息产品、计算机等各方面的生产技术和经营诀窍，显然这是任何单一行业所无法承担的。产业融合的第三个层面是同行业内不同要素之间的融合，亦即上面所谈到的网络化、模块化产业分解。这三个层面的产业融合往往是同时进行的。在这种背景下，传统的产品制造供应链很难顺应这种产业融合的趋势，因为这种产业发展的动态性特点使得生产经营的组合体系发生改变，不仅生产企业之间需要紧密的合作，生产企业与物流企业、零售企业之间要形成一种协调性的经营网络，而且更要求重新理解、设计产业存立的条件，以及产业的核心要素和参与者，同时创造并引导新型产业的需求，显然，这些都非传统产品制造供应链所能完成的。

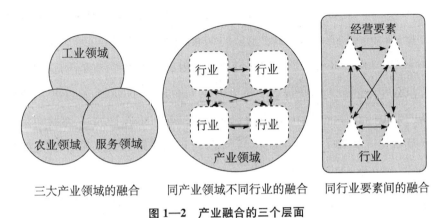

三大产业领域的融合　　同产业领域不同行业的融合　　同行业要素间的融合

图1—2　产业融合的三个层面

1.2.3　体验式经营与价值诉求的改变

如今，客户或消费者的行为正在发生巨大的变化，这种变化表现为从原来单纯的产品或服务的接受者转变成为经营活动的参与者，即体验式营销或经营（experimental marketing or operations），体验式经营最初是由 Schmitt（1999）提出的，他指出体验式营销是站在消费者的感官、情感、思考、行动、关联五个方面，重新定义、设计营销的思考方式。这种思考方式突破了传统上"理性消费者"的假设，认为消费者消费时是理性和感性兼具的，消费者在消费前、消费时、消费后的体验，才是研究消费者行为与企业经营的关键。体验通常是由于对事件的直接观察或是参与造成的，不论事件是真实的，还是虚假的。体验会涉及顾客的感官、情感、情绪等感性因素，也会包括知识、智力、思考等理性因素，同时也可涉及身体的一些活动。正是这一客户行为的改变，导致对经营价值的理解也发生了变化。以往人们对效用以及价值类型和程度的认识，都是建立在有形的物质产品基础上的，即物质产品所内涵的价值的实现是通过营销活动和交换行为产生的，即交换价值

(value-in-exchange)。显然，这种对价值的认识完全是站在供给者的角度考虑的。如今随着消费者体验式经营的要求越来越高，对价值表现形式和创造过程都需要重新审视，这是因为如果客户或消费者没有接受供给者所提供的产品或服务，甚或参与到价值创造和传递的过程中，即便具有价值实现的可能性，但是事实上并没有产生使用上的任何价值（value-in-use）。Gronroos（2000）指出："客户的价值是通过与客户的关系、客户与供应商或服务提供商之间的交互行为而创造的，其关键不在于产品，而是客户理解、期望的价值创造过程……经营的核心在于价值的创造，而不是价值分配；促进或支持价值创造过程，也不是简单地将既定的价值传递给消费者。"基于这种理解，可以认为产品制造方只是提出了价值假定（value proposition），客户或消费者通过协同生产决定了价值以及价值的产生过程（见图1—3）。这种对价值的重新认识，客观上也要求供应链的组织方式和组织原则进行根本性的调整。

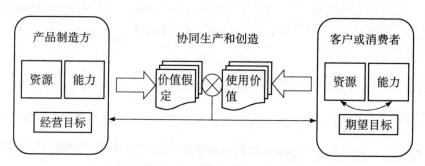

图1—3 企业与客户价值的共同创造

综上所述，产品制造供应链随着不断的发展和深化越来越显现出一些局限和不足，需要有一种新型的供应链体系来促进整个生产经营效率和效益的提高，这种新型的供应链体系在产业流程分解加速、产业融合动态性加剧以及体验式经营和价值诉求变革的状态下，应当具有一些崭新的特点，这些特点就如同 Vargo 和 Lusch（2006）所指出的八点，即：（1）特定才能和知识的运用是交易的基本单元；（2）间接交换掩饰了交易的基本单元；（3）产品是为服务而产生的媒介物；（4）知识是竞争优势的基本来源；（5）所有的经济都是服务经济；（6）客户通常是协同生产者；（7）企业只能提出价值假定；（8）服务的核心是客户导向和关系的建立。

1.3　服务与服务供应链

1.3.1　服务的本质与特征

第三产业在全球的兴起使服务已经成为当代社会经济不可或缺的一个构成部分，服务对国民经济的增长起着重要作用。众多学者和实践者投入时间和精力研究服务，力图弄清服务的本质和特征，丰富服务相关的理论，从而指导服务的现实工作。

服务是国民经济发展的重要产业以及企业发展的要素，很多机构和学者从多个视角对服务的内涵进行了界定。美国市场营销联合会认为服务是用来销售或者与销售的产品相联系的价值活动，服务内容涉及酒店服务、电子服务、运输、理发与美容店、维修中心、信用评级机构等。美国国家标准的工业分类码确定了个人、商业机构以及政府等组织的服务类型，包括酒店服务，商务服务，维修服务，健康、法律、工程、教育以及其他专业性的服务。用于经济统计的服务分类和定义方法，虽然限定了服务的范围，但是为经济发展服务部门的统计提供了有用的工具。Quinn，Baruch 和 Paquette（1987）认为服务是输出为非实体产品的所有经济活动，服务在生产出来的同时被消费掉，而且会以提供方便、舒服和健康为增加值的形式提供给其购买者。Murdick，Render 和 Russell（1990）认为服务是以节省顾客时间、提供地点的便利、以有用的形式和心理的效用来满足顾客需求的经济活动，例如家政服务会节省业主的时间，杂货店便于消费者从方便的地点购买商品，数据库管理便于以有用的数据格式提供数据，心理咨询便于治疗者获得心理上的满足等。Zeithaml 和 Bitner（1996）认为服务是行为、过程和效果，这表明服务不是看得见摸得着的东西，但是服务没有完全与实物产品相分离，服务通常会在与产品集成的同时才能体现。Grönroos（2000）认为服务是在与客户的交互过程中，直接或间接地利用各种资源进行一系列的活动，不断满足客户既定的需求的过程。Vargo 和 Lusch（2004）总结了关于服务定义的三种类型并在此基础上提出了服务的定义：第一是基于传统产品概念来界定服务，认为服务仍然是产品，只不过服务是一种无形的产品，第二是基于附加值概念来界定服务，认为服务是附属在实物产品上的附加品，第三是基于服务业来界定服务，认为医院、学校和政府等工作就是提供服务的过程；认为服务是为了其他主体和自身的利益，运用各种专用能力（包括知识和技能）而进行的各种行为和活动。

Zeithaml, Parasuraman 和 Berry（1985）较早给出了服务具备的特征，认为服务具有四大特征，即无形性（intangibility）、不可分离性（inseparability）、不可存储性（perishability）以及异质性（heterogeneity）。无形性是指相对有形的产品而言，服务不能让人触摸，是无形的；不可分离性是指服务的生产和消费过程是不可分离的，服务在为顾客生产的过程中同时被消费；不可存储性是指相对其他产品而言，服务不能被存储；异质性是指服务很难像有形的产品一样被标准化，服务在不同的时间和地点，其水平会出现差异。我们认为，由于服务不同于产品的特殊性，使得服务具有很多不同于物质商品的特征。首先，服务是无形的。服务不同于一般的物质商品，服务通常不具备非常具体的实物形态。与有形的工业与消费品相比，服务在很多情况下都不能触摸和用肉眼看到，服务在被购买之前无法像有形产品一样被消费者看到、尝到或感知到。其次，服务具有即时性。服务的即时性表现在不可分割性和不可存储性，不可分割性是指服务的生产和消费过程通常是同时发生的，不像实物产品那样在到达消费者之前，需要经历一系列的中间环节；不可存储性是指服务无法像有形产品一样，在生产之后可以存储待售，服务不能被存储。再次，服务具有高度的异质性，即同一种服务受服务的时间、地点及人员等因素的影响很大。最后是服务的综合性，即服务与商品存在着一定的替代性和统一性，产品与服务往往都是连为一体、不可分离的结合体。

1.3.2 服务供应链和运营概念

随着当今企业竞争的日益加剧，特别是管理活动的流程化、网络化发展，服务主导型供应链（服务供应链）得到了广泛的关注。研究表明，在当今企业的供应链管理实践中，服务性活动本身产生的绩效已经占到了整个供应链管理收益的 24%，利润的 45%（Kevin Poole，2003）。服务活动本身所创造的价值，已逐渐超越了产品制造供应链，这是供应链管理领域的新动向。然而，究竟什么是服务供应链，长期以来理论界对此有多种不同的理解，大体可以分成以下几类。

第一类将服务供应链理解为供应链中与服务相关联的环节和活动，在此基础上试图寻找到兼顾最优服务和最低成本的方式来经营服务供应链。根据 Dirk de Waart 和 Steve Kemper（2004）的定义，服务供应链是为了支持企业产品的售后服务而涉及的物料的计划、移动和修理的全部过程和活动。基于此，他们提供了五步法来指导服务供应链实践，使客户订单履行速度和质量达到最优的同时，也平衡企业内部因库存和服务水准提高所产生的成本。还有学者针对全球供应链中的服务、售后服务进行了专门的研究（William E. Youngdahl，Arvinder P. S. Loomba，2000；N. Saccani，*et al.*，2007）。而国内学者则更多聚焦在物流服务供应链研究方面，例如，田宇认为，物流服务供应链的基本结构是"集成物流服务供应商的供应商"→"集成物流服务供应商"→"制造、零售企业"模式，申成霖认为，物流服务供应链是以集成物流服务供应商为核心企业的新型供应链，它的作用是为物流需求方提供全方位的物流服务。

第二类将服务供应链理解为与制造业或制造部门的供应链相对应的服务业或服务部门的供应链，并对比两者的相同点和不同点，以期找到适用服务业的供应链管理方式。Henk Akkermans 和 Bart Vos（2003）对电信产业供应链中的"强化效应"与制造业供应链中的"牛鞭效应"进行了对比，并发现了服务业供应链中的"强化效应"的渊源。美国学者 Lisa M. Ellram 等（2004）在《理解和管理服务供应链》一文中对比制造部门的供应链管理，强调了服务部门的供应链管理的重要性，并系统阐述了两部门在供应链管理方面的异同，在此基础上构建了适用服务部门的服务供应链模型。Kaushik Sengupta 等学者（2006）用实证的研究方法提出并验证了适用服务部门的供应链模型，利用因子分析和回归方程等方法分析了信息共享、产品或服务的客户化、长期关系、先进的计划系统、供应和分销网络结构等因素对两部门的运营和财务绩效的影响有何差别，从而有针对性地提出解决方案。国内也有很多学者对航空业、旅游业等服务部门的供应链进行了研究，例如，阳明明（2006）在《香港的港口服务供应链》一文中认为，港口供应链是指以港口为核心企业，将各类服务供应商和客户有效结合成一体，并把正确数量的商品在正确的时间配送到正确地点，实现系统成本最低，服务供应链最本质的特征是没有制造过程。

综上所述可以看出，前一类定义与传统的产品制造供应链从本质上讲并没有差异，它将服务看做是产品制造过程中的一种要素，或者说服务与制造是供应链运作的两面，服务是产品制造供应链活动的补充；而后一类定义则走向了另一极端，认为服务供应链是一种纯粹的、不包含任何物质性生产和运营活动的过程。显然，这两种对服务供应链的认识都有局限性，因为这两类定义一方面没有看到服务在供应链运行中的能动性，另一方面没有看到服务与制造、产品之间的融合与互补性。正因为如此，第三类对服务供应链的认识则从全新的角度阐释了服务与企业供应链或经营之间的有机关系。具体讲，第三类对服务供应链和运营的界定有着不同的学科背景，例如在市场营销领域称之为服务主导型逻辑（service-dominate logic），代表性的学者是Vargo 和 Lusch。服务主导型逻辑指的是参与者利用各种操作性资源与其他参与者一起提供服务的过程，并通过这一过程来获取新的互补性服务，亦即服务的交换（service is exchanged for service）；与此同时，这一过程中有时会涉及产品和制造活动，但是此时的产品和制造活动只是服务传递的媒介物（Vargo S. L. and Lusch R. F.，2008）。在经济学领域，这种模式称为生产性服务。1966 年美国经济学家 H. Greenfield 在研究服务业及其分类时，最早提出了生产性服务（producer services）概念，之后 N. Hansen（1994）认为，生产性服务业作为商品生产或其他服务的投入而发挥着中间功能，提高生产过程中不同阶段产出价值和运行效率，包括上游的活动（如研发）和下游的活动（如市场）。Grubel 和 Walker（1989）提出，生产性服务是指为其他商品生产企业和服务供应企业提供中间投入的服务，是生产企业财富形成过程的中介，并强调生产性服务企业服务对象是生产者，而不是消费者。Stull 和 Madden（1990）认为生产性服务业是涵盖中间产出的服务，也就是协助企业或组织生产其他产品及劳务，而非提供给私人或家庭消费。Juleff（1996）进一步指出生产性服务业作为一个产业，依靠于制造部门，并满足制造业需求。在运营管理领域，这种运营模式称为服务化（servitization）或者服务生产（service manufacturing）。Vandermerwe 和 Rada（1998）提出了"服务化"的概念，之后很多学者不断扩展了这一概念在生产运营管理中的应用，它指的是将服务有效地与生产制造进行结合，从而创造出一种新型的具有竞争力的运行模式。他们指出"服务化"的演进有三个阶段，最初阶段是单一产品或服务的生产提供；第二个阶段是产品加服务，即第一类定义所理解的服务；第三个阶段是真正"服务化"阶段，是产品＋服务＋支持＋知识＋自我服务。产品是一种物质性、实体性的事物，它可能由企业自身或者其他制造商提供，包括产品、设备和生产技术；服务（一种狭义的服务理解）指的是围绕产品经营和传递所产生的服务要素，诸如库存、配送等活动；自我服务则是客户自身参与到服务的活动过程，其原因是这种自我参与式服务能更好地促进服务的效能，同时大大地降低服务所产生的成本；支持活动指的是一种很广义的服务内容，包括客户培训、系统维护等各类活动要素，其主要的功能在于协助客户使用产品、创造自身所需的服务、共同生产和传递服务，或者建立一种全新的运营模式；知识也称为诀窍（know-how），这是一种劳力密集型、创造性的组合要素，它远远超越于数据和信息，是一种丰富化的信息，诸如客户问题发现、解决的能力等。这五个方面的有机结合构成了"服务化"这一系统概念。

　　本书结合第三类定义中各学科对服务经营模式的理解，将之理解为以服务为主导的集成供应链。即当客户向一个服务集成商提出服务请求后，它立刻响应客户请求，向客户提供基于整合操作性资源和被操作性资源的系统集成化服务，并且在需要的时候分解客户服务请求，向其他服务提供者外包部分的服务性活动，这样从客户的服务请求出发，通过处于不同服务地位的服务提供者对客户请求逐级分解，由不同的服务提供者彼此合作，构成一种供应关系，同时服务集成商承担各种服务要素、环节的整合和全程管理，称为服务供应链（service-dominant supply chain，SSC，见图1—4）。从这个角度出发，服务供应链的概念有几点是非常关键的：其一，服务供应链并不指的是产品制造供应链中的服务环节，也不仅限于服务业，或单纯的服务业供应链，而取决于供应链是否从供需之间的互动和共同价值形成出发，以资源整合和服务集成为主导而构建的。一定意义上，服务供应链延续了现代供应链管理中以客户为中心的理念，用服务拉动整条供应链的管理和运作，以期通过服务的整合满足客户多样化的需求。其二，整合服务集成商是整条服务供应链构建和管理的主导，通过对客户需求的预测和客户关系管理，能够把握需求的变动和更新，不断开发和寻求新的价值增长点。其三，服务集成商通过对供应商绩效的评价和供应商关系管理，整合间接服务供应商和直接服务供应商的资源及能力，基于基本的产品和服务，创造增值服务，向客户提供完善的服务，从而构建起以服务为节点的实体和信息流通的网络。

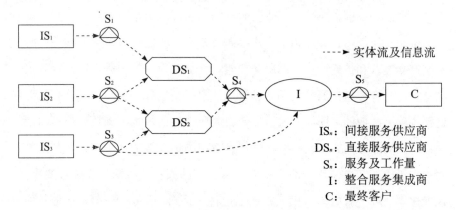

图1—4　服务供应链概念图

1.3.3　服务供应链的实践——伟创力公司

伟创力公司（Flextronics）总部设在新加坡，是一家致力于为汽车、工业制造、医疗及科技企业提供端到端的创新性设计、制造和物流服务的世界一流电子制造服务供应商（EMS），2010财政年度总收入达241亿美元。伟创力公司为许多财富500强企业如惠普、索尼爱立信、诺基亚等生产数以千计的高科技产品，包括移动电话、计算机、路由器等。伟创力公司通过其遍布五大洲逾30个国家的厂房设施网络为客户提供电子产品的设计、制造、运输及维护服务。这种全球化规模为客户所提供的完备的设计、工程，以及核心电子制造与物流服务，垂直整合零组件后，通过降低客户成本、缩短产品上市时间，进而让客户的经营最优化。

中国是全球最大的移动通信市场，随着无线技术的快速演进和用户的持续增长，中国手机产业发展迅猛。在伟创力的销售额中，来自亚洲市场的销售占总销售额的46％，而中国市场占据亚洲市场的一半。在行业细分中，手机制造业务占销售收入的31％。伟创力接受了大量索尼爱立信、阿尔卡特、诺基亚以及摩托罗拉的外包制造订单，在业界享有"手机世界工厂"的美誉。其中，N企业是一家全球知名的跨国手机制造商，在应用最新的无线技术研发高科技手机领域扮演着举足轻重的角色，是伟创力公司最重要的客户之

一。伟创力公司为 N 企业中国市场提供电子制造服务，是它最初的设计制造
商（ODM），也就是 N 企业把产品从设计阶段到零售分销阶段的整条供应链
外包给了伟创力公司。

在伟创力提供整合服务之前，N 企业在中国的手机供应链的主要活动可
以概括为三个主要阶段：设计阶段、制造阶段和分销阶段（见图 1—5）。

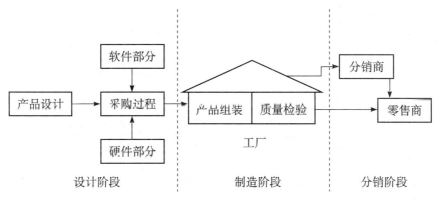

图 1—5　N 企业中国的手机供应链

在设计阶段有两项主要的活动：产品的设计过程和部件的采购过程。在
这一阶段，N 企业遇到了中国市场的特殊问题：一方面，中国手机市场具有
产品生命周期短的特点。从伟创力公司收集的数据来看，N 企业每三个月就
要引入一种新的模型。所以，为了及时响应市场的需求，N 企业需要不断引
进新的模型来保持其领先的地位。另一方面，中国手机市场的零部件供应商
具有小型区域零散分布的特点。因而，在整合高效的供应商并建立长期的合
作伙伴方面，N 企业遇到了困难。制造阶段包括两项主要的活动：产品组装
和质量检测。组成部件如核心的电路板集成单元、模型外壳和增值组件等软
硬件被组装在一起，一些定制化的功能也要同时实现。组装完成后，手机被
送去质量测试，目的是检测手机的功能性。在这一阶段，N 企业先进的生产
组装线确实能带来高绩效，但是，很多时候国外厂商单凭技术领先占领市场
在中国是不可行的，N 企业面对的挑战是如何整合中国市场上丰富低廉的资
源来实现本土化运作。尤其是在下游的分销阶段，如何平衡效率和成本选择
适当的分销渠道也是 N 企业面对的一个问题。

针对 N 企业手机供应链的特点及其在中国市场遇到的瓶颈，伟创力构建
了相匹配的手机服务供应链（见图 1—6）。

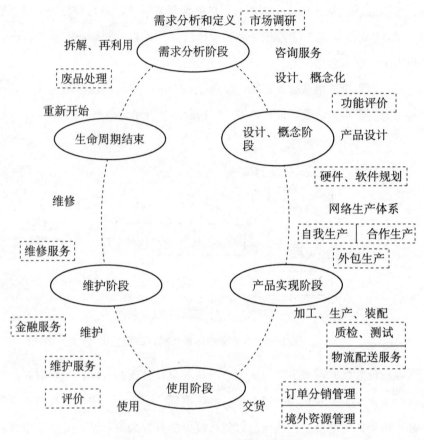

图1—6 伟创力构建的服务供应链

伟创力公司具备业内领先的全球化设计服务能力，拥有逾6 000名产品设计工程师，可提供全球性的设计服务、产品及解决方案，充分满足各种不同的客户需求，涉及领域包括集成电路设计、部件与软件开发，以及测试与工程化服务等。在新构建的手机服务主供应链中，伟创力为N企业提供整合上下游厂商资源和能力的端到端的解决方案。当终端消费者提出对产品功能的请求后，伟创力作为整合服务集成商立刻响应，并且分解服务请求，向其他直接或间接服务提供者包括软件提供商和硬件提供商外包部分服务性活动。新构建的服务供应链是建立在设计、制造、分销等主要活动的基础之上的，但是供应链上下游的资源和能力配置则由伟创力主导进行整合，并执行核心的供应链管理职能。

在产品的设计阶段，对手机最初的模型和概念化设计主要由伟创力的设计者完成。同时，基于工效性、持续性、美观性等标准对手机的初始概念模型进行评价，最终完成对设计的改进和完善。在确定了产品的模型和设计后，伟创力将发挥其整合能力，集成直接和间接服务提供商的资源，采购新设计所必需的软件和硬件。对于软件的采购，伟创力有两个选择：第一，利用自己的研发能力开发所需的软件；第二，把软件开发外包给其他软件供应商。因为软件部分决定了主要的产品特点和价值，所以这一决策很重要。一部手机的软件部分可以划分为三个要件：韧体（firmware，又叫韧件、固件，在电脑中是一种嵌入在硬件装置中的软件。通常它是位于快闪记忆体或 EEP-ROM 和 PROM 中，而且可以让使用者更新）是硬件运行必备的，在产品测试阶段之前装备，以测试硬件的功能；核心软件能被客户定制化，为用户提供附加功能，例如安全锁定程序、语言选择、手机屏保和壁纸等；升级软件在韧件被删除后给用户提供升级功能，以及更多的安全的不易感染病毒的操作系统。核心软件由伟创力和 N 企业合作定制，次要软件则进行外包，但通常需要在采购过程中给予特别的关注。伟创力会用大部分的时间和精力来寻找理想的软件开发者，因为软件的质量通常不容易检测。一旦选择了适当的开发者，伟创力会和外部软件开发者之间建立紧密的而且相对长期的合作关系。对硬件的采购，伟创力充分发掘了本地供应商的成本潜力，在中国建立了两个工业园区。工业园这种本地化的供应体系使得伟创力能够大幅削减后勤成本，缩短对市场的反应时间，以及降低运输成本。同时，上游配件供货商的入驻，可以真正达到零库存的水准，并改善与供应商的沟通，提高产品质量。例如，珠海斗门工业园区就集合了生产手机外壳、PCB 板、摄像头等主要零部件的供应商，键盘和 LCD 的供应商也在园区内。完成必需的硬件部分和软件部分的采购，组装过程就开始了，这些活动大部分在伟创力公司在深圳的地区制造商那里完成。在这一阶段，手机的软件和硬件被组装在一起并接受一个大型设备复杂的检测。当手机组装、测试、包装后就被分销给零售商。根据地理位置以及订单的规模，订单通过卡车或飞机传递。除此之外，产品也经常被传递到地区分销中心，在那里它们再次被分销给当地的零售商，但也可能直接分销给大型的零售商。

伟创力最大的竞争力便是收集和分析服务供应链上的信息，由此保证其能力管理、需求管理、关系管理、服务传递管理等职能高效率的实现。伟创力实现了客户销售订单处理流程与其拥有的销售订单创建过程的无缝集成。

因此，伟创力无须第三方介入，就能够创建、输送货物到其客户端的最终用户手中。这种商业模式之所以获得成功，是因为伟创力能够迅速沟通客户和供应商。伟创力服务的范围包括从只向客户提供组件集成，到为客户设计、下单、构建整个产品和管理境外物流。在后一种情况下，伟创力进行的是端到端的处理流程，它首先从客户处获得预测，这通常是通过 BizTalk Server 得到，然后再进入到伟创力的高级计划系统。在该系统中，伟创力与其客户、生产人员以及供应商合作建立制造计划，并通过 BizTalk Server 传送到 ERP 系统中。通过该系统，工作订单被发送到生产管理系统，而指示说明被发送到物流系统。所有数据最后都保存在伟创力的中央数据仓库中。

伟创力公司构建的手机服务供应链为 N 企业所提供的设计、制造及物流的整套服务解决方案，全面贯穿于产品从初始设计、批量生产、测试、分销直至售后服务及支持等所有环节。通过对服务供应链条上各节点供应商的能力和资源的集成化，以及供应链的各种管理职能的信息化，伟创力最终能够为 N 企业的最终消费者提供完整的成品和一体化的服务。

1.3.4 服务供应链的特点

从伟创力的管理实践可以看出，服务供应链与以往产品制造供应链有诸多不同点，其特点与产品制造供应链的缺陷形成了鲜明的对比，概括起来主要表现为（见表 1—2）：

表 1—2　　　　　　　　产品制造供应链与服务供应链的差异

视角	产品制造供应链	服务供应链
交易的单元	物质和产品	服务
价值实现的方式	由一方单方面实现	由双方共同实现
客户在供应链中的角色	被动的产品接受者	协同生产者
供应链运作的宗旨	客户满意	客户成功
组织方式	序贯、链式	链式、辐射、星座式
资源整合的类型	被操作性资源	操作性资源

第一，从交易的单元看，服务供应链活动中，各参与者交易、交往的基础是服务，比如伟创力为客户企业提供的不仅仅是 OEM，而更多地包括了 ODM 以及供应体系建立、集成设计、技术服务、服务传递等要素，因此，虽然在服务供应链中也会存在大量的物质产品生产和制造活动，但是这些活

动只是价值创造和实现的手段，价值实现的真正来源仍然是服务以及差别化的服务体系。

第二，从价值实现的方式和客户在供应链中的角色看，与产品制造供应链单方面创造价值不同，服务供应链是供应方与客户的协同价值创造，因此，在服务供应链运作中，不存在某一阶段是推动式还是拉动式，而是自始至终都是交互式，如同上述案例中所叙述的那样，从最初产品的概念形成、设计、功能评价、生产、分销、维护等全过程，都是服务提供商与客户不断沟通、协调以及决策的结果。这种协同价值创造的方式如 Oliver，Rust 和 Varki（1998）指出的那样，是将大规模定制、关系营销与交互设计结合起来，从而动态地满足客户独特、变化的需求。显然，在服务供应链运作的自始至终客户都参与其中。

第三，从供应链运作的宗旨看，服务供应链运行的宗旨不再是"满足客户需求"，而是"帮助客户成功"。这两者的差异表现在，如前面论述的，当企业提出"满足客户需求"时，其假定是客户存在既定的需求期望，企业采用各种经营管理行为将这种期望得以实现，甚至有所超越；而客户成功则有所不同，经营活动的起点不是客户既定的期望，而是致力于与客户建立起长期的战略伙伴关系，以多层次、全过程、全方位的技能、知识和智慧支持客户的长远发展，从而推动、深化了客户的事业，或者说服务提供商在实现自我持续发展的同时，也帮助客户建立了新的运营模式，拓展了客户发展的空间。

第四，从组织方式上看，服务供应链不仅是序贯式的链状组织结构，更是以辐射式和星座式为特点的组织网络。一方面，整个供应链是一个开放的、动态的目标系统（过程），不仅要考虑其静态结构和联系，还要考虑其动态的因素，以及和外部的交流。所以，企业必须不断跨越技术和市场来寻找和发掘机遇，不仅是"本地的"而且是"远距离的"（March J. G.，Simon H. A.，1958；Nelson R. R.，1982）。企业必须同时寻找它们所在商业生态环境中从核心到外围的关键资源、能力和知识，必须包含潜在的合作方，即积极参与到创新活动中的客户、供应商、互补者等。这种以企业主体为中心，联合外围相互关联的企业、大学和研究机构、政府、金融机构等价值网络创造相关者的模式是一种辐射式组织方式。另一方面，服务供应链作为一个复杂自适应系统，应从系统观角度来全面考虑创新中的各要素。普拉哈拉德和哈默尔（1990）在《公司核心能力》一文中指出，企业创新能力是一个系统，必须从产业层次上来进行建设，这样才能使创新能力强的企业拥有持续的竞争优势。产业创新系统根植于一系列紧密相连的主要创新源，这些创新源通过动态的技术、服务转移和反馈机制，带动其他相关的创新，从整体上提升产业层次，促进产业发展。产业创新系统效应的概念表明一系列的产业被联结成一个网络结构，这个网络结构是以动态的、强大的技术、经济联系相互依赖、相互补足为基础的。Teece（2007）认为这种互补的创新很重要，特别是在创新以积聚为特征或者"平台"存在的产业中。而这种互补带来的不仅是规模和范围的扩张，更重要的是获得了各产业板块间的协同专业化，我们认为将这种以产业为基础细分层次并协同各业务创新的价值网络是一种星座式供应链组织方式。

第五，从资源整合的类型上看，服务供应链整合的资源更多的是操作性资源，即隐形的才能、知识等要素，它与产品制造供应链不同的是，后者是以被操作性资源为主，辅之以操作性资源，而服务供应链是以操作性资源为主，被操作性资源涵盖在操作性资源中，但不是价值产生的主要根源。

1.4 服务供应链发展途径与本书结构

1.4.1 服务供应链发展途径

实施服务供应链，需要企业深刻地理解服务的内涵以及供应链组织的方式，在此基础上协调各类不同的经济组织，同时采用有效的供应链组织方式，并且集合服务要素，创造价值，推动服务供应链运作的不断提升与发展。这意味着服务供应链管理需要遵循一定的流程和途径，具体来讲，服务供应链的发展途径主要分为五个步骤：

第一步，认识服务供应链的拓扑结构和管理要点，也就是服务提供者需要对服务供应链的构造、关键要素和组织特点有全面的理解。对于服务提供商来说，这一步不仅要求知晓服务供应链的内涵和特质，更要把握这类供应链的运行规律和主要管理维度，同时还能根据复杂多变的市场状况以及经营环境，有效地设计服务价值体系，判断分解后的请求哪些是需要自己来实现的，哪些又是需要外包给其他供应商，最终才能够以整合后的形态传递给客户。在大多数情况下，服务供应链的识别仍然要建立在对原有的产品制造供应链的分析基础之上，亦即这两类供应链一致性的管理要素和差异性管理要素的识别。

第二步，理解和评价服务供应链。对服务供应链的理解和评价实际上是要求服务提供商从互动角度来考虑是否有必要构建新的服务要素和流程，也就是服务供应链所提供的整合服务是否真正会带来成本的降低、库存的减少、效率的提高、收益的增加等利益，最终高效及时地满足并创造终端客户的价值。因为，如果没有能够与客户实施有效的互动，很有可能服务提供商整合资源和能力所带来的工作量增加、外部协调问题的成本会抵消服务水平的提高和集成效果，或者这种服务不能真正为客户带来其所需要的价值。

第三步，建构服务供应链。如果确定服务供应链能够带来绩效的改善和新价值的实现，那么服务提供商下一步要考虑服务供应链的构成要素和关键流程的构建。包括对直接服务提供商和间接服务提供商的筛选，对资源和能力的评估，以及明确各节点责权和利益的分配，节点到节点间物流、信息流和知识流的流动次序及方式，还要判断哪些环节可能提供定制化的服务，哪些会提供标准化的服务，最终在服务提供商的主导下，实现整个供应链协调高效的运作。

第四步，管理服务供应链。服务供应链的各项管理职能依赖于物流、信息流、资金流和知识流的有效融合。内外部服务能力的培养、上下游关系的协调、其他外部利益相关者的整合、服务的高效传输、对资金的融通等供应链管理职能将会贯穿整个服务供应链的运作流程，保证集成商对各节点能力和资源的整合效果。

第五步，改进服务供应链。要实现服务供应链长期持续稳定的运作，主要依赖于两方面的努力，一方面是服务提供商对供应链运作绩效衡量和管理的能力，另一方面是集成商主导下其他各参与方的协调合作。这依赖于建立一种良好的信任和承诺体系，以及利益分享和风险分担的合作机制，伟创力公司所建立的工业园区是一个很好的例证。

1.4.2 本书的结构

　　本书根据服务供应链运作的逻辑，共分7章（见图1—7），通过中国企业的案例研究来探索服务供应链。第一章概述了服务供应链产生的基本背景及其特征。第二章主要揭示服务供应链的拓扑结构和战略要素，这是从一个整体框架来考察服务供应链和运营，也就是说，我们将通过服务供应链的结构、流程和管理要素三方面来探索这类供应链运作的规律。如果说第二章是从客观主体的角度来分析服务供应链，那么第三章则是从行为（即主观的视角）来探索服务供应链的运作，亦即服务供应链中的交互行为，互动或交互是服务供应链的基本规律，它决定了供应链运作的价值。第四和第五章介绍的是服务供应链的构建，特别是差异化服务供应链的建立，第四章是从服务提供的角度，分析差别化的服务供应链模式，而第五章则是从服务采购的视角，分析差异化的服务采购或外包形态。第六章从商业模式的角度分析服务

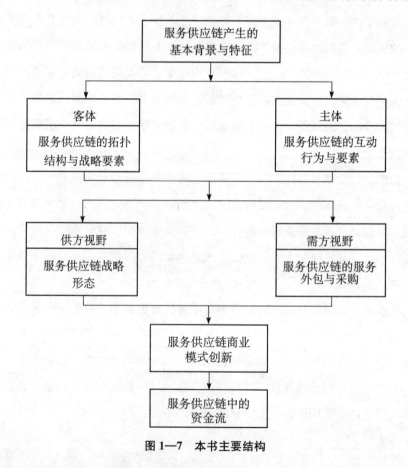

图 1—7　本书主要结构

供应链的变革战略，第七章则是针对服务供应链运作的一个特殊形态——供应链金融业务及其管理进行分析和探索，特别是结合中国产业企业、物流企业以及金融机构来分析这种服务供应链运作的基本要点和风险控制。

本章主要参考文献

Barney, Jay, Firm resources and sustained competitive advantage, *Journal of Management*, 1991, 17 (1): 99-120.

Bowersox D. J. , Closs D. J. , Cooper M. B. , *Supply Chain Logistics Management*, 3ed. , McGraw-Hill, 2010.

Chopra S. , Meindl P. , *Supply Chain Management: Strategy, Planning, and Operation*, Prentice Hall, 2001.

Christopher M. , *Logistics and Supply Chain Management Strategies for Costs and Improving Services*, London: Pitman Publishing, 1992.

David J. Teece, Explicating Dynamic Capabilities: The Nature and Microfoundations of (sustainable) Enterprise Performance, *Strategic Management Journal*, 2007 (28): 1319-1350.

Dirk de Waart and Steve Kemper, 5 Steps to Service Supply Chain Excellence, *Supply Chain Management Review*, 2004 (1-2): 28-35.

Ellram L. M. , Wendy L. T. , Corey B. , Understanding and managing the service supply chain, *Journal of Supply Chain Management* , 2004, 40 (4): 17-32.

Gronroos C. , *Service management and marketing: A customer relationship management approach*, West Sussex, UK: John Wiley & Sons, 2000.

Grönroos C. , *Service management and marketing*, Chichester: Wiley, 2000.

Henk Akkermans, Bart Vos, Amplification in Service Supply Chain: An Exploratory Case Study, *Production and Operations Management*, Summer 2003, 12 (2): 204-233.

Jacob F. , Ulaga W. , The transition from product to service in business markets: An agenda for academic inquiry, *Industrial Marketing Management*,

2008 (37): 247-253.

Kaushik Sengupta, Daniel R. Heiser, Lori S. Cook, Manufacturing and Service Supply Chain Performance: A Comparative Analysis, *The Journal of Supply Chain Management*, 2006 (Fall): 4-15.

Kevin Poole, Seizing the Potential of the Service Supply Chain, *Supply Chain Management Review*, July/August, 2003 (4): 54-61.

Lisa M. Ellram, Vendy L. Tate and Corey Billington, Understanding and Managing the Service Supply Chain, *The Journal of Supply Chain Management*, 2004 (Fall): 17-32.

March J. G., Simon H. A., *Organizations*, Wiley: New York, 1958.

Murdick R. G., Roberta B. R., Russell S., *Service Operations Management*, Allyn & Bacon, 1990.

N. Saccani, *et al.*, Configuring the after-sales service supply chain: A multiple case study, *International Journal of Production Economics*, 2007 (2): 1-18.

Nelson R. R., *An Evolutionary Theory of Economic Change*, Cambridge, M. A., Winter S. G.: Harvard University Press, 1982.

Oliver R. W., Rust R. T. and Varki S., Real-time Marketing, *Marketing Management*, 1998, 7 (Fall): 28-37.

Quinn J. B., Baruch J. J., Paquette P. C., Technology in services, *Scientific American*, 1987, 257 (6): 50-58.

Schmitt B. H., *Experiential Marketing: How to Get Customers to Sense, Feel, Think, Act, Relate*, Free Press, 1999.

Simatupang, Wright, Sridharan, The knowledge of coordination for supply chain integration, *Business Process Management Journal*, 2002, 8 (3): 289-308.

Vandermerwe, S. and Rada, J., Servitization of business: adding value by adding services, *European Management Journal*, 1998, 6 (4): 314-324.

Vargo S. L., Lusch R. F., Evolving to a new dominant logic for marketing, *Journal of Marketing*, 2004, 68 (1): 1-17.

Vargo S. L. , Lusch R. F. , *Evolving to a new dominant logic for marketing* , *The Service-Dominant Logic of Marketing* , M. E. Sharpe, Inc. , 2006.

Vargo S. L. , Lusch R. F. , From goods to service(s): divergences and convergences of logics, *Industrial Marketing Management* , 2008, 37 （3）: 254-259.

William E. Youngdahl, Arvinder P. S. Loomba, Service-driven global supply chains , *International Journal of Service Industry Management* , 2000 （11）: 329-347.

Zeithaml V. A. , Bitner M. J. , *Services marketing* , New York: McGraw-Hill, 1996.

Zeithaml V. A. , Parasuraman A. , Berry L. L. , Problems and strategies in services marketing, *Journal of Marketing* , 1985 （49）: 33-46.

宋华，陈金亮．服务供应链战略互动与协同价值对合法性的影响．管理科学，2009，22（4）: 2-11.

王子先．"十一五"时期我国生产性服务业的发展趋势与商机．经济前沿．2006（9）: 4-7.

阳明明．香港的港口服务供应链．中国物流与采购，2006（10）: 57-60.

第二章 服务供应链拓扑结构
与战略要素

随着服务业的不断发展，以及产品加工和制造业中服务要素在最终产品中的比重不断增加，服务供应链逐渐成为企业竞争优势的重要来源，并在经济发展中发挥着重要作用。但是理论界对服务供应链的研究却刚刚起步，相当一部分研究还处于探讨服务供应链概念的阶段，而有关服务供应链拓扑结构的研究还很少。拓扑概念（Topology）来源于信息学，是指将各种物体的位置表示成抽象位置。在网络中，拓扑形象地描述了网络的安排和配置，包括各种结点和结点的相互关系。拓扑不关心事物的细节，也不在乎什么相互的比例关系，只将讨论范围内的事物之间的相互关系表示出来，将这些事物之间的关系通过结构图表示出来。服务供应链作为与传统产品制造供应链截然不同的供应链组织方式，必然有独特的网络节点，以及节点之间的关联方式。此外，作为一种新型而又复杂的供应链管理方式，网络中的独特要素、要素的配置以及运作流都是需要深入分析和认识的问题，本章主要聚焦这些问题，试图从一个客体的角度，透析服务供应链的运作规律。

2.1 服务供应链管理模型认识的演进

服务供应链作为新时期一种特定的供应链管理模式，有其特定的管理框架模型和结构，然而很长一段时间里理论界关注的都是产品制造供应链，服务供应链模型也是基于产品制造体系而提出的。服务供应链管理模式的出现是一个不断演进的过程。

2.1.1 H-P供应链管理模型

在供应链管理框架模型中，较早的一个模型是H-P模型，该模型是根据惠普公司供应链的运作模式总结出来的（Lee H. L., Billington C., 1995）。20世纪80年代晚期，惠普公司面临库存成本攀升和客户满意度下降的双重考验，公司的决策层为了应对考验，通过严密的测算，提出了供应链的运作模式，并在供应链的各个环节分别设立仓库，进而解决了库存成本和客户满意度的双重问题，极大地提高了盈利水平。当时惠普公司的生产基地和研发中心分布在 16 个国家，销售和服务中心分布在 110 个国家，提供的产品种类有 22 000 多种，研发、生产和销售中心之间错综复杂的关系和业务流程使得惠普公司的产品供应环节中出现很多瓶颈，惠普公司不得不以提高最终产品的库存来满足客户的需求，但随着客户需求飞速增长以及需求的日益多样化，公司的库存成本不断攀升，客户的满意度却不断下降。惠普公司就是在这样的背景下，提出了供应链运作的模式，具体如图 2—1 所示。

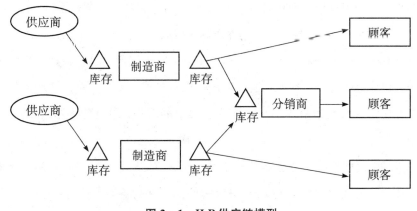

图 2—1　H-P 供应链模型

资料来源：Lee H. L.，Billington C.，The evolution of supply-chain-management models and practice at Hewlett-Packard，*Interfaces*，1995，25（5）：42-64.

H-P 模型认为供应链是一个产品生产和配送的网络，网络环节包括加工原材料、将原材料转化为中间产品、将中间产品转化为最终产品，以及将最终产品配送到客户手中的分销网络等，供应链涉及采购、制造和配送等多项活动。

2.1.2　SCOR 模型

SCOR（supply-chain operations reference，供应链运作参考）模型是由供应链协会（Supply-Chain Council，SCC）开发并提供支持，适合于不同工业领域的供应链运作参考模型（宋华，2004）。1996 年春，两个位于美国波士顿的咨询公司——Pittiglio Rabin Todd & McGrath（PRTM）和 AMR Research

（AMR）——为了帮助企业更好地实施有效的供应链，实现从基于职能管理到基于流程管理的转变，牵头成立了供应链协会，并于当年年底发布了供应链运作参考模型。

SCOR 模型是第一个标准的供应链流程参考模型，是供应链的诊断工具，涵盖所有行业。SCOR 模型使企业间能够准确地交流供应链问题，客观地评测其性能，确定性能改进的目标，并影响今后供应链管理软件的开发。流程参考模型通常包括一整套流程定义、测量指标和比较基准，以帮助企业开发流程改进的策略。SCOR 模型不是第一个流程参考模型，但却是第一个标准的供应链参考模型。SCOR 模型主要由四个部分组成：供应链管理流程的一般定义，对应于这些流程的性能指标基准，供应链"最佳实践"（best practices）的描述，以及选择供应链软件产品的信息。

SCOR 模型按流程定义的详细程度可分为三个层次，每一层都可用于分析企业供应链的运作。在第三层以下还可以有第四、五、六等更详细的属于各企业所特有的流程描述层次，这些层次中的流程定义不包括在 SCOR 模型中。

SCOR 模型的第一层是流程定义层，也是 SCOR 的最高层次。第一层主要是从企业的战略决策角度定义供应链的范围和内容，同时通过 SCOR 分析，确定企业需要实现的竞争绩效目标的基础和战略方向。因此，在第一层中，企业必须确定业务流程如何与高层的业务结构（业务单元、业务区域等）及供应商之间相互合作，并界定供应链战略目标，即确定供应链必须支持的有线业务。

在 SCOR 模型的第一层中，定义了五个供应链基本流程：设计（plan）、采购（source）、制造（make）、分销（deliver）和退货（return）（见图 2—2）。利用这五个基本流程，就能建立流程和组织领域之间的协调一致，在整个企业内界定哪些关键流程必须标准化。第一层的选择将产生信息系统成本，因为跨业务单元的不同流程一般涉及多个应用系统，以及相关的系统实施和维护成本。此外，第一层的流程定义也将决定企业是否能够实施某些特定的业务实践。例如，是选择将两个业务单元间的采购流程进行标准化，还是选择保留两者采购流程的差异性？如果企业以合并跨业务单元的采购数量为目标，以充分利用采购规模经济优势，那么就需要将大部分采购流程进行标准化。

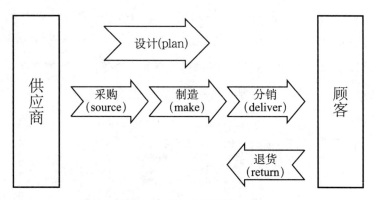

图 2—2　SCOR 模型第一层

企业通过对第一层 SCOR 模型的分析，可根据下列供应链运作性能指标作出基本的战略决策：

(1) 交付性能：按时或提前完成订单/计划的比率；

(2) 发运速度：成品库接到订单 24 小时内发运的比率；

(3) 完成订单性能；

(4) 订单完成提前期；

(5) 全部订单完成率；

(6) 供应链响应时间；

(7) 生产的柔性；

(8) 供应链管理总成本；

(9) 增值生产率；

(10) 保修返修成本；

(11) 资金周转时间；

(12) 存货供应天数；

(13) 资金周转次数。

企业不可能在上述所有供应链性能指标上达到最优，因此，合理地选择那些对企业的成功最为重要的指标来评测其供应链性能极为重要。

SCOR 模型的第二层是配置层，由各种核心流程类型组成（见图 2—3）。企业可选用该层中定义的标准流程单元构建它们的供应链。该层采用按订单配置方式，利用不同种类的计划、采购、生产、配送和退货流程，来配置企业的供应链流程体系。流程种类的选择将影响到供应链第三层的设计，因为每个流程种类需要不同的、详细的流程元素。举例来说，制造企业对于如何

35

生产产品有许多选择方案：可以选择直接生产后再等待顾客订单的方式；可以选择接到顾客订单后再生产的方式；可以选择先生产出半成品后，等到接到顾客订单再组装的方式；也可以选择按照每个顾客的特定要求生产产品，而在开始任何工作以前，需要有顾客详细的定制要求。

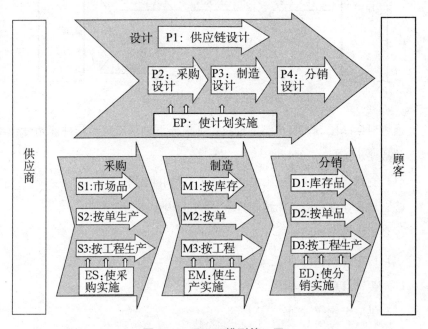

图 2—3 SCOR 模型第二层

一旦选择好流程种类之后，就可以使用这些流程种类来描述既有的供应链配置，这通常需要建立一个实际的供应链分布图，来描述顾客、供应商、仓库、工厂及订单中心的地理分布，再根据地理分布情况来描述每一个流程种类的主要物流和信息流。为了使用 SCOR 模型这个供应链诊断工具，第一步应从企业供应链的物理布局（physical layout）开始构建供应链的工作；第二步就是根据企业自身供应链流程的特点，适当选择 SCOR 模型第二层中定义的标准流程元素来描述其供应链。

SCOR 的第三层是流程元素层，通过流程元素定义，分解和细化 SCOR 模型的第二层设计，完成整个供应链体系。在第三层中，还定义了最佳实践及其适用条件、相关的流程绩效指标，以及支持流程所需的信息系统准则（包括功能和支持数据两方面），因此，SCOR 模型第三层定义了企业是否能在特定市场中取得成功的竞争能力。企业在 SCOR 模型第三层，通过"现状图"，了解流程、实体资产网点和组织之间的协调一致程度，显示库存点、流程元素的提前期，以及流程元素与供应链信息系统之间的协调一致程度。

SCOR 模型第三层中所有流程元素都附有：流程元素的综合定义，循环周期、成本、服务/质量和资金的性能属性，与这些性能属性相关的评测尺度，以及软件特性要求。作为企业 SCOR 模型第三层设计的内容，通过分析企业目前的流程元素能力与"未来"的要求比较，了解既有流程和信息系统的潜在问题（见图 2—4）。然后，就可以根据 SCOR 模型的第一层制定的业务标准为基础，评估各个选项，选择出在 SCOR 模型的第四层（实施层，即流程元素分解层）所需的实际运作的工作方案细则。

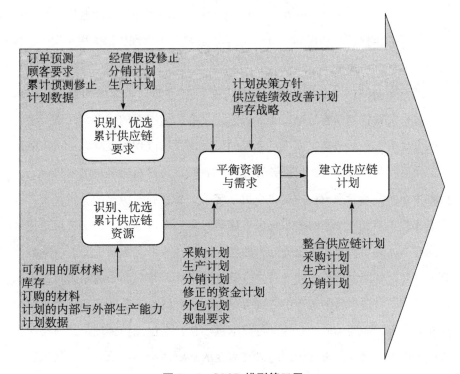

图 2—4　SCOR 模型第三层

SCOR 模型的显著特点是将业务流程从公司运营中提炼出来，并以业务流程为基础描述供应链中企业之间的作用关系。SCOR 模型相对 H-P 模型而言，更加翔实地表述了供应链中的业务活动，以及供应链上下游企业之间的业务关系。

2.1.3　GSCF 供应链模型

以 Lambert，Cooper 等人（1998）为代表的全球供应链论坛（Global

Supply Chain Forum，GSCF）抽象出更多的业务流程，提出了 GSCF 供应链模型，认为供应链是多种业务流程的集成，通过从供应商到最终客户的业务流程之间的集成，可以实现为客户提供产品、服务和信息，进而增加客户和利益相关者的价值。

供应链业务流程包括客户关系管理（customer relationship management）、客户服务管理（customer service management）、需求管理（demand manage-ment）、订单执行（order fulfillment）、生产流程管理（manufacturing flow management）、供应商关系管理（supplier relationship management）、产品研发和商业化（product development and commercialization）以及退货（return）八个主要的流程，其结构如图 2—5 所示。客户关系管理提供了用于发展和保持客户关系的基本框架，通过客户关系管理可以识别关键的客户和客户群体，通过定制的产品和服务更好地满足客户的需求，进而增加客户的忠诚度。客户关系管理既有战略层面的因素，又有运营层面的因素，在进行客户关系管理时首先从战略层面进行流程的设立，一旦流程被设立，公司将从运营的角度将其具体化。客户服务管理所代表的是公司面向客户的窗口，它是管理由客户关系管理流程的客户小组指定的产品和服务协议的关键环节，客户服务管理需要一个实时的系统来迅速地对客户做出响应。需求管理是用来平衡客户的需要和供应链服务能力的管理流程，如果有了正确的需求管理流程，管理层就能够积极主动地对供应链进行匹配，并在最小中断的情况下执行其计划。订单执行的过程中，更为重要的是要设计一个网络和流程来使公司在满足客户需要的同时总的交付成本最小化。生产流程管理包括所有在供应链上用来获得、实施和管理制造灵活性的必要活动，以及使产品从工厂中移出的必要活动。供应商关系管理为如何建立并保持与供应商的关系提供了一个操作构架，根据供应商长期价值的实现要求，企业与小部分关键的供应商建立了密切的关系，而与其他的供应商则保持着传统的关系。产品研发和商业化为如何与供应商一道开发新产品并将其推向市场提供了一个操作构架，对该流程的有效实施不仅能够使管理层在供应链上协调产品的流动，而且还能帮助供应链上的其他成员不断地提高制造、物流、营销和其他相关活动的操作水平，以支持产品开发及商业化流程。退货是供应链管理的重要流程之一，通过该流程，与退货、反向物流、退货查验和退货规避相关的活动将在企业内部或在供应链上的关键成员中得到管理。

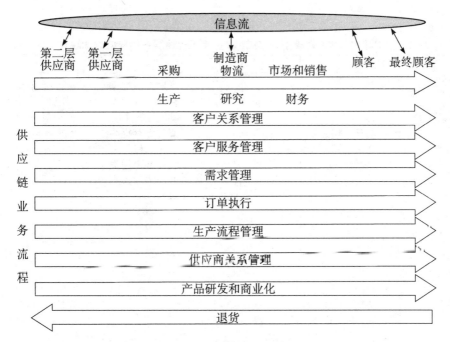

图 2—5　GSCF 供应链模型

资料来源：Lambert D. M. , Cooper M. C. , Pagh J. D. , Supply chain management：implementation issues and research opportunities，*The International Journal of Logistics Management*，1998，9（2）：1-19.

2.1.4　Ellram 服务供应链管理模型

2004 年 Ellram 等人发表《理解和管理服务供应链》一文，提出了服务供应链管理的框架和理论模型。Ellram 等人（2004）分析了基于产品的供应链管理模型即 H-P 模型、SCOR 模型和 GSCF 模型，并比较了这三个模型的概念，以及用于描述服务供应链的优缺点，如表 2—1 所示。Ellram 等人研究指出，对于 H-P 模型，模型认为供应商、厂商和顾客被一种不确定环境中的商品流所连接，同时很多的库存地点为这些不确定性提供了缓冲。对于美国供应链协会提出的 SCOR 模型，模型将供应链运作分解成设计、采购、制造、分销和退货五个环节。对于 Lambert 等人提出的 GSCF 模型，模型认为供应链由经营过程（采购、生产、研发、财务、营销、物流）、管理过程（客户关系管理、客户服务管理、需求管理、订单执行、生产流程管理、供应商关系管理、产品研发和商业化、退货）以及链条构架（从供应商到客户）三元素组成。通过比较分析发现，H-P 模型、SCOR 模型和 GSCF 模型都不能很好地用于表述服务供应链。

表 2—1　H-P 模型、SCOR 模型和 GSCF 模型用来表述服务供应链的优缺点

	概念	关注点	优点	缺点
H-P 模型	• 在不确定的环境中，供应商、客户通过物流、信息流和资金流紧密联系在一起 • 为了应对不确定性，供应链的很多个环节都设定了具有缓冲作用的库存	• 关注供应链成员之间物流的流动和管理 • 识别和管理不确定性 • 不确定性通过统计方差表述	• 考虑了缓冲库存对于应对不确定性的作用 • 通过库存提高了能力和柔性 • 权衡客户损失的成本与库存成本	• 服务不能存储 • 不能区分出不同服务之间的差异
SCOR 模型	• 利用业务流程及其之间的联系表述供应链 • 供应链的运作通过设计、采购、制造、分销和退货五个流程实现	• 关注构成供应链的各个流程 • 描述供应链中产品物流的流动	服务以流程作为驱动	• 可对服务，但不能对制造、分销和退货进行分割 • 服务没有退货流程
GSCF 模型	• 供应链包括经营过程、管理过程以及链条构架三个方面 • 正向和逆向的产品及业务流程在链内流动	• 关注构成供应链的各个流程 • 描述供应链中产品物流在各个供应链构成个体之间的流动	• 互动主体从最上游的供应商一直到最下游的客户 • 信息和集成用以协调供应链 • 依靠流程应对不确定性	• 服务没有退货流程 • 仅适用于产品要素的流动

资料来源：Ellram L. M., Wendy L. T., Corey B., Understanding and managing the service supply chain, *Journal of Supply Chain Management*, 2004, 40（4）: 17-32.

　　基于 H-P 模型、SCOR 模型和 GSCF 模型的供应链管理，Ellram 等人认为供应链管理是从最上游供应商到最终客户的整个流程中涉及的信息、流程、产品、资金等管理及配置活动。从本质上讲，这个供应链管理的概念仍然偏重对产品供应链运作的刻画，没有更好地反映服务供应链的特质。Ellram 等人延伸了供应链管理的概念，进而使供应链管理的理论体系囊括了服务供应链的内涵。Ellram 等人提出的服务供应链模型包括信息流管理、能

力管理、需求管理、客户关系管理、供应商关系管理、服务供应管理以及现
金流管理等，如图 2—6 所示。

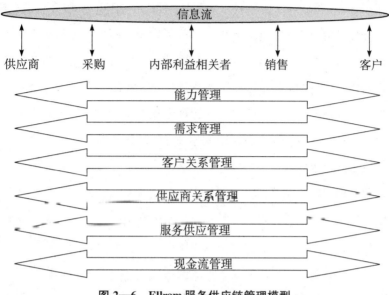

图 2—6　Ellram 服务供应链管理模型

值得注意的是，在 Ellram 等人提出的供应链管理的概念中，能力的概念
代替了库存的概念。从作用上讲，能力与库存一样，都可以作为供应链中供
应能力的缓冲，使得供应商能更灵活、更敏捷地满足不断变化和增长的客户
需求。但是，这种表述上的改变是有本质上差异的：库存虽然也是一种缓冲，
但是这种缓冲作用是针对物质产品而言的；能力却不同，其范围更为广泛，
能力管理类似产品供应链中的产品管理，服务提供商需要对组织流程进行优
化、进行固定资产投资和进行员工培训等，以提高提供服务的能力，进而获
取独特的竞争优势，例如航空公司通过提供更加全方位的服务来保持竞争
力。此外，在 Ellram 模型中，需求管理是指服务提供商预测顾客的需求及满
足顾客需求的活动等；客户关系管理是指为了了解顾客的需求并满足顾客的
需求，而对顾客进行的细分、跟踪、满意度研究及客户行为研究等活动；供
应商关系管理是指站在供应商的立场上，明确地指定采购内容，提供专业化
的采购需求，同时还包括供应商评价、选择、协商以及签约等活动；服务供
应管理是指站在客户的视角，为及时、准确、高效地向客户提供满意服务而
进行的一系列活动；现金流管理是指为了保证供应链的各个主体之间价值的
流动，而对资金支付活动的管理。

2.1.5 Baltacioglu 服务供应链管理模型

Baltacioglu 等人（2007）基于 SCOR、GSCF 和 Ellram 服务供应链模型，研究和分析了健康服务行业，并提出了服务供应链模型。他们认为服务供应链是由供应商、服务商、客户以及其他支撑单元构成的网络，服务供应链以资源消耗为基础进行服务的提供，将资源转化为核心服务或支撑服务，并将服务传递到客户手中。而服务供应链管理则是对从最上游的供应商到最终客户的信息、资源、流程、服务和绩效等进行管理而从事的活动。服务供应链包括的流程有需求管理、能力与资源管理、供应商关系管理、服务绩效管理、订单流程管理和客户关系管理（见图 2—7）。其中，需求管理主要是利用供应链中的信息，评估和管理客户的需求，并进行运作的决策；能力与资源管理是指权衡客户的需求与企业提供服务的能力，进而能更好地满足客户的需求；客户关系管理涉及供应商与客户之间的界面，主要包括识别客户、寻求客户需求、发展客户等；供应商关系管理主要是安排并管理提供各种产品和服务的供应商资源，包括评估供应商、协商和建立与供应商的关系等；服务绩效管理是服务供应链的核心功能，在服务供应链中服务的提供需要供应商与客户同时参与，服务绩效管理主要是提高供应商对客户服务的绩效；订单流程管理主要是管理来自客户的订单、检查客户订单的状态、与客户针对订单进行交流以及满足订单的要求等。针对信息和技术管理而言，供应链系统中信息和技术是供应链管理的重要工具，有效的信息和技术管理有利于提高产品和服务的提供效率、提高配送准确性、提高响应能力和柔性，进而提高客户满意度和增加企业收益。

通过以上各种供应链管理模型的介绍可以看出，一方面，各个模型都是从系统整体的角度来解构供应链、特别是服务供应链的运作，强调了供应链运作中流程的重要性；另一方面，各个模型多少反映了一种研究视角的差异性，H-P 模型、SCOR 模型和 GSCF 模型更多地反映了产品制造供应链的运行特征，尽管服务在模型结构中也有提及，但是如同前一章探索产品制造供应链与服务供应链概念差异时所指出的，所有服务活动只是围绕生产制造活动而衍生出来，其本身并不是核心要素。与之相反，Ellram 和 Baltacioglu 服务供应链模型都把服务流程作为服务供应链内容的核心，也提出了一些服务

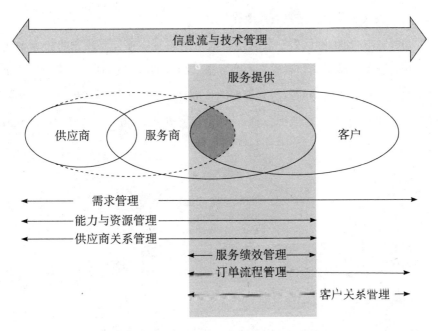

图 2—7　Baltacioglu 服务供应链管理模型

资料来源：Baltacioglu, Ada, Kaplan, Yurt, Kaplan, A new framework for service supply chains, *The Service Industries Journal*, 2007, 27 (2)：105-124.

供应链特定的管理流程和要素（如能力管理、服务绩效管理等）。但是，这两个模型都侧重服务供应链流程的探索，缺乏从拓扑结构和战略要素上完整地反映服务供应链运作的内在机理。

2.2　服务供应链的拓扑结构、管理流程和管理要素

Dirk de Waart 和 Steve（2004）指出，近年来，公司为了应对市场竞争，努力降低运作成本，同时提高客户的服务水平。在激烈的市场竞争中，公司逐渐意识到为客户提供服务业务不仅仅是消耗成本，相反可以成为新的利润中心。但是很多公司并没有在服务供应链中投入太多的精力和资本，来使得为客户服务的部门成为利润中心。这主要是因为缺乏对核心流程的认识尤其是缺乏核心流程对整体绩效的影响，也缺乏对服务供应链中运作管理的关注，还缺乏对供应链中能够带来全局优化的关键环节的洞察，以及很难摸清服务优化的范围。基于此，全面系统地理解服务供应链结构、业务和战略要

43

素，对于发展服务供应链具有重要作用。

Lambert（2000）认为一种特定供应链的形成，往往是由三个方面决定的：供应链的网络结构、供应链的业务流程以及供应链的管理要素，这三个部分构成了供应链模型的理论分析框架。同样，我们认为服务供应链作为一种新型供应链体系，其框架体系和模式也必然反映为这三个方面（Song，Yu，2009，见图2—8）。

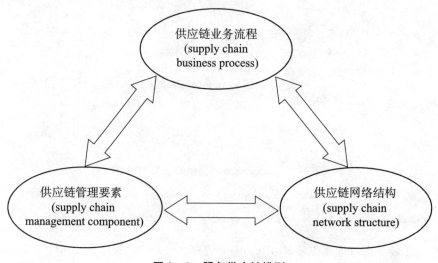

图2—8　服务供应链模型

2.2.1　服务供应链的拓扑网络结构

服务供应链与制造供应链在网络结构上有其相似的地方，均涉及水平结构、垂直结构以及企业在供应链中的水平位置三个结构维度。但也有差异，结合服务供应链的自身特点，我们构建了服务供应链模型的拓扑网络结构（图2—9），在这个结构中，与产品制造供应链以产品制造活动为节点、库存为缓冲不同，它是以服务为节点，以工作量为缓冲，以直接或间接服务供应商、整合服务集成商、直接或间接服务客户为成员，包括水平结构、垂直结构、水平位置三个维度，以及管理、监控、非管理或非成员流程链接四种方式的从初始供应商到终端客户的复杂网络。具体分析，服务供应链的拓扑网络具有四个特点：一是网络的构成具有高度的复杂性。与传统的制造供应链线性结构（即通过供需所组成的上下游交易关系），或者传统服务企业的星状结构（即围绕客户的服务需求和质量而聚合各种不同的服务要素，如有形

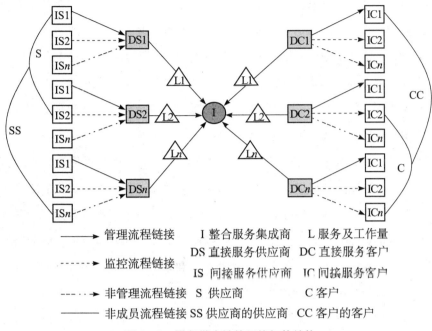

管理流程链接　　　I 整合服务集成商　　L 服务及工作量
　　　　　　　　　DS 直接服务供应商　 DC 直接服务客户
　　　　　　　　　IS 间接服务供应商　　IC 间接服务客户
监控流程链接

非管理流程链接　　S 供应商　　　　　　C 客户

非成员流程链接　SS 供应商的供应商　CC 客户的客户

图 2—9　服务供应链的网络拓扑结构

性、可靠性、反应性、保障性和移情性等）不同，服务主导型的供应链是一种混合拓扑结构，这是因为，一方面，各个节点通过服务流互联连接起来，且每一个节点至少与其他节点相连，从而呈现出高度的可靠性；另一方面，在这个供应链体系中混合了两种或多种网络拓扑结构，诸如服务供应链结构中既有产品制造网络、物流服务网络、技术服务网络，更有信息网络和知识网络，所有这些网络结构都有机地联系在一起，通过与客户之间的互动创造巨大的价值。二是参与网络的成员具有巨大的差异性。这其中既有传统产品制造供应链中的生产企业、经营企业、物流专业企业、客户等，也有一些特定专业性的纯服务型企业，这些企业可能并不直接参与产品的制造和流通，但是它们通过一些特定的服务创造了一种特定价值，诸如金融类机构、创意设计类企业、服务整合型企业等，所有这些成员可以称为微专业者（micro-specialist），然而这些微专业成员通过混合拓扑结构有效地进行合作，因此，服务供应链的参与者大大超越了产品制造供应链网络结构中的成员。三是从网络结构中节点和成员间的关系看，服务供应链参与成员是以契约关系的建立和维持为基础，依靠外部机构进行制造、销售或其他重要业务经营活动的组织结构形式。被联结在这一结构中的各经营单位之间并没有正式的资本所有关系和行政隶属关系，只是通过相对松散的契约（正式的协议契约书）纽带，透过一种互惠互利、相互协作、相互信任和支持的机制来进行密切的合作，因此，服务供应链网络结构是一种物理上的资源、工作网络与契约、关系网络的复合体。四是服务供应链网络结构的功能和拓展性很强。在服务供应链网络中，间接服务供应商提供的服务通过管理、监控或非管理的方式汇集到直接服务供应商，再由直接服务供应商汇集到整合服务集成商，由整合服务集成商将特定的服务传递给直接客户，最后由直接客户传递给间接客户；也有可能是整合服务集成商已经具备了直接服务供应商所提供的服务能力而直接接收来自间接服务供应商提供的服务。但不论是哪一条途径，各节点的服务的传递和汇集都依赖于信息的流动和共享，当然也有部分服务仍然要依附于产品的实体流。在这些交叉的水平和垂直网络结构中，整合服务集成商是整条服务供应链构建和管理的主导，通过对客户需求的预测和客户关系管理，把握需求的变动和更新；通过对供应商绩效的评价和供应商关系管理，整合间接和直接服务供应商的资源与能力，向客户提供完善的服务。显然，这一网络的拓扑结构拓展性很强，能够满足较大网络的需求，它既能解决传统服务企业星状结构服务距离上的局限，又能解决产品制造供应链线性结构整合用户数量以及供应商的限制。

2.2.2　服务供应链流程

服务供应链更重视信息的共享，除了技术上的信息系统和网络平台的支持，整条服务供应链的高效和持久运作还依赖于综合需求和客户关系管理体系、供应商关系管理、服务传递管理、复合型的能力管理、资金和融资管理等主要流程的整合与协调，达到有效控制客户需求、生产过程及供应商绩效的目的。这些流程有些与产品制造供应链的流程相一致，但是有些流程又非常独特。

第一，综合需求管理。供应链管理中的需求管理是一种均衡供应链能力与客户需求之间的流程，良好的需求管理流程，能够事前做到供需之间的匹配，防止供应链运行的中断。服务供应链中的综合需求管理，指的不是一种需求预测，而是使服务以及伴随着的产品供给与客户的需求包括潜在需求能做到同步化。如同 Langabeer（2000）所表述的那样，需求是历史销售和显现因素（lift factor）的函数，亦即在竞争和变化性的环境中，过去并不能对未来给予合理的指导。从战略层面上看需求管理，需求不仅仅是通过预测来实现，而是创造一种集合式的、高度可行的未来情景。因此，良好的需求管理不仅是要求服务提供者掌握一手的销售数据，如 POS 数据以及客户信息等，更重要的是能渗透到客户的产业或状态中，有效地与之沟通交流，了解客户的现实和真实需求，与此同时知晓客户在运行或消费过程中存在的成本、代价和困难，从而提供客户降低经营或消费过程中的不确定性。这种既关注显性、现实的需求，又关注隐性、潜在的需求是服务供应链管理中综合需求管理流程的特点。

第二，客户关系管理。与产品制造供应链一样，服务供应链管理中客户关系管理也是提供了一个与客户发展和维系关系的框架。客户关系管理就是要识别关键客户以及客户群体，将之作为服务提供的对象，目标就是在价值的基础上细分客户，并且通过提供定制化的产品和服务实现客户的忠诚。在服务供应链的客户关系管理流程中，服务提供者需要与客户建立起共同发展、管理的团队，帮助客户改进流程、消除非增值活动、制定业务标准等，只有这样，客户关系管理才是双向、动态的过程。

第三，供应商关系管理。供应商关系管理是一种界定与供应商交互行为的流程，它与客户关系管理是相对应的。在服务供应链的供应商管理关系流程中，有三点是非常重要的：一是供应商的定位，如同产品制造供应链，供应市场是一个复杂的市场，如何有效地协调各种不同能力或拥有不同资源的供应商是供应商关系管理的关键，这就涉及对供应商能力的识别，以及不同供应商在网络中的关系定位，例如，什么供应商可以发展为长期战略合作伙伴，什么供应商只能是市场型关系等，这一点服务供应链与产品制造供应链是相同的；二是在服务供应链中，供应商关系管理的范围比较大，供应商的概念不仅涉及经营体系中的直接供应商，也包含了与各经营要素相关的间接供应商；三是供应商关系管理的核心不仅仅在于如何对"合作关系"（collaborative relationships）本身进行管理，更是对"合作实践"（collaborative practice）的管理，这两者的区别在于前者将供应商关系管理看做是一项减少供应商数量、维系长期合作关系的管理流程，而后者则是将供应商关系管理看做是促进供需合作、不断交流沟通，从而实现供需能力匹配的过程（Barrett and Rizza，2009）。

第四，服务传递管理。服务传递管理是服务供应链流程中的一项独特过程，指的是服务集成商为实现服务接收方（即客户）的价值诉求，将服务有效地从后台集合到前台，并且有效率和有效益地将整体服务交付给客户的过程。Shostack（1984）认为服务传递系统可以用服务蓝图表示，服务蓝图又称为服务流程，是一种有效描述服务传递过程的可视技术。它是一个示意图，涵盖了服务传递过程的全部处理过程，这一过程中的关键工作是：识别服务流程，尤其是客户没有看到的服务流程；分离失误点；建立时间框架；分析利润率。Chase（2001）认为在服务传递管理过程中，行为科学对这一复杂过程具有很强的启示，它能帮助管理者了解客户如何对服务的连续效应和持久效应做出反应，同时服务发生后，客户如何合理化体验。显然，服务传递管理中有四个维度的管理是比较重要的，一是显性的要素，即服务提供的内容；二是隐性的要素，即服务所追求的价值目标；三是内在的要素，即服务提供者的内部服务以及整合管理；四是外在的要素，即服务传递与外部环境的适应。

第五，复合型能力管理。能力管理（capacity management）一词来源于生产运作管理，原意是指企业在生产管理活动中，为更好地执行所有的生产进度安排，建立生产能力的限额或水平并对其进行度量、监控及调整的职能，具体如生产计划、主生产计划、物料需求计划和派工单等。在服务供应链管理中，能力管理涉及广泛的资源管理，即企业能通过其内部传递系统有效率和有效益地配置稀缺资源和知识以满足变动的客户价值诉求。为了实现客户的价值诉求，企业应该具有充足的服务能力，与此同时，过多的服务也是需要避免的，因为这会引致较高的成本。Adenso-Diaz 等（2002）指出，在服务行业中能力管理最难处理，因为在其他行业中可以靠库存等缓冲机制来进行能力管理，而服务不可能先行生产然后再来满足客户的需求，服务中要求的是适时生产和传递，同时服务过程中的非物质化也使得其能力管理呈现出高度的人力化和知识化的特点。具体讲，服务中能力管理的核心是对智力资本的管理，美国学者 Thomas A. Stewart 认为智力资本是公司中所有成员所知晓的能为企业在市场上获得竞争优势的事物之和，体现在企业的人力资本、结构资本和客户资本三者之中，其中人力资本指组织成员个体的能力、知识、学习、技术、经验等的总和；客户资本指组织的所有关键关系的总和，包括与各利益相关者之间的关系；结构资本是人力资本具体化与权力化的支持性结构，包括基础结构、硬件与软件等事物。在服务供应链复合能力管理中也主要表现为这三个方面：一是对供应链网络中各个成员知识和智慧能力的组织与管理；二是网络关系体系的协调与建立；三是供应链体系中各种有形和无形资源的整合与运用。

第六，资金与融资管理。服务供应链管理中有一个很重要的管理流程，那就是资金与融资管理。虽然供应链管理的核心是企业间商流、物流、信息流和资金流的综合统一协调和管理，但是在传统的产品制造供应链管理过程中，资金流的管理相对比较忽略。特别是在全球化背景下，跨国公司的离岸生产和业务外包使供应链出现"低成本区域"，然而这种追求成本最小化的冲动所导致的供应链整体融资成本问题以及供应链节点的资金流瓶颈所带来的短板效应，实际上已经部分抵消了生产的"低成本区域"配置所带来的最终成本节约。因此，如何在服务供应链管理的过程中，有效地提高资金运作的效率，同时为缺乏资金的企业在有效控制系统风险的基础上提供资金，这是一种独特的服务管理流程。

2.2.3 服务供应链管理职能与要素

服务供应链管理的主要职能是计划（供应链运作的价值管理）、组织（供应链协同生产管理）、协调（供应链知识管理）以及控制（供应链绩效和风险管理）。在服务供应链管理的计划职能中，其管理的核心不是原来的供应、生产、分销计划，而是价值的管理，如同 Vargo 和 Lusch（2004）所指出，"企业只能提出价值假定"，价值不是嵌入在商品中，而是在客户与供应商的产品服务互动中产生价值，因此，如何管理价值产生的过程是服务供应链一个很重要的要素。从客户价值产生的特性看，很多学者提出了如下一些论题：一是价值可以看做是获取与放弃之间的一种权衡管理（Zeithaml，1998）；二是商业客户的功能效益、服务效益和关系效益是以经济和非经济的代价为前提的（Ulaga，2003），通常非经济性的代价能极大地影响供应链关系的强度；三是价值可以看做是一系列目标和期望成果的集合，而供应商的行为非常重要，因为它能以最小的代价促进这些目标的实现（Woodruff，1997）；四是价值由供应商的产品服务、客户使用的状况以及客户期望的目标和结果之间的交互决定（Woodruff，1997）。以上这些对价值的理解显然对计划管理提出了很多要求，例如，服务提供商必须知晓客户期望的功能、关系和服务的目标和绩效，可行的经济和非经济代价，成本与收益之间的均衡关系，以及各种服务的使用状况和条件。

协同生产管理是服务供应链管理职能的另一个方面，协同生产在于实现使用中的价值，然而协同生产是一个复杂的过程。Flint 和 Mentzer（2006）认为协同生产的组织有协同经营和协同设计两个方面。协同经营是指客户通过直接反馈（如满意度调查、直接向供应商反映问题等）和间接反馈（减少、取消或增加订单等），影响了服务提供商产品和服务的制定与修正。例如，供应商为了实现价值创造，需要深入、及时地从客户那里获取信息，与此同时，客户为了实现期望的价值，能保证供应商及时、全面地对其期望做出反应，在这种状况下，整个经营过程是通过双方的协同来进行的。而协同设计则更为深入，即客户不仅参与到供应链经营的过程中，而且能渗透到服务供应链的最初设计阶段，来构造供应链的运行系统和整个价值体系，客户可以是协同经营者，但不一定是协同设计者。正因为如此，作为服务提供商就需要合理地组织协同经营与协同设计，即在整个价值链环节中哪些活动需要与客户互动经营，而哪些环节需要客户更为深入地参与到设计的过程中；哪些客户只是需要参与经营，而哪些客户需要共同设计与运营，这些都是协同生产管理的要点。此外，为了实现协同生产，需要建立交叉、流程导向的供需管理小组，当这些小组跨越组织边界时，也就在更大程度上整合了供应链。

有效地整合价值链协调管理需要有全球市场、供应链多参与者以及各类流程的知识。作为服务供应链运作的主导者，需要知晓不同国家、地域以及文化背景下客户期望、需求水平以及其他各类资源的知识，同时也需要了解服务供应链各参与主体的文化、战略、流程和运作情况，而在流程知识方面，服务提供者需要了解不同功能和企业之间流程整合的关键要素，这些都是服务供应链的关键职能要素。

服务供应链管理职能要素还有很重要的一点是供应链的风险管理和绩效管理。服务供应链将不同资源以及不同知识背景的企业整合成为一个复杂的网络，以实现客户价值，这种高度复杂的供应链体系在产生巨大价值的同时，也面临着可能存在的各种风险，诸如由于环境变化导致的供应链结构的变化，或者客户价值诉求的改变等，所以，服务供应链就需要一个健全的风险管理机制，这种风险管理机制既包括对供应链服务要素的整合管理，供应链结构以及关系的管理，也包括建立健全完善的绩效衡量与管理体系。

本章主要参考文献

Lee H. L. , Billington C. , The evolution of supply-chain-management models and practice at Hewlett-Packard, *Interfaces*, 1995, 25 (5)：42-64.

Lambert D. M. , Cooper M. C. , Pagh J. D. , Supply chain management: implementation issues and research opportunities, *The International Journal of Logistics Management*, 1998, 9 (2)：1-19.

Ellram L. M. , Wendy L. T. , Corey B. , Understanding and managing the service supply chain, *Journal of Supply Chain Management*, 2004, 40 (4)：17-32.

Baltacioglu, Ada, Kaplan, Yurt, Kaplan. , A new framework for service supply chains, *The Service Industries Journal*, 2007, 27 (2)：105-124.

Song H. , Yu K. , Research on configuration and innovation of service supply chain: a case study, *International Journal of Services*, *Economics and Management*, 2009, 1 (3)：267-283.

Dirk de Waart, Steve Kemper, 5 Steps to Service Supply Chain Excellence, *Supply Chain Management Review*, 2004 (1)：30-35.

Barrett J. and Rizza M. N. , Supplier Collaboration: Are you deriving value from the relationship? *Supply Chain Management Review*, 2009 (11)：8-9.

Shoatack G . L. , Designing service that deliver, *Harvard Business Review*, 1984, Jan-Feb：133-139.

Langabeer II J. R. , ALIGNING Demand Management With Business Strategy, *Supply Chain Management Review*, 2000, May/June：66-72.

Chase R. B. and Dasu S. , Want to Perfect Your Company's Service? Use Behaviroal Science, *Harvard Business Review*, 2001, June：78-85.

Adenso-Diaz，B.，González-Torre，P. and García V.，A capacity management model in service industries，*International Journal of Service Industry Management*，2002，13（13）：71-79.

Vargo S. L. and Lusch R. F.，Evolving to a new dominant logic for marketing，*Journal of Marketing*，2004，68（Jan）：1-17.

Zeithaml V. A.，Consumer perception of price，quality，and value：A means-End model and Synthesis of Evidence，*Journal of Marketing*，1988，52（July）：2-22.

Ulaga W.，Capturing value creation in business relationships：A customer perspective，*Industrial Marketing Management*，2003，32（8）：677-693.

Woodruff R. B.，Customer Value：The next source for competitive advantage，*Journal of the Academy of Marketing Science*，1997，25（Spring）：139-153.

宋华．物流供应链管理机制与发展．北京：经济管理出版社，2004．

第三章 服务供应链中的互动行为与要素

从前面对服务供应链管理的基本形态的探索中可以看出，随着企业竞争的日益加剧以及客户价值诉求的多样化和变化性，一个企业的商业服务运作过程不可能完全靠自己来完成，需要合作伙伴、供应商和顾客等多方面的协作来完成。同时出于技术复杂性提高、物流复杂性增加、生产分散化、供应商能力增强、降低成本与风险等方面的考虑，很多公司倾向把某些局部服务外包出去（Sturgeon and Floria，2001）。而随着外包服务的不断增长，供应链之间的协调和互动已经成为服务供应链管理绩效产生的关键环节（Edvardsson *et al.*，2008；Cova *et at.*，2008），这是因为在服务供应链中，供需之间不再是简单的上下游关系，而是一种互动的、相互协调的依存关系，互动的范围也不再局限于物质产品的生产和传递，或者仅仅是供给方与需求方之间的交互，而是趋向于多维化和全方位化。

3.1 服务供应链中的互动框架

3.1.1 什么是互动

互动（interaction）是商业关系研究中的一个重要概念，它是供应链管理活动中的一项功能，通过供应链结构中各主体之间主动、有意识地相互作用或影响，确认相互可获得的资源和能力，从而有效地组合起来创造价值，同时应对可能存在的各种问题（Axelsson and Wynstra，2000；Berthon and John，2006）。互动这个概念与供应链中的信息交换以及沟通有相近的方面，但是从本质上讲是具有差异的。信息交换（information exchange）是供应链提高运营效率的关键，它有助于降低供应链中信息不对称造成的各种损失，减少供应链中由于信息不对称引发的各种机会主义行为，因此它往往是供应链双方关系协调的核心内容之一。从市场效率的角度来看，新古典经济学的一个基本假设就是信息完全，在信息完全的市场当中，企业之间通过市场的价格机制，完成资源的配置，实现社会福利的最优化。但是市场信息完全往往是不存在的，信息不对称是普遍的现象，信息交换有助于降低市场当中的信息不对称，进而强化价格机制对资源的配置作用。供应链企业间的信息互换，有助于双方消除彼此之间的信息不对称，降低由于信息不对称引发的各种交易成本，进而双方能够更多地通过价格机制进行交易（Williamson，1975；1985）。从渠道角度来看，信息交换有助于提升供应链买卖双方的合作关系，基于组织理论与沟通理论的研究（Krone *et al.*，1987；Mohr *et al.*，1990），信息交换是渠道状况与渠道结果的调节因素。供应链渠道中库存是供应链运营成本的主要驱动之一，为了应对需求不确定的影响，供应链渠道的各个环节都需要一定的库存水平。信息对于库存水平有重要的影响，"牛鞭效应"便是信息对库存影响的直接结果，有效的信息交换，有助于降低渠道中的库存水平，提高供应链的运作效率（Daugherty and Pittman，1995）。啤酒游戏一方面说明信息不对称会导致"牛鞭效应"，另一方面也说明通过加强信息交换可以消除渠道中的信息不对称，进而降低"牛鞭效应"造成的不良影响（Croson and Donohue，2006）。

沟通（communiction）主要是指通过对观点、信息和知识的分享，一个人的思想和行为影响另一个人的思想和行为的过程（Simon，1976）。Mohr 和 Ravipreet（1995）认为沟通是通过渠道进行传达的一个过程。沟通包括构成的内容、载体、方向和频率，沟通的内容是信息，沟通的载体是渠道，沟通的方向具有双向性，沟通的频率具有多次性的特征。Mohr 等人将供应链中的沟通定义为买卖双方的联系和信息交互过程，包括频率、方向、模式等，并指出供应链交易双方倾向于建立高频率、双向性和非正式的沟通模式。频率通常指供应链合作双方联系的次数；方向是指供应链合作双方进行信息交互的方向，以及信息流动的方向；模式也称为媒介，是指供应链合作双方进行信息交互的方式，包括正式和非正式两种交互模式。以往的供应链研究中，由于受到"五力"战略观的影响，往往忽略沟通在供应链中的积极作用，Holden 和 Otoole（2004）研究发现沟通对买卖双方的关系有重要影响，Prahinski 和 Benton（2004）认为在买卖双方沟通过程中，供应商认知的买方评估会影响供应商的绩效水平。开放的沟通机制是供应链双方形成紧密合作关系的基础，双方合作和往来密切有助于双方的沟通，并进一步促使双方达成紧密的合作关系。

信息交换、沟通都有助于供应链双方关系的发展，但是信息交换、沟通和互动之间存在一定的区别和联系。信息交换是沟通和互动的基础，沟通和互动都需要供应链双方进行信息的交换，没有信息交换，沟通和互动无法进行。此外，沟通和互动是信息交换的载体和目标，信息交换的最终目标就是为了实现双方的有效沟通和互动，信息交换是通过沟通和互动过程实现的。但是信息交换、沟通和互动之间存在显著的区别，首先，信息交换是一种结构化的信息互换过程，是将一种信息告知接受方，其过程不会涉及相互行为的改变和合作意识的形成；而互动则是各方由于认知的一致性，合作方主动地改变和调整，以便于形成更好的合作关系。其次，沟通也不同于互动，沟通是各方通过相互之间的协商，做出并遵守承诺，以实现各方认可的价值，在这个过程中各方是在一个约定的框架内进行多向交流；而互动有所不同，它不仅是对相关方做出或执行承诺，而是在一个非约束的状态下（采用正式和非正式的途径）相互学习，相互探索，从而共同创造价值（宋华，陈金亮，2009），因此，互动不仅涉及相互之间的观点和意见的交汇，同时还需要合作方愿意对自己的行为、主张进行调整以适合利益方的要求，进而促使生态关系的进一步和谐和发展。总体而言，从信息交换到沟通，再从沟通到互动，供应链各方的相互作用越来越密切，越来越倾向于各方的资源和能力集成，主动性越来越强，作用层次越来越高。信息交换、沟通和互动三个概念中，互动更适合于服务供应链中企业之间的相互作用。

3.1.2　组织互动的理论模型

互动作为组织间价值创造的一个过程或功能，就必然涉及互动的范围、主体和过程，即互动的整体模式。Hakansson（1982）基于组织互动理论和新制度经济学理论，提出了互动模型的基本框架。从组织互动理论出发，Hakansson 认为可以从三种视角来阐述组织互动理论的作用，第一是组织与环境视角，第二是组织群体视角，第三是社会情境视角。组织与环境视角认为组织嵌入在开放的外部环境当中，其存在依赖于外部环境，需要不断地从外部环境获取必要的资源和输入，同时组织也不断地寻求能够控制的外部资源；组织群体视角认为组织是一个互动的组织群体中的组成部分，为了获取资源，组织依赖于其嵌入的组织关系网络，组织需要不断地同组织群体中的其他组织互动；社会情境视角认为组织是嵌在更大的社会系统中的一个构成部分，组织需要与广泛的社会系统构成要素进行互动，来谋求生存和发展。新制度经济学认为，从技术专业化的角度看，组织内部的很多交易可以被外部化，即转化为组织间的交易关系，但是这种转化需要考虑到外部环境的不确定性和动态性，以及组织在交易中因信息不对称导致的机会主义投机行为，因此组织之间需要进行谈判和签订契约来降低不确定性和机会主义，谈判和契约的互动导致交易成本的存在（Williamson，1975）。从新制度经济学理论出发，Hakansson 提出了互动模型的基本框架，如图 3—1 所示，该框架模型认为可以用四个必不可缺的因素来描述互动，包括交互过程、互动主体、环境和气氛。

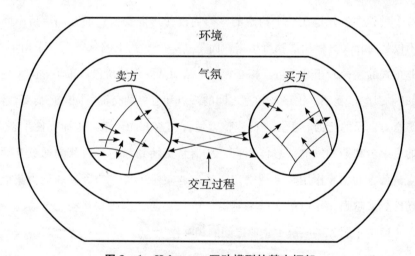

图 3—1　Hakansson 互动模型的基本框架

对交互过程而言，互动双方需要区分短期交易和长期关系。短期交易包括产品和服务的交换、信息交换、财务交换和社会交换四种类型。其中，产品和服务往往是双方交换的核心，只有卖方的产品和服务符合买方的要求时，双方的交易才能达成；信息交换涉及技术和经济多个方面，信息交换有人为和非人为两种渠道，人为渠道通常转移软性的资源，包括产品使用、双方协议条款等，非人为渠道通常用来转移基本的技术和商业信息；财务交换主要是指双方财务结算和资金的交换；社会交换往往可以降低双方的不确定性，特别是在双方存在很多组织和文化差异的时候，例如双方的社会认同可以消除很多分歧。长期关系是短期交易制度化的结果，包括契约模式和适应模式两种形成模式。契约模式是指行使不同职能的主体相互之间达成某种交易协定；适应模式是交易主体之间为降低交易成本、提高收益而逐渐妥协的结果。

对互动主体而言，有四方面的因素影响互动主体，包括技术、组织规模与结构、组织经验和个体。技术是双方进行互动的关键因素之一，很多情况下互动是买方向卖方获取一些应用技术，互动主体之间的技术状况很大程度上影响了双方的互动关系；组织规模与结构是影响互动主体地位的关键因素，规模较大具有丰富资源的主体往往会处于优势和主动的地位；组织经验不仅包括组织内部的经验还包括组织外部的经验，组织经验决定了互动主体互动的深度和效果；个体是双方交互过程需要参与的个人，为了实现互动，各方至少各派一名代表完成互动，进而双方可以交换信息、发展关系并建立社会网络，因此个体也是影响互动主体的重要因素。

任何组织之间的互动都是在一定的社会环境中进行的，组织之间的互动受到社会情境的影响。这些情境因素包括市场结构、环境动态性、国际化、市场地位和社会系统。市场结构是由市场当中各个买卖双方不断互动，进而形成的买卖关系的总和，同时任何处在市场当中的主体在同其他主体互动的过程中，都会受到既定的市场结构的影响和制约；环境动态性对组织的互动有两个方面的影响，在一个动态性的环境中，组织依赖少数几个主体进行互动会大大增加其获取其他互动主体的机会成本，同时密切的互动关系又会加强双方的知识和信息的流动，从而提高互动的效果；国际化发展使得互动双方更多地关注国际关系的发展，进而去关注海外市场并获取专门的知识；市场地位是指组织所处的渠道位置，往往是越靠近消费终端的组织越具有主动权；社会系统会从横向的市场和纵向的渠道两个方向影响双方的互动，一些社会的价值观、观念、语言和风俗都会影响到双方互动关系的发展。

气氛是指互动双方冲突和协作的状况或者是双方关系远近的状况。气氛很难直接进行测量，但它通常是影响双方互动的重要变量，是环境、公司属性和互动流程特征的集合体。不同的组织气氛具有不同的影响，不同的组织气氛各有利弊。Hakansson 从成本收益维度和控制维度对气氛进行了讨论。从成本收益角度看，良好的互动气氛，可以通过双方密切的互动来降低交易成本和生产成本。密切的互动关系意味着双方共同处理很多工作，会提高谈判协商的效率，降低交易的成本；此外，密切的互动关系还意味着互动双方能够发现更加优化的生产流程，进而降低生产成本。从控制维度看，双方良好的互动气氛，意味着双方可以降低因双方互动引发的不确定性，而且双方还可以共同应对外部环境的不确定性，降低不确定性的不良影响。

除了 Hakansson 的模型对促使和影响供需双方进行互动的因素进行描述之外，Hsu（2005）认为渠道气候（channel climate）、环境不确定性（environmental uncertainty）和技术动态性（technical dynamics）都会影响供需双方的互动。渠道气候强调渠道构成成员对渠道环境的感知以及他们之间的相互协作，渠道成员之间具有更多的共识和一致的看法会减少双方的矛盾和冲突，进而有助于双方进行良性互动；环境不确定性是指供需双方如果处在一个极其不确定的环境中，双方达成的关系就会具有很多变数，理解和控制这些不确定因素是良性互动的重要前提之一；技术动态性是指快速变化的技术会影响关键要素的供应、生产流程以及生产技术，当技术变化非常快时，企业倾向更加小心地与交易方合作，它们会更多地进行信息共享和资源共享，进而能更好地协作以满足最终消费者的需求，也就是说技术动态性有助于双方良性互动的发展。Ramani 和 Kumar（2008）从管理层面、企业层面和行业层面等三个层面讨论了促使供需双方进行互动的因素，提出了影响供需双方互动的因素包括考核系统（reward system）、专利依赖性（dependence on patent）、外包经验（outsourcing experience）、制度压力（institutional pressures）等。考核系统是指上游企业考核关注的指标，如果上游企业更多地关注客户维度，比如赢得客户、保持客户、整合客户等，那么供需双方就会有更多的互动，相反，如果上游企业更多地关注销售额、销售收入和盈利水平等指标，则供需双方的互动就会相对较差；专利依赖性是指上游企业的生产服务是否更多地依赖其专利的垄断权，如果上游企业是依赖专利权来经营公司的业务，那么上游企业就会过多地关注其专利的应用，而忽视客户需求的变化，因此供需双方的互动就会减少；外包经验是指上游企业是否具有丰富的外包经验，外包一方面可以拓展企业的产品和业务的范围，另一方面还可以提升企业对互动重要性的认识以及企业的互动经验，因此上游企业良好的外包经验有利于供需双方互动的发展；制度压力是指供应企业所在的制度环境是否有鼓励和诱使企业进行互动的驱动力，如果制度环境中含有很多促使供应企业进行供需双方互动的驱动力，则供需双方就会有较多的互动。

3.1.3　服务供应链中的互动主体和互动行为

从上述组织互动模型中可以看出，互动是组织管理活动的重要行为，互动的质量决定了组织最终的经营绩效。然而，在这些互动模型中，虽然强调了环境、气氛和过程对组织互动的影响，然而从互动的直接主体上看，大多数集中在供需两方的互动，无论是企业与供应商，还是企业与客户，都是一种双边关系。然而，供应链网络作为一种社会性经济中的组织形态，必然会涉及诸多的行为者，特别是服务主导型的供应链，由于高度强调服务要素的整合与整体价值的实现，因此，其主体不可能仅仅是链上的上下游，同时互动的要素也不仅仅是产品交换、信息交换、财务交换和社会交换。

在服务主导型的供应链体系中，随着经营的核心从产品制造逐渐转向了服务，经营的主体摆脱了单纯的供需双方，互动的要素除了产品、信息、财务和社会的交换外，服务品牌（service brand）也成为了服务供应链的重要资产（Bordie et al.，2006）。服务品牌最早由 Berry（2000）提出，他认为，随着服务成为一种主导型的经营要素，作为服务整合者的企业就成为了一种品牌，并且在这个过程中，客户的服务体验对服务资产（service equity）的形成发挥了重要作用。因此，在服务主导的经营中，服务品牌成了决定企业绩效的关系资产，也是协同价值创造的核心。Bitner（1995）提出，在服务品牌创造的过程中存在着三种不同的主体间互动和价值协同行为，一是组织（或企业）与客户之间的互动，即作出承诺（making promise）；二是组织（或企业）与组织中的成员或网络中的成员之间的互动，即促使或促进承诺（enabling or facilitating promise）；三是组织中的成员或网络中的成员与客户之间的互动，即保持或支持承诺（keeping or supporting promise）。在此基础上，Little（2004）从组织的视野提出了客户价值互动的整体框架，在这个框架中，除了三大类主体（企业、企业中的成员或网络中的成员、客户）之间做出承诺、促使承诺以及保持承诺外，还有就是通过上述三个流程而最终实现承诺（realizing promise）（见图3—2），这个过程不仅为客户带来了价值，同时也为企业实现了财务绩效，并且实现承诺是与建立服务品牌紧密相连的。

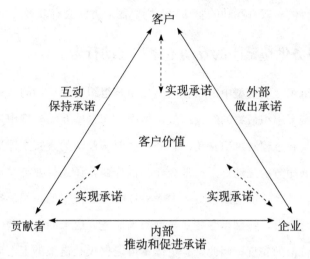

图 3—2 客户价值创造与互动模型

可以看出，当今企业经营中的互动行为应当从社会网络的角度来思考，而不再是简单的买卖性交易关系的互动。社会网络理论通过强调网络中的主体、主体之间的结构性联系、各主体拥有和交换的资源来解释社会关系、互动和规范（Eiriz and Wilson，2006），这种视野描述了社会网络如何通过与个体之间的强联系和弱联系（包括自愿和非自愿），使各主体能在更大的社会系统中自我定位，并且影响资源的流入和产出。从这个意义上讲，在 B2B 的情景下，这种互动不仅仅是一种经济性交易，更是一种社会生态系统持续发展的过程，而社会生态系统的确立与持续必然扩展了生态系统中的主体、主体之间互动的要素以及行为过程，即互动的主体不应只是企业与客户之间双边的行为过程，同时也需要考虑除了企业和客户之外的其他直接和间接的参与者或利益相关者。此外，互动的要素也不仅仅是物质资源和产品（即被操作性资源）的交换，也是知识、智慧等操作性资源的交换，只有这样，服务的品牌才能建立。

基于上述研究和逻辑，在 Litter 的模型基础上，我们认为在服务主导型的供应链运行中，服务品牌或价值的形成与建立，存在着四种互动主体和相应的互动行为。这四种主体是企业（或服务集成商）、客户、网络中的成员（或称微专业服务商、贡献者）以及社会利益相关者（见图 3—3）。在互动的主体群中，我们特别强调了用利益相关者的视野来看待互动行为。利益相关者的概念可以回溯到 1963 年，由 Freeman 率先提出，从此利益相关者理论

（ST）在管理学界得到了广泛的应用。利益相关者是指能够影响组织目标达成或被组织目标影响的群体或个体（Freeman，1984）。组织中的利益相关者的概念非常广泛，往往包括直接决定企业生存的核心利益相关者（如客户）、给企业带来威胁和机遇的战略利益相关者（如合作伙伴等）以及组织环境中的利益相关者（如股东、政府、社会利益团体等）。Mitchell等人（1997）认为利益相关者在组织中的影响力是由三个特征决定的，即合法性、急迫性和权力性。合法性具有多种含义，包括可接受性或合意性（Meyer and Rowan，1977），认同（Carroll and Hannan，1989），合理、适当与一致（Dowling and Pfeffer，1975）。Suchman（1995）提出了一个广义的定义，合法性是指企业的某种行为在社会关系中恰当、合适的状态。合法性的关键因素是满足和符合社会制度、准则、规定及意义。因此，遵从普遍使用的规则和结构，并对它表现出理性、谨慎态度的组织，普遍被合作者认为是值得信任的（Tolbert and Zucker，1983），因此，利益相关者的合法性可以认为是其利益诉求的有效性。急迫性是指利益相关者的诉求引起关注的程度，显然，这种程度越高，利益相关者在网络中的潜在影响力就会越大。权力性是利益相关者产生效用的能力，这种权力性的高低直接决定了其行为的效果。

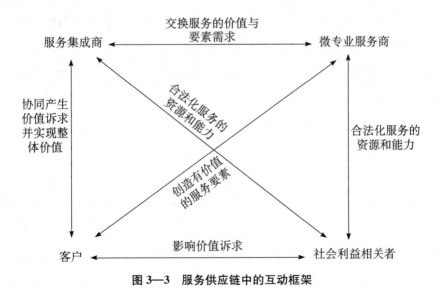

图3—3 服务供应链中的互动框架

因此，作为企业的管理者，应当考虑如何与众多利益相关者发展关系，而这些利益相关者能够影响企业活动或被企业活动所影响，进而最终达到企业预期目标或价值（Donaldson and Preston，1995）。尤其在服务供应链中，服务的品牌和价值不仅是由供需双方，或者三方（即企业、客户、企业网络中的成员）的相互行为所决定，同时也受到它们同其他利益相关者的关系影响。这是因为利益相关者能帮助企业（服务集成商）、需求方和微专业服务商带来合作中的合法性，继而促进各方的合作关系。此外，它对提升服务供应链中各方的交互作用和社会化具有调节作用。具体讲，在服务供应链中，存在着六种互动行为。

一是服务集成商与客户之间的互动。这种互动主要是协同产生价值诉求，即通过服务集成商与客户之间的相互沟通和作用，产生超越于既定需求的价值诉求，并且通过服务集成商对各种服务要素的整合和集中传递来实现价值诉求。如同我们在第一章所述，服务集成商与客户之间的关系不仅仅是一种简单的需求产生和需求实现的过程，服务集成商更主要的作用在于能深入了解并分析客户的状况，以及客户行业的现实和存在的问题，并且能够根据这些状况和问题，通过与客户的互动提出相应的需求和解决方案，从而不仅满足客户现实的需求，而且更能够通过服务集成商的综合服务帮助客户实现潜在的价值，亦即实现了"客户成功"。另一方面，作为客户，也不像以前一样只将供方看做是产品或服务的简单提供者，而是将其视为帮助客户获取自身难以得到的知识和能力，并且推动客户实现持续、长远发展的合作伙伴。因此，从这个角度上看，双方需要分享自己的经验、能力，同时探索各自存在的问题和面对的困难，在此基础上提出相应的价值诉求，并且由服务集成商来实现服务的综合传递（即系统传递）和最终价值。

二是服务集成商与微专业服务商之间的互动。由于服务供应链运行的复杂性和广泛性，各种服务活动和要素不可能完全由一个企业来实现，因此，根据客户的价值诉求将部分服务环节或要素外包给微专业服务商就成为必要。这种主体并不提供全部的服务要素，或全面实现价值，而是为价值的实现提供专业化的服务要素，从这个意义上讲，它们是微专业服务者（micro-specialist）。这些微专业服务提供者是实现整体价值的基础和单元，它们精于某一特定的活动要素或环节，具有该环节运行的特定能力、知识或智慧，但是却不能直接满足客户的全面价值诉求。在这一状况下，服务集成商与微专业服务商之间存在着价值解构、理解和要素交换的过程。所谓价值解构，指的是服务集成商根据客户整体的价值要求，以及微专业服务商的能力和知识，分解价值体系，将其中的价值要素外包给微专业服务商的过程。价值理解和要素交换则是从微专业服务商的角度讲的，即微专业服务商需要充分理解其所发挥的作用和服务的关键要素，结合自身的能力和知识，优化次服务流程，不断实现某一特定领域的价值，从而成为服务集成商的核心网络成员。在这一互动过程中，双方也需要不断地分享经验和专门知识，同时动态地定义服务的范围和程度，实现网络的有机结合。

三是微专业服务商与客户之间的互动中。在服务主导型的供应链运行中，微专业服务商与客户也存在着互动的界面，这种界面就是通过微专业服务商的专业化运作，来帮助客户实现特定的价值要素（即构成整体价值的单元），而客户在这一过程中，提高了某一特定领域的效率与效能，为整体价值的最终实现创造了基础。需要指出的是，在服务主导型的供应链中，并不只是服务集成商与客户发生直接的接触和互动（即产生互动的界面），微专业服务商也会与客户发生直接的接触和往来，成为直接服务提供商，或者说在整体价值实现的过程中，微专业服务商也可能提供了现场服务和体验，而服务集成商则将各种现场服务进行了系统化的整合，实现了耦合价值。

第四种和第五种关系存在于服务集成商、微专业服务商与社会利益相关者之间的互动中。在服务主导型的供应链运行中，服务集成商和微专业服务商通过各种企业内外的资源和能力为客户创造新的运作模式和价值。然而，任何战略性变革都是代价高昂的，尤其是多样性的变革更具挑战性，变革的复杂度越高，代价也就越大（Misangyi et al., 2008）。在这种状况下，服务集成商以及微专业服务商作为一种新型商业模式的变革者，就需要与外部各种社会利益相关者互动，以获取并最大程度上利用所需要的资源和能力，因此，社会利益相关者与企业之间的互动也是整个互动体系中的重要一环。作为价值网络中的经营主体，企业不仅要考虑到自身的下游或其他商业合作伙伴，还需要考察影响网络构建的其他社会利益相关者，将其作为实现价值体系的重要方面。我们在前面说过，社会利益相关者指的是外在于企业直接经济往来的影响企业目标或受企业目标影响的组织或单位，这里主要指的是政府、社会团体，或者专业性的机构等，这些组织或单位虽然并不直接参与到企业的供应链运作过程，但是却对企业的经营产生了直接的影响，或者受到了企业运作的影响。这种影响主要表现在社会利益相关者能否赋予服务集成商或微专业服务商合法性的地位。合法性是"在一个由社会所构建的规范、价值、信念和定义的体系中，一个实体的行为被认为是可取的、恰当的、合适的普遍性的感知和假定"（Suchman，1995）。国内学者丁冀认为合法性是"组织利益相关者对组织权威的认同"。合法性的功能在于帮助企业（即服务集成商或微专业服务商）从其所在的环境以及其他利益相关者那里获得认可和支持，没有这种认可，企业就无法获得维持基本运营所需的关键资源。因此，通过适当的组织活动来获得合法性是企业生存和发展的必要条件。Scott（1995）认为制度环境中有三个因素影响了组织的合法性，即规范的（normative）、强制的（regulatory）和认知的（cognitive）合法性。简单概括来讲，所谓规范合法性是指组织必须遵从的一般社会规范，特别是行业规范，如公平竞争；所谓强制合法性主要是指对法律法规的遵守；而认知合法性是指组织及其行为被当作是环境中的正常产物而被接受。上述三种因素都能够带来合法性，在此，合法性就是"体现文化协同性、规范支持或与相关法律、法规相一致的情形"，并且一个组织是否合法、合法程度的大小，由组织的所有利益相关者来评判。Dacin（2007）认为组织的合法性有多种表现形式，其中投资合法性（investment legitimacy）、市场合法性（market legitimacy）和社会合法性（social legitimacy）是组织合法性的表现。投资合法性首先表现为和组织最直接的利益群体有关，这一合法性的作用类似于资源依赖学派（Pfeffer et al.，1978）对组织活动的解释，它认为组织的行为为社会利益相关方认同是有价值的。市场合法性指组织的一种行为主要是在特定的市场中建立或维持其权利或资质，这一合法性经常基于组织是否"去做正确的事"来进行判断，并非一定按照是否符合组织目标的标准来判断。它反映的是企业组织能否选择服从既有的规范，而非某一特定群体的价值观。社会合法性指的是被不同利益相关方广为所知的、视为理所当然的组织活动，在Suchman看来，当利益相关者对组织的理解没有其他替代的方案时，组织及其行动就被看做是理所当然的。在现实运作中，企业组织获得这种合法性的难度是较高的，企业组织追求合法性的目的在于帮助企业取得内部一致性和外部信任。在此基础上，组织能够获得重要利益相关者对其权威的认同，这种认同能够使组织获得其他资源。正因为如此，服务集成商以及微专业服务商与社会利益相关者之间的互动主要表现在：一方面，社会利益相关者决定了服务集成商或微专业服务商的投资合法性、市场合法性和社会合法性，对前者资源、能力的获取与整合提供了约束或支撑的框架体系，从而间接地影响了服务集成商以及微专业服务商资源、能力整合的范围和程度；另一方面，服务集成商或微专业服务商也不是被动地接受社会利益相关者的约束或制约，而是利用它们在社会中的地位、角色，甚至社会资本或各种前摄性的行为，消除制度环境中对其不利的因素和阻碍，建立起有利的环境和氛围，有效率和有效能地获取、整合各类资源和能力，并且争取社会利益相关者对其行为的支持和帮助，从而不仅为企业的直接客户带来潜在的价值，同时也使社会利益相关者在供应链运作过程中获得相应的社会性价值。

最后，互动还存在于社会利益相关者与客户之间。客户作为社会经济网络中的成员之一，必然要与社会利益相关者发生往来，这种影响主要表现为两点：一是社会利益相关者间接影响了客户的价值诉求。客户的价值诉求是在一定的社会制度环境下产生的，因此，社会利益相关者对其造成的约束和作用，必然使得客户对价值的理解发生变化；换言之，由于社会利益相关者实施了不同的权力和作用，如规则的制定、环境政策的改变等，使得客户所遇到的潜在问题和威胁具有差异化，从而使得它们对服务集成商或微专业服务商提出新的要求与期望。二是客户也不是单方面被动地接受社会利益相关者的影响，它们也会能动地作用于社会利益相关者，促进和改变可能对其不利的因素和环境，从而强化有利于其价值实现的环境和体系。

3.2　服务主导供应链中的互动与协同价值的创造——山东 F 公司

3.2.1　研究方法与样本企业的选取

为了说明服务供应链运行中的互动模式以及相应的行为过程，本章采用的是单案例嵌入式研究法，即通过选取行业中典型的单一样本企业，对多个次级分析单位进行考察，从中确立和验证我们的理论建构。在案例研究中，尽管很多学者提出多案例研究要比单案例研究更为可靠，但是对于能挑战或扩展理论的单案例研究仍然是有意义的，特别是对独一无二或者比较特殊甚至极端的案例采用单案例研究是行之有效的。此外，通过对单个企业细致的多单元分析，单案例研究也更容易分析各种错综复杂的状况，深入地反映企业运作的状态，从而提出相应的理论。

我们研究的案例行业背景和市场是中国的农村市场连锁经营业。伴随着我国经济的飞速发展和人民生活水平的不断提高，效率高、商品齐全、购物环境舒适的超级市场得到越来越多消费者的青睐，连锁超市得到了迅猛的发展，已经成为中国商业零售业的主流业态。在改革开放浪潮和各种利好局势的推动下，农村地区经济也有了新的发展，农民生活质量、生活环境、农村商流业三大问题，成为解决"三农"问题的重要课题，农村连锁超市模式也顺势而生。为更好更快地激活农村经济，建立和完善农村商流模式，改善农民生存环境，解决"买难卖难"问题，中央政府逐年加强对农业发展的政策导向和扶持力度，为更好地支持社会主义新农村建设，商务部提出"万村千乡"市场工程项目，以扶持和促进农村商流业的快速发展。全国各级地方政府积极响应商务部提出的"万村千乡"市场工程号召，开展具有特色的区域性"千村百镇"工程项目，旨在推动农村连锁加盟超市的发展。在"千村百镇"工程不断发展的过程中，逐步凸显出严重的采、配、销脱节现象，存在商品配送不及时、供货不稳定、断货缺货现象时有发生、订货周期长、商品周转慢、退换货不及时、供应品种单一、商品价格不稳定、部分商品进价过高等系列问题。正是在这种背景下，一些企业开始积极地探索运用服务主导的供应链来实现各利益方的价值，同时有效地推动农村商业连锁业的顺利发展。

位于山东省泰安市的 F 公司就是这样的企业。它是依托泰安食盐专营网络建立的现代物流企业，自 2003 年成立以来，充分发挥食盐流通渠道的优势，整合社会资源，在泰山脚下建起了独具特色的物流平台，打造了一座没有围墙的超市。现下设 6 个分公司，7 个专业物流配送中心，32 部配送车辆，拥有资产 7 700 多万元，员工 120 人。F 公司主要是采用第三方物流的方式，利用遍布城乡的商业零售网络，从事面对城市社区和农村市场的商品流通，使得商品从产区及生产商直接输送到零售终端，实现缩短商品供应链、提高消费者生活质量的目的。

3.2.2 中国农村市场流通现状及面临的问题

中国作为发展中的农业大国，农村经济的发展对于促进国民经济发展，对于整个国家的安定团结，都有着举足轻重的作用。特别是近年来中国的农村市场得到了长足的发展，不仅农业产业和政策得到了推进（即农村生产的发展、农村金融体制改革的各项试点迈出较大步伐，扩大了农业政策性保险试点范围），农村基础设施加快改善，而且农民的人均收入水平有了较大的提高，使得农村成为启动国内需求、大力发展连锁经营的关键领域。例如，2007 年全国农民人均纯收入达到 4 140 元，比 2006 年增加 553 元；名义收入增长 15.4%，实际收入增长 9.5%。其中，工资性收入和家庭农业经营收入分别增加 221 元和 224 元，是收入增长的主要动因。2010 年我国农民人均纯收入达到 5 919 元，比 2009 年增加 766 元，是历史上增加额度最大的一年。农民人均纯收入实际增长 10.9%，也是多年来罕见的一个高水平，在相当长的时期内增长速度第一次超过城市。尽管如此，"有场无市"的现象在中国却非常明显，即虽然中国的农村是一个巨大的潜在市场，但是现代化的商业体系并没有真正建立，中国的农村市场由于长期受到城乡二元经济①结构和农村生产力水平较低的制约，当前农村商品流通存在设施不足、方式陈旧、成本较高、农民进入市场较难等问题，不仅影响农业生产和农民增收，也抑制了农民消费，延缓了农村市场化进程，成为农村发展面临的新瓶颈。具体讲，"不方便，不安全，不实惠"反映了中国农村当前的消费总体现状。据中国商务部《农村市场体系建设"十一五"规划》，中国农村市场实行连锁经营的交易额占农村总交易额的比重不足 10%；农村日用消费品 90% 以上通过对手交易销售；农村商品流通的信息化建设处于起步阶段，农村批发市场仅有 9.23% 的市场全部或部分采用了电子商务交易技术。中国农村市场在呈现出"有场无市"的同时，还存在着"有市无场"的状况，换言之，如今的中国农村市场虽然有一些夫妻店、食杂店等简单的商业形态，但是市场经营秩序非常混乱，假、冒、伪、劣商品充斥市场，广大农民无法辨别真伪，形成市场无序竞争。另外，主辅经营渠道缺失和市场监管松弛，造成农资经营市场价格高低不一、质量参差不齐，哄抬价格和恶性竞争随处可见，坑农、害农事件时有发生，广大农村也是假冒伪劣泛滥最严重的地方。目前国内有 1/3 以上的农民购买生产资料、消费资料要跑到县以上的市场去找。据中国消费者

---

① 二元经济（dual economies）是对发展中国家早期发展阶段的一种描述，是指经济从完全依赖于农产品的生产状态向生计农业部门与现代工业并存的二元状态的转变。

协会的调查显示，31.3%的农民认为购买生活资料不方便，37.2%的农民认为购买生产资料不方便。目前农村居民人均固定商业面积不足 0.1 平方米，仅为北京、上海等大城市的十分之一。另外，农村消费物价指数持续高于城市，农民收入增幅与农村物价增幅反差较大。

正是在这种状况下，中国政府启动了社会主义新农村建设，商务部 2005 年制定并发布了首个关于农村市场体系建设的国家级专项规划《农村市场体系建设"十一五"规划》。根据规划，到 2010 年"万村千乡"市场工程农家店将覆盖 75%以上的县，初步形成以乡村零售网点为基础，以大中型批发市场和连锁配送中心为骨干，以各类农村流通合作经济组织和大中型农村流通企业为主体的农村市场体系。为落实该计划，商务部、财政部在 2005 年将"万村千乡"市场工程的试点项目纳入资金支持范围。承担"万村千乡"市场工程项目的企业，为建设或改造配送中心而向银行借贷的中长期固定资产投资贷款，将获得 1 年贷款利息补助（中、西部地区贴息率不超过 3%，其他地区贴息率不超过 2%）。企业开办的每个乡级农家店将得到 2 000 元的补助，每个村级农家店补助 3 000 元。中、西部地区的每个农家店补助标准还可分别增加 800 元。此项资金主要用于对县级区域性商品（包括日用消费品、农业生产资料）配送中心、配送设施及信息系统的改造、建设项目，以及乡（镇）级与村级农家店建设和改造项目。获取此项资金支持的企业须满足：一是经批准列入试点地区的试点企业，符合资金使用范围且在规定时间完成配送中心及农家店建设、改造项目；二是承担项目的企业依法注册，无销售假冒伪劣产品、坑农害农的记录，并与所在地的地级以上商务主管部门签订了不销售假冒伪劣产品保证书；三是配送中心的建设、改造项目贷款，经国家开发银行等政策性银行或中国农业银行等商业银行批准同意，承办企业与银行已签订贷款合同；四是农家店标准符合商务部制定的《农家店建设与改造规范》。针对农村流通环节薄弱的现状，"万村千乡"市场工程建设试点将以引导城市连锁和超市向农村延伸发展"农家店"为重点，按照农村实际，制定乡、村两级店标准。鼓励乡镇级"农家店"从事农资、日用小商品的批发与零售经营，以及政策允许的农副产品购销业务等，村级"农家店"以零售服务为主。①

---

① 参见国家商务部、财政部联合下发的政策性文件。

3.2.3　网络中的各类主体以及潜在价值诉求

中国农村市场流通的上述情况，以及目前的政策取向，不仅要求在该领域能建立起现代化的商业体系，而且在这一过程中能有效地整合各种经济主体，实现与相关经济主体和利益相关方的有效互动，系统性地解决各方存在的挑战和问题。从网络的构成来看，在中国的农村流通体系中，必然涉及供应商（即提供产品的生产型企业）、金融机构、客户（农村商业终端）、地方政府以及物流配送方。这些主体虽然形态和功能各异（有的属于供应链上下游，有的属于社会管理型机构，有的属于纯服务型企业），但是它们共同构成了发展中国农村市场网络的推动者，且面临着各自不同的挑战和潜在问题，从而产生了相应的价值诉求点。

第一，对于供应商而言。随着中国农村市场的发展，农民人均收入的提高，尤其是在政府大力推进新农村建设的情况下，生产企业都在积极开拓农村市场，试图将自身的产品成功销售到农村市场。然而生产企业在面向中国农村市场的时候，面临着很多挑战和自身难以解决的问题，一是目前很多地方农村市场的流通渠道或环节相对复杂，工业品要顺利地进入到农家，往往需要经过地区批发、县级批发、镇级批发，直至村店，其结果造成厂家对渠道和市场的把控相对薄弱，并且为了有效进入农村市场，生产企业的铺货量要求较高；二是由于农村市场管理的薄弱，供应商虽然能直接控制和管理一级批发商或经销商，但是对于下游端的掌控鞭长莫及，在这种状况下，商品的安全性受到了挑战，特别是假冒伪劣商品往往会对品牌产品造成严重的冲击，危害了供应商自身的利益；三是农村流通渠道的复杂性以及管理的欠缺性，使得供应商面临着资金管理特别是回款的压力，即虽然厂家为了开拓市场进行了大量的商品投入，但是如何保证资金的及时回笼，确保资金账款的安全性，也是供应商面对农村市场遇到的最大挑战。

第二，对于金融机构而言。积极拓展农村金融业务，实现农村金融服务的创新是当前中国农村金融市场发展的关键。这些年来，中国的农村金融得到迅猛发展，例如，截至 2010 年 9 月末，全国涉农贷款余额 11.13 万亿元，较 2007 年底增加 5.02 万亿，占各项贷款的比重达 22.7%。其中，农林牧渔业贷款余额为 2.29 万亿元，比 2007 年末增加 0.78 万亿元；农户贷款 2.56

万亿元，比2007年末增加1.22万亿元。但是，农村金融服务仍然处于相对落后的状态，据农业部统计资料，2004年中国农业增加值占GDP的比重近15％，但农业在整个金融机构占用的贷款余额不足6％，中国农民和农村企业从正规渠道获得的信贷支持不足30％。此外，面对农村金融需求的日益增长，农村金融创新不够，仍维持"存贷汇"老三样，服务功能不全，未能拓展代理保险、代收代付、理财咨询等中间业务，未能帮助农民改进理财观念和消费观念。贷款方式单一，未能给贷户提供管理和信息上的服务，资金结算不畅。所有这些都需要金融机构结合中国农村市场的现状，强化农村金融机构支持"三农"的制度约束和政策引导。依靠法律强制和政策引导推动建立农村信贷稳定增长机制，依托政府和市场的双重作用，紧密结合农村经济的特点和新农村建设的要求，同时积极转变金融机构的经营观念，增强"三农"服务意识，加快金融产品和服务的创新。

第三，对于农村的商业终端而言。积极拓展农村的商业网络是近年来农村零售发展的重要特征，特别是农村连锁加盟店的发展较快，可是在农村商业发展的过程中，农村商业终端也遇到了很多挑战和发展的阻碍：一是经营商品品种方面，商品组合缺乏有效营运指导，新产品跟进力度不够，缺少品牌供应商，特别是日用、洗化和小商品缺少知名品牌，部分商品供应商过多过杂，特别是小食品品牌，导致商品质量参差不齐，甚至容易出现假货，存在品项不全、品种不够丰富的问题；二是资金方面，商品周转慢，资金占用现象严重，资金周转困难，流动资金少；三是供货方面，订货周期长，无法保证商品上架，导致断货、缺货率高，供货不足，退、换货困难，提供商品出厂时间过久，接近保质期中后期，不利于商品销售；四是物流配送方面，缺乏高效的信息管理系统，条码存在问题，订货困难，配送体系不完善，不能保证及时配送，且常出现商品品种或数量与要求不符的现象。

第四，对于地方政府而言。近年来，随着我国改革开放的不断深入和社会主义市场经济体制的逐步建立，农村商品流通总体上势头较好。但长期以来，由于受城乡二元经济结构的影响和农村生产力水平较低的制约，延缓了农村的市场化进程。国家提出有针对性的政策措施，相继发布了《中共中央国务院关于促进农民增加收入若干政策的意见》（中发〔2004〕1号）、《中共中央 国务院关于推进社会主义新农村建设的若干意见》（中发〔2006〕1号）、

《商务部等部门关于进一步做好农村商品流通工作意见的通知》（国办发［2004］57号），明确指示了"万村千乡"市场工程建设的精神，并提出了当前农村商品流通工作的重点，一是努力搞活农产品流通，大力发展农产品物流；二是大力培育农村消费品市场，大力改善农村消费环境；三是规范发展农业生产资料市场；四是积极引导农民进入市场。同时要求乡镇级"农家店"原则上以批零结合的综合性服务为主，鼓励其从事农资、日用小商品的批发与零售经营，以及政策允许的农副产品购销业务等。然而，从政府管理的角度讲，虽然国家制定了明确的农村市场发展的政策建议，但是如何运用市场的机制落实上述政策，并且真正使新农村建设有序地进行，使农民享受到应有的福利，这些都是地方政府面临的现实挑战和问题。特别是杜绝假冒伪劣产品对农民利益的损害，这一目标仅仅靠地方政府的行政监管是很难完全实现的，而且这样做往往行政成本较高，效果却不一定非常明显。

第五，对于从事农村物流配送的企业而言。农村市场远离经营商品源头，要满足持续经营，并取得性价较好商品的竞争性支持，依靠单打独斗是不可能实现的，这时候作为中间枢纽环节的物流中心的积聚规模效应就显得直接而且重要了。然而，配送中心作为连接连锁终端与源头市场的桥梁和纽带，在实际运营中有着如下问题：一是当前农村物流的信息化、机械化水平较低。我国部分农村连锁经营企业都建有自己配套的物流配送中心，其中主要原因是我国目前有相当数量的连锁企业都是城镇大型连锁零售企业将传统的副食品公司、蔬菜公司、粮店以及其他配套网点在改造和整合的基础上建立起来的。这些传统的企业，都有很丰富的场地、设施设备、人员等建立配送中心的基础，而且这种配送形式有较大的比例。然而建成的物流配送中心，大多数信息化和机械化程度较低，主要依赖于手工操作，配送效率和对店铺反应速度较低。二是农村分散化生产经营与连锁超市的经营需求不相匹配。我国大多数农村生产经营以家庭和农户的分散经营为主，规模较小，管理水平和组织化水平较低，所供应的农产品有明显的季节性特征，质量参差不齐。此外，农民居住分散，人口密度低，而村镇销售网点严重不足，商品质次价高，售后服务不完善、不配套等，均抑制了农民的消费热情。物流业作为微利性行业，特别是仓储业、货运代理业毛利更低，因而缺乏龙头企业，难以形成规模经济，严重制约了农村物流业的发展。三是不成熟的消费环境和农民消费意识影响了农村物流配送水平的提高。农村连锁超市多远离城区，特别是边远乡村、山区农村山高路远、幅员辽阔、人口分散，店铺大多经营规模小，商品统一配送运输成本高，经营风险高。农村居民收入低，部分农民对商品价格十分敏感，使得廉价的假冒伪劣产品有生存空间，从而对从正规渠道进货的农村连锁店、超市经营带来很大冲击。

3.2.4 F公司的互动模式与价值实现

针对中国农村市场所面临的问题，以及各类主体所遇到的挑战，F公司在当地利用自身的网络体系，结合各类社会性的资源和能力，通过打造以服务为主导的供应链物流体系，实现了与各方之间的互动，既实现了自身的经济价值和发展，也有效地使社会性价值得以体现。具体讲，解决"三农"问题单纯靠一家物流企业难以实现，需要以物流企业为中心形成一个多方组成的利益共同体，物流企业提供一个平台吸引和组织相关企业，在这个平台上，通过发挥各自的优势获得利益，同时共同建立和维护服务品牌，在利益共享、风险共担的过程中共同发展（见图3—4）。具体分析如下：

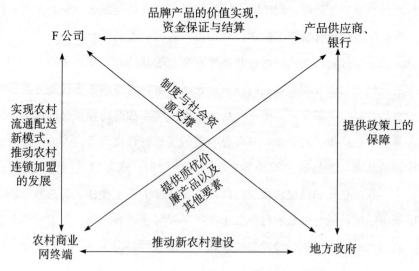

图3—4 F公司服务供应链互动的基本框架

第一，在F公司与产品供应商之间的互动关系上，F公司首先在泰安市场根据服务人口和区域特点建立了26个业务部，每个业务部服务3~4个乡镇。业务部一方面帮助企业将供货方的产品从F公司的仓库配送至农村的终端网点，另一方面帮助企业开发市场，争取将农村的商业终端纳入到企业的平台之上，或者开发特许加盟。在物流网络的建设上，F公司在泰安除了建立了两个物流中心外，还在最接近于销售终端的位置设立了"码头"，即二级物流仓库。通过扁平化物流网络的建立，对于供应商而言，实现了将产品从环到点的目标，建立了新商品铺货机制，通过物流网络迅速将代理商品铺遍全市，并且F公司的物流网络给供应商带来的另外一个潜在价值是有效地杜绝了假冒伪劣产品对供应商的危害，确保供方产品的安全性，保障其应有的利益；对于F公司而言，这种网络化的建设不仅为供应商带来了潜在利益，同时也确保了优质优价的品牌货源供应，为F公司的经营奠定了良好的基础，也稳定了企业与竞争力供应商的关系，使得双方通过这种稳定、持续的关系共同发展。

第二，在F公司与银行之间的互动关系上，双方也形成了良好的促进。F公司与中国农业银行开展合作，共同搭建电子结算系统。具体而言，中国农业银行为F公司的所有参与方（包括供应商、分公司、业务部、连锁加盟商等）都设立了"电子钱包"系统，这样每卖出去一件产品，应得的收益进入各自的"电子钱包"，从而缩短了利益各方的现金流量周期，提高了资金效率。与此同时，为了实现上述目标，在资金结算平台的建设上，双方共同制定并设计了一套风险管理机制，主要包括：一是在产权界定上，在商品最终销售之前，所有权归属F公司；二是加盟商如要进入这个网络，需要以首批进店商品的50％作为风险金，存入加盟体系，防止违规操作；三是加盟商需将一定数额的资金（一般是日平均销售额）作为结算底金，预存到农行卡中，以保障实销实结。正是以上三种风险管理机制，使得F公司的资金结算体系真正为利益各方带来了效益，同时也使得银行本身与产业企业形成了良好的合作，不仅产生了资金收益，同时也实现了金融业务的创新。

第三，在F公司与农村商业终端之间的互动关系上，F公司采取了两种不同的经营和管理体系。一是农村自由独立店铺，即保持原有农村店铺的独立性，各自的资产所有权关系保持不变。对于这类店铺，F公司主要是指导经营，并不直接加以管理，同时对店铺是否安装POS机也不做要求。对于这类店铺来讲，与F公司交往的最大收益在于获得质优价廉的品牌产品和配送服务。二是连锁加盟店铺。F公司在农村终端建设方面发展了"小康树"业务，即加盟商一旦成为其"小康树"的成员，签订加盟合同，取得使用总部商标、商号、经营技术及销售总部开发商品的特许权，那么其经营权就集中于总部，F公司要求这些加盟商在附近的中国农业银行开立账户，办理银行卡，按首批货款的一定比例预存销货款，开始营业后，店方每天按时下载、上传数据，公司依据每天的销售额，扣除店方的毛利，通过网上银行从店方账户中划拨。与此同时，"小康树"连锁要求分店必须安装POS收银设备，以便F公司及时了解并获取商品销售的信息。通过这种模式，对于F公司而言，直接掌握了农村商业终端的网络以及经营信息，从而为其更好地服务于供应商及其他利益相关者奠定了基础；对于农村的商业终端来讲，不仅保障了优质优价产品的及时供应，同时也使得其经营利益得到了有效保证，特别是"小康树"成员能享受到许多特定的经营项目（如政策性经营项目等），从而有利于经济收益的实现。

第四，在F公司与地方政府的互动关系上，这种综合平台的打造真正实现了企业效益与社会效益的同时实现。从社会效益实现的角度看，F公司的服务供应链网络的运作实现了如下七个方面的宏观效应：一是解决了农村闲置设施的再利用问题。"小康树"连锁店和加盟店主要利用的是闲散的社会资源，其中有过去的国营体系下已经废弃的厂房、商品房，有农民积淀的闲置房产，有濒于瘫痪的店面等，盘活了农村闲置资源。二是部分解决了农村劳动力转型的问题。本地化操作使连锁店使用劳动力1 600多人，加盟店使用劳动力16 000多人（含兼职）。三是提升了农民合作者的经营素质和水平。F公司常年坚持的员工现代经营理念培训、技术培训，使当地农民的文化知识进一步丰富和提高。四是不断延展的系列化服务。其实施的"信福工程"，在重点的连锁店设立了专网电脑，及时将当地"三农"信息上传，农民可以方便、免费查询到有用的信息。报纸征订、邮政服务、保险咨询、文化娱乐等服务项目受到农民欢迎。五是优质的产品下乡，将假冒伪劣挤出了农村市场，维护了消费者利益。六是农产品的加工输出，部分解决了农产品"销售难"的问题。七是在部分农村起到了商品流通的主渠道作用，减少了政府的监管成本，提升了监管效果。从企业效益实现的角度看，F公司通过上述社会性绩效的实现，使其获得了合法性，即这种网络化的服务运作既符合了政府发展农村经济、强化新农村建设的要求，又较好地实现了提高农民经营能力、提高收益的迫切需要，企业自身因此获得了良好的投资、市场和认知的合法性收益。从利益相关者理论的角度看，F公司的运作不仅使其拥有了在社会网络中的合法性，而且由于这种经营活动对于地方政府而言具有急迫性（即落实新农村建设，以及抑制假冒伪劣的迫切需要）和权力性（即能够对促进新农村建设具有影响力），从而使得F公司成为了核心利益相关者，确保了企业持续稳定的发展。

第五，在地方政府与农村商业终端以及产品供应商和银行之间的多方互动关系上，由于F公司服务供应链网络的搭建，实现了相互之间的互动和利益。在地方政府与农村商业终端的关系中，一方面，农村商业终端通过F公司的网络，有效获得了政府的政策支持，促进了规范和现代连锁经营体系的发展；另一方面，地方政府的新农村建设也通过这一网络得以在基层有效地贯彻实施。在地方政府与产品供应商和银行之间的关系中，前者为产品供应商和银行的经营活动提供了政策上的保障，减少了供应商和银行的经营风险，后者及时地将优质资源和产品导入到了当地市场，促进了地方经济的发展。

3.2.5　F公司服务供应链互动的绩效

借助于服务主导的供应链网络运作，F公司先后与百事可乐公司、浙江纳爱斯集团、山东泰山生力源集团股份有限公司、中糖集团、山东菱花味精股份有限公司、娃哈哈集团、高露洁棕榄集团等十几个国内名牌企业缔结成合作伙伴关系，成为这些品牌的区域代理商。生产的自有品牌已取得巨大成功，在国内一些大中城市已拓开销路。其经营商品范围涵盖食品、饮料、洗涤、化妆、百货、纺织品、儿童玩具、酒类等八大门类，200多个品牌、9 000多个单品。目前已建成县级中心店8个，乡镇级连锁店412个，村级加盟店8 120个。到2006年，年收入达到1.6亿元，门店毛利2 080万元。

3.3　服务主导供应链中互动的关键要素

如今，市场竞争已不再是单个企业之间的竞争，也不仅是"链"与"链"之间的竞争，而是价值网与价值网之间的竞争。通过互动构筑良好的商业生态系统，对于企业的持续长远发展提供了良好的基础。F公司的案例验证了以服务为基础的价值网络互动模式的适用性。

第一，构建网络互动的原动力以及互动的主体不是单一的。

由以上 F 公司的案例可以看出，构建服务主导供应链主体互动的原动力不是单一的，而是外部环境的拉力、利益相关者的作用和企业作为价值创造主体的推力共同促成的。由于商品流通速度的加快，特别是政府推进市场化、城镇化的建设，使得商业领域变得日益平坦化。与此同时，由于信息的不对称，以及经济发展的不均衡，或者管理上的差距，必然造成市场中的沟壑以及发展不均衡。此外，随着需求的日益多样化，产业融合趋势的加深，能否为网络参与者创造更多的价值（而不仅仅是单方面的客户价值）成为各个主体、各个链条、各个网络的制胜分水岭。在这种多矛盾存在的状况下，服务主导供应链的互动不可能只是供需买卖双方之间的互动，而是需要考虑到商业情境下所有的利益相关者，只有将所有的利益相关者都纳入到服务主导供应链网络互动的体系中，才能真正实现各方的价值诉求，使服务集成商的经营建立在长期、持续发展的基础上。

第二，服务供应链互动的价值取向是多维的。

通过案例可以看出，由于服务供应链参与者的多样性，必然造成互动的价值理解或取向是多元的。这种价值包括原发价值、诱发价值和社会价值。原发性的经济价值是指于交易当期所创造并且实现的经济收益，也称为经济性价值。原发价值是可以直接用量化标准来评价的经济性价值，如产品、服务及其他交换物的交易。这是组织间最基础且最常见的交易活动，也是促使交易发生的重要因素（McLoughin and Horan，2000）。它是交易活动中获得与支付项下可用货币单位衡量的项目，如购买价格、运输成本、订单处理成本等。除了原发价值外，服务供应链互动的另外一个价值取向是诱发价值。诱发性的经济价值是随交易的持续，在未来或远期转移生成的价值，因此它最直接的表现就是关系的持续（partnership link duration）。供应链伙伴关系直接表现在合作关系的持续性上。交易合作关系的持续性是区分简单交易和长期伙伴关系的关键要素之一（Rao and Perry，2002），一些研究也表明供应链伙伴在发展有效协调和知识交换方面，如果交易持续的时间短暂，那么其结果是不经济的。认知和获取对方的资源，并确定合理的方式，需要一个较长的时期才能实现，只有伙伴之间的协调交易关系维持较长的时期，才能产生一种共同的认知，从而促进独特的有效沟通（Kotabe *et al.*，2003）。此外，合作关系的持续性能推动组织之间的适应能力和协调能力，产生关系性特定资产。除了上述两种价值取向外，在服务主导型的供应链网络中，社会价值也是一个重要的维度。Gassenheimer 等人（1998）在基于社会交换论的基础上，提出社会价值是相对于经济价值而言的，它是基于伙伴关系产生的非经济性社会收益，包括信任、承诺、较少的机会主义等，显然，其所谈到的社会价值就是上面提及的诱发价值。而这里所谈到的社会价值是一个更为广义的概念，即通过自身和自我实践活动满足社会或他人物质的、精神的需要所作出的贡献和承担的责任，这种价值在于体现各参与者的社会公民角色，推进社会福利的形成。正是这种多元的价值诉求和取向，推动了服务供应链的形成，并且产生了利益相关者之间复杂、多层次的互动。

第三，网络成员互动的内核在于内外资源的整合。

传统的资源划分方法认为，企业资源主要是指企业内部资源。而"竞合"观念下，企业外部资源成为企业资源的重要构成部分。资源整合的目的不是面向产业，而是企业的生态系统，包括组织形式参与的社区、机构，个人形式参与的企业客户、供应商等，因而相关的群体包括了上下游企业、规则的制定者、标准设定的主体等。整体网络价值的创造要求单个组织集中型的生产组织形式让位于分散化的企业网络的组织形式。这种组织形式要求充分利用外部资源和能力，以网络互动的方式提高整体竞争力。另外，各个组织作为服务供应链网络中的一员，可能往往只拥有某些利益相关者特性，而欠缺其他特性，诸如只有权力性和紧迫性而没有合法性，或者虽然具有合法性和急迫性而没有权力性（如产品供应商）等。但是通过这种多方的互动性行为，可以使各方相互之间形成紧密的合作关系，从而弥补各自欠缺的特性。这种资源和特质的整合具体表现在：一是与上下游企业建立纵向合作联盟，形成共担风险、共享利润的链式结构，从而实现双方的权力性和急迫性；二是与政府部门、银行等环境利益相关者形成相互补充的辐射式价值创新渠道，同时实现合法性；三是产业内各相关业务板块协同专业化，形成适应需求多样化、动态变化的外部环境，同时提升多条价值链构建成的创新网络绩效的星座式架构。由此，能够通过融合企业内部的协同专业化资产创造特别的价值（Teece，2007）。

第四，互动能力体系的形成是服务供应链绩效实现的关键。

服务主导型的供应链互动模型不仅是多利益主体之间的行为性交互过程，更是多能力形成和发展的过程。从上述案例中可以看出，服务供应链的互动能力主要包括四个方面：一是人力互动能力（human interaction capability），这种能力主要指的是感知、捕捉新机遇，整合和保护知识资源和技能的能力（Teece，1997），强调的是通过人员之间的互动传递知识、运用知识的过程（Nonaka，1994）；二是技术互动能力（technological interaction capability），这种能力是一种运用技术资源（如信息系统、物流运营系统）将各组织手中的隐性知识和能力积累、编码、结构化的过程，这是实现供应链绩效的保障体系，没有良好的技术互动能力，即便拥有良好的知识和资源，也很难实现有效的传递、分享和整合；三是管理系统的互动能力（managerial systems interaction capability），这种能力来自于管理流程建立中的互动能力，即采用正式（如管理模式）和非正式（如长期关系、信任体系等）的方式创建知识、整合知识的能力（Leonard-Barton，1992），这是一种相互之间互动商业模式构建的过程，这种能力能够使参与方实现各自的原发价值、诱发价值或者社会价值；四是文化互动能力（culture interaction capability），这种能力是通过互动充分认知和认同各自的价值观和文化，形成大家共享和遵守的规范和规则的能力，这种能力的形成是服务供应链互动的制度性保障。

本章主要参考文献

Axelsson, B. and Wynstra, F. , Interaction patterns in services exchange—some thoughts on the impact of different kinds of services on buyer-supplier interfaces and interactions, paper presented at the 16th IMP Conference, Bath, 2000.

Berry, L. L. , Cultivating service brand equity, *Journal of Academy of Marketing Science*, 2000, 28 (1): 128-137.

Berthon, P. , & John, J. , From entities to interfaces: Delineating value in customer-firm interactions, in R. F. Lusch & S. L. Vargo (Eds.), The service dominant logic of marketing: Dialog, debate and directions , pp. 196-

207, Armonk, N Y: M. E. Sharpe, 2006.

Bitner, M. J., Building Service Relationships: It's All About Promises, *Journal of Academy of Marketing Science*, 23 (4): 246-251.

Brodie, R. J., Glynn, M. S. and Little, V., The service brand and the service-dominant logic: missing fundamental premise or the need for stronger theory? *Marketing Theory*, 2006, 6 (3): 363-376.

Carroll, G. R., Hannan, M. T., Density dependence in the evolution of populations of newspaper organizations, *American Sociological Review*, 1989, 54 (August): 524-541.

Cova B., Salle R., Marketing solutions in accordance with the S-D logic: Co-creating value with customer network actors, *Industrial Marketing Management*, 2008 (37): 270-277.

Croson R., Donohue K., Behavioral causes of the bullwhip effect and the observed value of inventory information, *Management Science*, 2006 (52): 323-336.

Dacin, M. T., Oliver, C., The Legitimacy of Strategic Alliance: An Institutional Perspective, *Strategic Management Journal*, 2007 (28): 169-187.

Daugherty P. J., Pittman P. H., Utilization of time-based strategies: Creating distribution flexibility/responsiveness, *International Journal of Operations & Production Management*, 1995 (15): 54-60.

Donaldson, T., Preston, L. E., The stakeholder theory of the corporation concepts, evidence and implications, *Academy of Management Review*, 1995, 20 (1): 65-91.

Dowling, J. and Pfeffer, J., Organizational legitimacy: social values and organizational behavior, *Pacific Sociological Review*, 1975, 18 (1): 122-136.

Edvardsson B., Holmlund M., Strandvik T., Initiation of business relationships in service-dominant settings, *Industrial Marketing Management*, 2008 (37): 339-350.

Eiriz V., Wilson D., Research in relationship marketing: antecedents, traditions and integration, *European Journal of Marketing*, 2006, 40 (3/4):

275-291.

Eisenhardt, K. M. , Building theories from case study research, *Academy of Management Review*, 1989, 14 (4): 532-550.

Freeman, R. E. , *Strategic Management: A Stakeholder Approach*, Boston: Pitman, 1984.

Gassenheimer J. B. , Houston F. S. , Davis J. C. , The role of economic value, social value and perceptions of fairness in interoganizational relationship retention decisions, *Journal of Academy of Marketing Science*, 1998 (26) 322-337.

Hakansson H. , *International marketing and purchasing of industrial goods: an interaction approach*, London: Wiley, 1982.

Holden M. T. , O'Toole T. , A quantitative exploration of communication's role in determining the governance of manufacturer-retailer relationships, *Industrial Marketing Management*, 2004, 33 (6): 539-548.

Hsu L. , SCM system effects on performance for interaction between suppliers and buyers, *Industrial Management and Data Systems*, 2005, 105 (7): 857-875.

Kotabe M, Martin X. and Domoto H. , Gaining from vertical partnership link durations: knowledge transfer, relationship duration, and supplier performance improvement in the US and Japanese automotive industries, *Strategic Management Journal*, 2003 (24): 293-316.

Krone K, Jablin F. , Putnam L. , Communication theory and organizational communication: multiple perspectives, in Jablin F. (Eds.), *Handbook of organizational communication: an interdisciplinary perspective*, pp. 11-17, Newbury Park, CA: Sage, 1987.

Leonard-Barton, D. , Core capabilities and core rigidities: A paradox in managing new product development, *Strategic Management Journal*, 1992 (13): 111-125.

Little, V. J. , Understanding Customer Value: An Action-Research Based Study of Contemporary Marketing Practice, unpublished PhD thesis, Auckland,

New Zealand: University of Auckland, 2004.

McLoughin, D. , & Horan, C. , Business marketing: Perspectives from the markets-as-networks approach, *Industrial Marketing Management*, 2000, 29 (4), 285-292.

Meyer, J. W. , Rowan, B. , Institutionalized organizations: Formal structure as myth and ceremony, *American Journal of Sociology*, 1977, 83 (2), 340-363.

Misangyi, V. F. , Weaver, G. R. , & Elms, H. Ending corruption: The interplay among institutional logics, resources, and institutional entrepreneurs, *Academy of Management Review*, 2008, 33 (3): 750-770.

Mitchell, R. K. , Agle, B. R. and Wood, D. J. , Toward a theory of stakeholder identification and salience: defining the principle of who and what really counts, *Academy of Management Review*, 1997, 22 (2): 853-886.

Mohr J. J, Ravipreet S. S. Communication flows in distribution channels: Impact on assessments of communication quality and satisfaction, *Journal of Retailing*, 1995, 71 (4): 393-416.

Mohr J. , Nevin J. R. , Communication strategies in marketing channels: A theoretical perspective, *Journal of Marketing*, 1990, 54 (4): 36-51.

Nonaka, I. , A dynamic theory of organizational knowledge creation, *Organization Science*, 1994, 5 (1): 14-37.

Pfeffer J. , Salancik G. , *The external control of organizations: a resource dependence perspective*, New York: Harper & Row, 1978.

Prahinski C. , Benton W. C. , Supplier evaluations: Communication strategies to improve supplier performance, *Journal of Operations Management*, 2004, 22 (1): 39-62.

Ramani G. , Kumar V. , Interaction orientation and firm performance, *Journal of Marketing*, 2008, 72 (1): 27-45.

Rao S. and C. Perry, Thinking about relationship marketing: where are we now? *Journal of business and Industrial Marketing*, 2002, 17 (7): 598-614.

Robert K. , Yin, *Case study research*: *Design and methods*, Sage Publications, 2003.

Scott W. R. , *Institutions and organizations*, Thousand Oaks, CA: Sage, 1995.

Sturgeon, Timothy and Florida Richard, Globalization and Jobs in the Automotive Industry, MIT IPC Globalization Working Paper No. 003, 2001.

Suchman, M. C. , Managing legitimacy: Strategic and institutional approaches, *Academy of Management Review*, 1995, 20 (3): 571-610.

Teece, D. J. , Explicating dynamic capabilities: The nature and microfoundations of (sustainable) enterprise performance, *Strategic Management Journal*, 2007 (28): 1319-1350.

Teece, D. J. , Pisano, G. , & Shuen, A. , Dynamic capabilities and strategic management, *Strategic Management Journal*, 1997, 18 (7): 509-533.

Tolbert, P. S. and Zucker, L. G. , Institutional sources of change in the formal structure of organizations: The diffusion of civil service reforms 1880—1935, *Administrative Science Quarterly*, 1983, 28 (1): 22-39.

W. Gibb Dyer. J. R. and Alan L. Wilkins, Better Stories, Not Better Constructs, to Generate Better Theory: A Rejoinder to Eisenhardt, *Academy of Management Review*, 1991, 16 (3): 613-619.

Williamson O. E. , *Markets and hierarchies*: *analysis and antitrust implications*, New York: Free Press, 1975.

Williamson O. E. , *The economic institutions of capitalism*: *firms, markets, relational contracting*, New York: Free Press, 1985.

宋华，陈金亮. 服务供应链战略互动与协同价值对合法性的影响. 管理科学，2009，22 (4): 2-11.

第四章 服务供应链战略形态：供方的视野

　　前面两章从结构和行为两个方面揭示了服务供应链的特征和基本状态，从中可以看到，随着客户需求的日益多样化、市场竞争的日益加剧，不断寻求新的增长力已经成为各行各业的重要战略目标，在这一趋势下，从生产制造向服务的延伸已经成为企业发展的一种途径（Anderson et al.，1997）。面对产品销售的停滞不前和服务带来的潜在增长力，Sawhney 等人（2004）认为增长潜力不但来源于初级的客户价值活动，还来源于邻近和更为广泛的价值链活动。服务性活动本身产生的绩效已经占到了整个供应链管理收益的24%、利润的45%（Kevin，2003）。服务供应链的产生和运作是企业不断适应环境和客户价值变化的结果，其方式是通过供应链的组织方式和运作，借助于参与方之间的互动，将服务作为价值实现的主要途径。因此，服务供应链绩效的实现在很大程度上取决于企业顺应客户和环境要素变革的结构和方式。很多实证研究表明，无法克服结构惯性是许多企业不能适应内外部变化而被淘汰的主要原因（Henk et al.，2003），这就要求企业不断思考：价值链服务究竟包括哪些要素？它是由什么因素决定的？特别是服务的战略不可能是单一、稳定的，这些战略又有哪些形态？这些形态如何影响了服务的过程？这些都是服务供应链所需要考虑的问题。

4.1 服务供应链战略形态和影响因素

4.1.1 对服务战略形态的认识

　　服务供应链中的运营活动不只是经营环节中包含服务，也不仅限于服务业，而取决于供应链是否从客户价值出发，以资源整合和服务集成为主导而构建。服务战略不是像普通产品市场中那样仅仅涉及交换，服务战略的一个典型特征是服务生产和消费的同步性，在服务提供者与其他合作伙伴、包括客户的交互过程中，通过差异化、多样化的战略形态或组合，共同创造服务的价值，因此，针对不同的客户需求或价值诉求，必然存在着各种不同的服务战略类型。

关于服务供应链的服务战略类型，有多种不同的观点和划分方法。Jackson 和 Cooper（1988）认为企业购买两种类型的服务，一种用来服务于公司的内部，另一种被传递到公司的客户。Ravi，Maheshkumar 和 Stephanie（2008）以银行和化工企业为对象，分别代表服务提供商和具有服务业务的产品生产商，针对两种类型企业提供的服务特点，比较了它们的成长战略以及交互特点，研究认为，银行倾向于国内业务，而化工企业倾向于国际业务；银行倾向采取与其他企业合作的交互方式，而化工企业倾向采取单独开发的方式。最具代表性的服务战略类型划分有两种，一是 Wynstra 等人（2006）基于 Jackson 等人的研究以航空为例，又将服务分成了四种类型：消费服务（consumption service）、工具服务（instrumental service）、半生产服务（semi-manufactured service）和成分服务（component service）；二是 Bjorn 和 Sweden（2000）提出的四种服务类型：消费服务（consumption services）、成分服务（component services）、转化服务（transformation services）、工作方法服务（working-method service）。

Wynstra 等人认为成分服务指的是客户公司不需要任何转换就能直接传递给最终用户的服务，诸如与生产设备制造商签订的外部维护保养服务。对于成分服务而言，其目标是要保障采购的服务与购买公司既定的产品相匹配，因为这些服务要最终传递给最终用户。因此，识别、沟通最终用户的需求是一项重要的客户能力，供需双方都需要深层次地卷入到服务的生产和传递过程（即互动过程）。为了保证服务与最终供应的匹配，购买者需要适应服务的要求，与此同时，供应商需要适应服务的设计。半生产服务指的是经过转换变成购买公司传递给最终用户一部分的服务形态，诸如航空公司获取天气预报从而制定飞行计划等。半生产服务的目标是根据客户的应用最优化服务的形式和程度。在这一过程中，双方不仅需要相互的沟通，同时还需要相互调整自身的运营过程，以便及时将所提供的服务转换成最终的客户产品。工具服务指的是保持在用户内部，并且最终由用户自己来执行的服务，诸如咨询公司为用户企业提供的业务发展咨询服务等。这种服务的目标是通过用户企业内部相关流程和资源的调整实现预期的变革。这类服务互动的对象往往是服务提供者和指向的相关部门和流程。对于服务的用户来讲，需要清晰地识别变革的具体要求，以及将这种变革愿望转换成具体的行为和实施的能力。消费服务也是保持在用户内部，但是不影响用户关键业务流程的服务，诸如银行购买的园艺服务等。这种服务的目标只是为用户企业的关键业务提供相应的支持与保障，其关注的是日常的绩效和效率。这四种不同类型的服务战略的异同见表4—1。

与 Wynstra 等人的观点相近，Bjorn 和 Sweden 也提出了服务供应链战略的四种类型，包括：成分服务，即不经转换而成为客户最终产品或组合的一部分。对于这类服务，供应商需要充分了解客户的产品，以及客户的客户使用产品的状况，从而反过来理解成分的价值和需求。他们认为成分服务中的"成分"有两种类型，一是标准成分，二是特定成分。标准成分是人所共知的，不需要专家与客户之间的互动。与之相反，特定成分往往涉及高等技术，因此需要大量的专业技能和知识，双方也要高度介入和互动，通过这一类型的成分服务，帮助客户最终创造差异化的增值产品。转化服务的特征在于购买企业能够对这些服务进行转化，继而以一种改变的形态传递给客户的客户，例如企业将从上游购买的钢铁热处理后转换成客户需要的产品，或者将信息加工后，以一种结构化的形式进一步传递给客户等。这类服务要求服务提供者与客户以及客户的客户之间能够有深入的交流。工作方法服务是一种能极大影响客户流程的服务形态，它能直接作用于客户的生产方式和经营方式，某种意义上讲，这是对客户流程的设计，需要双方运营系统能高度吻合。消费服务与 Wynstra 等人的界定一样，是一种保持在用户内部，但是不成为客户最终产品组成的服务。

以上这些研究虽然细分了服务战略的不同类型，也分析了不同类型的服务对企业与客户互动行为的影响和要求，但是却没有深入探讨不同服务类型产生的驱动因素和组织形式，即为什么会有不同类型的服务战略产生，不同类型的服务是由什么影响决定的，不同的战略组织方式是什么，在特定组织方式下的行为具有什么特点。

表4—1

服务战略几种类型的差异

服务类型	客户代表	供应商代表	关键客户能力	关键供应商能力	沟通	适应
成分服务 服务需要与客户产品相吻合，最终产品与客户的最终需要相吻合	服务采购的专家，以及深入了解客户的营销专家	了解所提供服务的营销专家以及深入了解客户的最终需求	持续与最终用户的转换、沟通能力，实现各种服务成分供应商的同步化能力	特定服务的生产能力和质量能力	客户需求的信息交换，服务与其他服务的吻合，客户对服务的评价	服务规格、服务设计能力和需求管理
半生产服务 根据客户的应用优化服务的形式和程度	生产和质量代表	"生产规划"和营销代表	解释最终客户需求，实现内部与供应商运作匹配的优化和界面的同步化	生产能力、质量稳定能力和创新能力	客户需求的信息交换、服务转换的可行性	服务规格、服务设计能力和需求管理
工具服务 服务应该按照预期的方式影响客户的主业务流程	商业开发代表以及被影响的内部客户	产品代表，通常包括咨询师或流程工程师	"实施"技能，懂得什么是匹配，什么时候、怎样、为谁服务	商业开发和创新，商业和服务生产设计	有关采购公司关键流程敏感信息的交换、关键流程的服务效果	组织结构、财务流程、管理流程、敏感信息交换
消费服务 服务需要支持客户各种核心流程	购买者和内部用户	营销代表	持续转换、沟通内部用户需求、追踪绩效和用户满意度	提供预期服务的能力，以及必要时适应客户特定要求的能力	服务绩效、减少管理负荷	管理流程和财务流程

资料来源：Wynstra, F., Axelsson, B., & Van der Valk, W.. An application-based classification to understand buyer-supplier interaction in business services, *International Journal of Service Industry Management*, 2006, 17 (5)：474-496.

4.1.2 服务战略类型的决定因素

服务供应链的组织方式受到多种驱动因素的影响，这些因素既包括企业内部的因素，又涵盖企业外部的因素。Lewin 等人（2003）将企业不断适应、战略选择的过程分为三种类型：一是企业层面的能力与战略的适应；二是技术环境，即企业与产业特征和环境的适应；三是企业与宏观制度性环境的适应，这三种类型直接影响和决定了服务供应链运作中的风险以及相应的组织方式和结构。

就企业的内部因素而言，集成服务企业为了获取竞争优势并实现企业的持续增长，在提供服务时需要考虑企业自身的资源和能力的特征，企业的内部资源和能力是其获取竞争优势的重要手段。企业资源观认为，资源是企业竞争优势的来源，企业越是具有丰富的资源，越是有能力提供多样化的服务，具有有价值的、稀缺的、不可模仿的以及不可替代等特征的资源能够使企业获取竞争优势（Barney，1991）。企业的能力观认为，核心动态能力是企业竞争优势的来源，整合、构建和重置公司内外部能力，以适应快速的环境变化的能力是企业竞争优势的来源（Teece，1997）。从企业的资源和能力的具体表现看，在供应链管理中，这种资源和能力不仅表现为企业协同上下游作业活动，调整有价值、稀缺资源的库存、仓储和运输，以快速、有效满足客户需求的物流能力，而且也包括企业适应客户服务、配送、价格等各种价值诉求，通过信息密集性和市场感知性活动，创造和管理客户关系的需求管理能力（Qingyu Zhang *et al.*，2005）。亦即 Day 提出的两种能力状态，一是内在外化（inside-out），即与市场响应相关的内部运作能力，体现在企业在生产制造、物流运输、组织资源等方面比竞争对手更具优势，它是一种响应市场需求的能力；二是外在内化（outside-in），即适应外部环境的能力，体现在企业能够比竞争对手更早、更准、更快地预测市场需求、创造市场需求，提供适应的服务，并与客户建立良好的合作关系。Song 等人（2011）在此基础上提出了服务供应链的能力体系，这其中一是资源/供应能力，包括企业具有的资源、具有的行业知识以及能够提供原料和处理订单的能力等；二是需求管理能力，包括企业愿意随需求变化而改变服务、愿意改进工艺不断更新和提供新产品或新服务以及愿意参加下游企业服务的开发等；三是战略匹配能力，包括与下游企业的文化匹配、对下游企业的战略重要性、所处的地理位置以及与下游企业共享重要和机密信息等。显然，这些因素都决定了服务提供商采用的战略形态。

就企业的外部因素而言，自开放的组织理论提出之后，组织与外界环境的研究受到了广泛的重视，在组织的边界之外是组织所处的环境，组织所处的环境包括技术环境和制度环境两部分（Oliver C.，1997），技术环境要求组织有效率，按最大化原则来组织生产，而制度环境则要求组织服从"合法性"（legitimacy）的机制（Suchman and Mark，1995）。从组织与环境的关系来看，技术环境涉及外围环境中的产业特征，制度环境涉及外围环境中的制度特征。产业特征是对集成服务企业有重要影响的因素之一，在集中度高的产业中，大多数企业都掌握着较为广泛的资源，能够完成技术进步与技术创新活动，而在集中度低的产业中，企业控制的资源相对较少，为了获取市场提高市场控制力，企业往往会进行横向和纵向的资源整合（Scott，1989），因此环境中的产业特征是决定企业提供服务类型的重要因素。根据产业理论的结构—行为—绩效模型，产业和市场的结构特征决定企业所能采取的行为，同时企业的行为进一步决定其在产业中取得的绩效（Bain，1956）。一个产业的结构特征包括规模经济性、市场进入的壁垒、产业的多样化程度、产品的差异化程度以及产业集中度等（Shamsie，2003）。环境中的制度因素强调服从制度规则与规范带来的合法性，组织符合外部环境的规则和规章并获取合法性是组织生存和发展的必要条件，组织既需要具有政策和法律的合法性，又需要具有在利益相关者心目中的合法性，因此制度因素制约和限定了集成服务企业能够服务的类型（Suchman，1995）。制度理论认为制度环境包含了三个因素，即规制、规范和认知，规制是指来自政府的规定以及组织体需要符合法律等方面的要求，规范是指社会的价值以及引导行为符合社会责任和预期的规范，认知则是社会对组织行为范式的认同程度（Scott，2001）。

综上来看，集成服务企业是一个有机的组织，拥有一定的经济资源，基于利润最大化的目标，能够完成特定的经济活动，并获取相应的价值补偿。同时由于集成服务企业处在一定的经济环境当中，其经营活动要受到外界环境的影响，因此集成服务企业提供的服务，既受到企业自身资源和能力的限制，又受到产业特征和制度特征的影响。

4.1.3　服务供应链战略类型和行为的决定框架

企业在资源拥有、产业结构和制度因素方面的状况不同，它提供服务时的组织结构和服务交互行为就会不同。Bjorn 和 Sweden（2000）分析了企业服务交互过程，在提出消费服务、成分服务、转化服务和工作方法服务之前，建立了影响企业服务交互模式的模型，认为交互过程本身、提供服务的组织所具备的特征、关系状况与环境因素是决定企业交互的重要因素。显然，服务提供商所采用的战略类型是受到各种因素影响的结果。基于 Bjorn 和 Sweden 的观点，宋华等人（2011）认为服务组织所应具备的特征应当看成是企业资源能力要求的表现形式，关系状况应该扩展成为企业所面临的制度因素，而环境因素可以与其所在的产业结构状况相对应。这些因素与服务供应链战略和行为之间的作用机理在于，这些因素不同，所要应对的供应链风险和收益就会不同。Jüttner 等人（2002）认为风险既包括政治风险、市场风险以及客户需求的变动性等内外部环境风险，也包括运作风险、客户服务风险以及合作风险等人为风险，他们把供应链风险定义为把产品从初始的供应商传递到最终用户的过程中出现的信息流、物流以及产品流的所有风险的综合。从风险类型来看，制度因素是政治风险的来源，产业特征是市场风险的来源，而企业拥有的资源与供应链运作的风险相关，因此集成服务企业拥有的资源、所处的产业特征以及面临的制度因素是供应链风险的决定因素。同时，不同类型的供应链风险导致企业间生产管理成本或交易成本的增加，生产管理成本是企业在经营过程中所产生的生产性或管理性活动成本，它是供应链运行过程中所产生的代价，往往供应链运作风险越高，生产管理成本也就越高。与之相对应，交易成本则是由于有限理性和市场信息不对称、不确定所产生的代价，Jukka（2004）认为交易成本由导致组织运作失败的外部风险和人为风险造成，并指出资产专用性是交易成本的重要体现，也就是说供应链的构成企业的某一方越是依赖另一方，供应链的风险就越大。Williamson（2002）认为企业与外部组织之间交换资源的过程中，伴随着信息不对称、机会主义行为和不确定性等因素的影响，使得企业与外部组织之间存在着交易成本。为了降低企业间存在的生产管理成本或交易成本，服务提供商就需要采取不同的服务结构和服务交互模式。

除了上述风险性影响外，产业特征、所要求的资源能力以及制度因素对客户的供应链收益目标影响（即经济性因素的敏感程度，或者价格或经济收益的敏感度）也会呈现出较大的差异性。一般而言，越是产业门槛低、制度影响因素小的行业，客户的经济敏感程度越高，其所追寻的价值越趋向于经济型收益；而产业壁垒高、制度因素影响大的行业，客户经济性敏感程度则会降低，其注重长远持续发展以及新业务模式创新的动力也就越强。因此，这种经济性敏感程度的异同必然影响到服务供应链的结构和交互模式。

在服务供应链管理理论中，服务结构指的是供应链活动的组织方式，而服务交互或服务互动则是供应链参与者相互之间的行为方式。Wendy（2008）以三案例嵌入式方法对制造企业的服务采购进行了分析，认为企业采购的服务驱动决定了企业关系的构成结构和企业间的交互过程，而企业间关系的构成结构和交互过程共同决定了企业交易的绩效。与此相同，Lambert（2000）认为一种特定供应链的形成和绩效往往是由三个方面决定的：供应链的网络结构、供应链的业务流程以及供应链的管理要素，它们是直接产生绩效的前因变量。综上所述，我们可以看出，在服务供应链的运作模式中，资源能力、产业特征以及制度特征直接影响供应链运作的风险和客户价值取向，而为了降低相应的供应链风险以及所产生的生产管理成本或交易成本，同时实现客户要求的收益，就需要形成不同特点的供应链网络结构、业务流程以及管理要素，只有上述三个方面形成了有机的关联和匹配，最终才能产生良好的服务供应链绩效。基于上述思路，我们提出了如图4—1所示的理论分析框架。

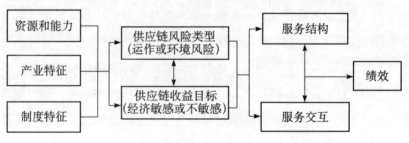

图4—1　企业服务动因、构成及其绩效的理论框架

4.1.4　案例研究的企业与方法

为了探索上述框架体系的合理性，我们采用了多案例研究方法，通过选

取四个典型的企业进行深入剖析，分析相应服务供应链的结构动因、供应链风险和客户的收益特点（即是否经济敏感），在此基础上分析企业服务供应链网络结构、业务流程和管理要素，从而探索服务供应链的结构模式和绩效。具体讲，各企业案例在结构上首先介绍基本背景，接着从资源、产业、制度几个方面分析企业面临的内外环境以及所呈现的供应链风险特征和经济敏感性，之后分析企业的服务供应链的组织方式（或模式）以及服务行为，最后介绍这些模式带来的绩效以及这种服务类型的基本特点。用于进行案例分析的资料和数据来源有多个方面，首先是对各企业的调研和深度访谈，其中访谈对象包括公司高层领导、中层管理人员以及主管部门等；其次，案例研究分析的数据也来源于各行业的行业分析报告和发展规划文件；再次，数据来源包括公司的年度报告、财务报表以及内部的管理制度等。在研究方法的运用上，我们采用了如下步骤：首先，将案例中所有的信息、数据和资料进行汇总，并将与案例分析相关的信息利用 Atlas-ti 进行编码、分离出来，描绘一个整体性的情景状态；其次，估计、推测和识别供应链活动中出现的问题，并且详细描述这些问题；最后，通过数据分析中的类型匹配法（pattern matching），运用案例中所反映出来的经验性数据、知识，与事先设定的对不同变量间关系的特定假设进行对比分析，反映服务供应链的不同结构模式及其影响因素。

4.2　嵌入互补式服务——W 公司的服务供应链运作[①]

嵌入互补式服务是一种以特定的物质产品为嵌入点，以客户使用该产品之前、之中、之后所产生的问题为服务的潜在价值，通过带动互补性产品或服务为客户解决流程运作中所产生的代价和费用，实现综合价值的服务形态。

4.2.1　W 公司的基本背景

W 公司成立于 1993 年，是专业生产高档酒店用清洁产品及特种洗涤剂

---

① 该案例涉及的资料和数据来源于调研、访谈，该公司提供的资料和经营数据，以及中国人民大学商学院案例库案例"基于核心技术创新的中小企业营销创新"（黄江明撰写）。

的化学公司，总部设在北京。公司的生产基地坐落于北京市通州区北京工业开发区内，拥有 24 000 平方米的厂区、12 000 平方米的生产车间，具有年产各类精细化学品 15 000 吨的产能。经过 18 年的发展，公司员工人数从创业初期的 18 人发展到 300 余人；从一个区域型微型公司逐渐发展成为拥有两个生产基地和 17 个分支机构的全国性企业。其经营的产品线涵盖餐饮系列（即各类洗涤剂）、客房洗衣房系列（清洁用品）、工业系列以及商务洗碗机等。

4.2.2 产业特征、能力要求、制度因素以及供应链风险与收益分析

商务洗涤剂是面向星级宾馆饭店的洗涤用品的总称，包括客房及公共区域专用洗涤剂、餐饮专业洗涤剂以及洗衣房专用洗涤剂等。商务洗涤剂作为一种化工产品，本身并不具备很高的技术含量，20 世纪 90 年代后随着餐饮、旅游等行业的发展迅速成长为一个极具潜力的市场。商务洗涤剂的配方构成、使用对象与家用洗涤剂截然不同，配方中有效物构成含量高、去污力强，必须配合专业设备使用；对使用者的技术要求也比较高。因此，商务洗涤剂的主要目标客户为宾馆饭店、大厦写字楼、医院、社会洗衣房、食品厂、饮料厂等单位。以使用产品比较全面的星级宾馆饭店为例，客房及公共区域、餐饮、洗衣房专用三大类洗涤剂共计几十个品种。商务洗涤剂市场是随着涉外商务酒店在中国的出现，于 20 世纪 80 年代中期才在中国兴起的。1986年，美国泰华斯公司与大连油脂化工厂在大连合资建立第一家专门生产商务洗涤剂的公司。至 20 世纪 90 年代，商务洗涤剂发展成为一个独立的市场，不少小型合资、独资、个体企业纷纷加入其中。国内商务洗涤剂市场可以分为三个梯队。美国艺康和庄臣两大国际品牌作为行业的第一梯队，一直以品质优、价格高和服务质量好而著称。凭借其在国际市场上的知名度和美誉度，艺康和庄臣的产品一直被许多企业所采用。仅在酒店商务洗涤剂领域，艺康和庄臣的销售额就达到了 1.5 亿人民币。第二梯队则集中了 20 多家国内生产厂商，特点是质量较好，价格适中，服务质量较好。这些企业在产品、定价和促销等方面具有很大的同质性。处在第三梯队的均为地方小企业，共计有千余家。这些企业通常专注于一个特定的区域市场，依靠人脉关系和低价格占据一定的市场，产品质量和服务水平参差不齐。

随着国内消费者个人收入水平的提高，外出旅游和餐饮费的投入也呈逐年上升的趋势，商务洗涤剂的需求量随之增大。以星级宾馆为例，100 间标准客房每年在洗涤剂用品上的支出就要达到近 20 万元人民币。按此推算，目前我国星级酒店客房数超过 150 万间标准间，商务洗涤剂市场规模应在 30 亿元左右。如果将医院、物业公司、写字楼、洗衣店、餐厅酒楼等计算在内，商务洗涤剂市场需求量将超过 50 亿元。

但是，该行业也是一个既混乱又竞争激烈的行业。首先，从产业特征和制度因素看，大批中小商务洗涤剂生产企业的产品品种、包装甚至产品的名称都很相似，而且质量良莠不齐，造成市场的极大混乱。主要表现为以下几个方面：一是同质化竞争严重。商务洗涤剂产品技术含量低，决定着该行业的进入门槛很低。即便某公司推出差异化的产品，也只限于很短的时间，竞争对手会很快破解、模仿其配方，推出价格更低的模仿产品。二是销售货款回收困难。售给餐饮、宾馆饭店的洗涤剂产品基本上采用先货后款的定期或不定期结算方式。账期大都在两三个月以上，长的甚至可达半年以上，造成大量的商品资金被长期占用。三是产品损耗大。商务洗涤剂采购使用方（客户）的强势地位，加上上述结算方式的缺陷，使得客户往往采用一次大批量订货的采购方式，并疏于对产品的保管要求（温湿度、包装、容器等）和使用登记制度。一旦产品包装破损或变质，便以质量问题或其他理由要求退货。四是商务洗涤剂生产企业的规模小，销售市场具有很强的地域性。因此人际关系和营销公关成为进入市场的重要砝码。市场交易的不规范导致使用方的采购主管吃回扣现象严重。

其次，从市场对资源和能力的要求上看，无论是在商务洗涤剂市场还是商务洗碗机领域都存在着难以克服的障碍。在商务洗涤剂领域，一般生产企业与优质客户之间都会采用成本保全（guarantee cost）模式。所谓成本保全业务操作模式是专为成本控制完善且信誉好的酒店、饭店而设立的业务模式。该模式可保证酒店洗涤剂费用每月支出保持在一个固定的定额范围，其优点是：（1）酒店的洗涤剂库存为零。即采用先使用后支付的交易方式，减少酒店的资金压力。（2）收费依据酒店的出租率确定。双方先商定每间客房的洗涤费支付标准，然后按酒店客房的实际出租数量结算洗涤剂费用。客户一般都愿意采用成本保全业务模式，但在实际操作过程中也存在着明显缺陷。主要表现为：(1)洗涤剂公司并不能准确掌握酒店的出租率；(2)酒店洗衣房通常还会承接外部业务，该部分洗涤量很难界定；(3)酒店的康体、洗浴中心部分区域（浴池、地面、墙面、浴室等）的洗涤量甚至超过客房的布草洗涤量。因此，大多数洗涤剂生产企业对成本保全模式虽然感兴趣但又担心用量失控，导致入不敷出。在商务洗碗机领域，中国很多的餐饮企业受到固化理念和价格竞争的影响，节约成本的愿望非常强烈，更倾向于人工手洗。目前商务洗碗机在三星级以上的宾馆饭店内基本得到普及。一般的社会餐厅的卫生程度、就餐环境、食客层次等与星级酒店相差较大，目前大都采用人工洗碗，虽然成本低但餐具的卫生根本无法保证，而且餐具的破损率（平均月破损率为10%）高达洗碗机机洗破损率的10倍。即便如此，商务洗碗机较高的成本，让普通餐饮企业望而却步。此外，在使用过程中还需要为此支付专用洗涤剂、更换配件、免费服务期满后的维修保养等诸多费用。

综上所述，可以看出，在资源和能力的需求上，客户关注的仍然是资源供应方面的要素，即能否质优价廉地提供客户所需要的成品，同时保障客户洗涤质量的一致性，降低客户支付成本；而在产业特征方面，从上述行业状况看，显然该行业是一个充分竞争行业，并且不存在制度上的规范与影响。基于这些特点，可以得出，对于客户而言，其所表现出来的风险主要还是运营上的风险，即经营过程中产生的风险，与此同时，客户所追寻的收益仍然是经济上的收益，换言之，客户对经营价格和服务所带来的经济上的利益较为敏感。

4.2.3　W公司服务供应链网络结构与战略

针对于上述状况，W公司首先以研发分配器作为服务供应链战略的突破口，试图以此促成客户洗涤剂使用规范和标准化，降低人为因素影响，进而改变客户的使用习惯和方式。分配器的工作原理是自动测试洗碗机主洗水缸中的洗涤剂的化学浓度，当浓度不够时分配器会自动添加化学品至设定的浓度，当浓度达到设定值时自动停止添加化学品。分配器的最大优势是"把人为因素降到最低、保证餐具的洗涤质量稳定、卫生达标"。但是，当时供应商提供的洗碗机专用洗涤剂都是粉剂的，而粉体状洗涤剂在使用过程中经常发生受潮结块、堵塞洗碗机下药口的现象，使分配器不能够准确添加，同时也给使用者带来诸多不便。之所以销售或使用粉状洗碗机专用洗涤剂，是由于所有的自动分配器都是进口的，专为使用粉状洗涤剂而设计，因而各洗涤剂生产厂家只好生产专用粉状洗涤剂以求匹配进口的分配器。当时，全世界只有数家公司能生产这种商务洗碗机分配器，价格很贵，进口维修配件更是难以保障。为了能切实降低顾客成本并解决市场拓展的问题，W公司在充分了解市场和评估自身实力的基础上，开始引进洗碗机制造技术，自己生产商务洗碗机。根据上述情况，W公司确立了全力研发使用专用液体洗涤剂的分配器的战略。与此前进口的粉剂分配器不同，W公司研发的是全新的液体型分配器，属于反传统型产品创新。这种新型分配器彻底消除了使用粉状洗涤剂时带来的多种弊端，很快被广大客户所接受。

在自主研发的洗衣房专用"全自动液体分配器"投入市场后，W公司开发、生产了与之相配套的8种液体型洗衣房洗涤产品。液体洗涤剂系列产品完全不同于传统的粉状系列产品，其最大的创新点是：除了释氯漂白剂、释氧漂白剂、柔软剂、中和剂、上浆剂5个特别功能产品外，其余3个产品（强力洗衣粉、全能洗衣粉、皂化洗衣粉）是由多种洗涤原材料按不同的比例复配组合而成。这3个产品的任何一种都不能单独用于"全自动液体分配器"。要实现这些复杂的配方组合，必须使用W专用的洗衣分配器才能够实现。W洗衣分配器可以预装99个不同的洗衣程序，如毛巾洗涤程序、床单洗涤程序、台布洗涤程序等。以毛巾类为例，操作人员可以预先将分配器的程序调整到洗涤毛巾的程序并按下确认键，然后将毛巾装入洗衣机并按下洗衣机的启动键，分配器就会根据洗衣机工作情况，在不同阶段添加预先设定好的品种及数量的洗涤剂。这样就避免了人为因素造成洗涤质量不稳定的老难题。与传统的粉状洗涤剂相比，液体系列洗衣房产品具有明显的差异化特征。正是W公司的某些产品不能单独使用，因此客户要么全部使用W公司的产品并享受全自动分配器带来的好处，要么就不能使用W公司的洗涤剂产品及分配器。这为绑定顾客创造了最有效的技术条件。

W公司的洗衣分配器还具有"洗涤量统计功能"，并能够与洗衣房的计算机对接，使洗衣房的管理人员能够掌握布草每天的洗涤量。因此，W公司彻底颠覆了"谈价钱—卖产品—售后服务"传统模式，而是根据洗衣房每天的洗涤量来收取洗涤剂费用。这样做的优势在于：

（1）洗涤质量提高。由于洗涤剂是足量供应，所以洗衣房无须为控制洗涤成本而人为地降低洗涤剂的用量，这样保证了各类布草的洗涤质量，使客户在不增加洗涤剂成本的前提下获得更好的洗涤质量。

（2）洗涤质量稳定。由于是由分配器根据预装的洗涤程序自动添加洗涤剂，可以避免人为添加的随意性，因而保证了布草洗涤质量的长期稳定性。洗衣房自动化及标准化程度的提高，有助于酒店洗衣房扩大店外业务。

（3）降低了对洗衣房人员素质的要求。洗涤程序由 W 公司技术人员根据客户的实际设备情况、水质情况进行针对性设计和安装，洗衣房的员工只需将布草装填入洗衣机，待洗后将布草取出即可，中学文化水平的人都能够胜任，使客户能够节约一定的人员成本。

（4）洗涤剂使用量数据准确无误。自创新这项业务模式后，客户的实际使用量一目了然，省却了业务谈判和洗涤剂使用量核查等双方共同作业环节。W 公司与客户在这一方面的冲突和纠纷也减至为零，客户关系维护成本大幅度降低。

在商务洗碗机市场，2007 年以前，面向餐馆的商务洗碗机、洗涤剂产品的销售业务，各企业均采用单品销售的传统做法。即商务洗涤剂和商务洗碗机两类产品采取分类、分开销售的政策，不实行组合式产品营销策略。随着中国餐饮业的不断发展，国家对公共卫生的逐步重视，客观上使餐饮企业用洗碗机的压力在逐步加大。但是目前国家相关部门并没有效仿发达国家强制性地要求餐饮企业必须使用洗碗机，餐饮业者对使用洗碗机多采取观望态度。针对上述市场需求特点，W 公司经过仔细调研推出了"洗碗机租赁"的业务新模式。该模式的核心和最大卖点在于：为餐饮业者提供集洗碗机、洗碗机使用和保障、专用洗涤剂供应"三位一体"的一揽子解决方案。在该模式下，餐饮业者只需按月支付一个固定金额的租赁费，即可获得并享受使用洗碗机、洗涤剂及其带来的全部好处；同时解决了一般餐饮客户要同时面对洗碗机提供、维修和洗涤剂提供三个供应商的问题，大大方便了餐饮业客户的日常运作，节约了客户成本。在租赁合同期内，餐饮业者无须支付昂贵的商务洗碗机购置费用，也无须支付每日消耗的专用洗涤剂费用，更无须支付洗碗机的维修保养费用。

以小肥羊餐饮连锁公司为例，如果采用购置商务洗碗机的方式，其初期投入成本将非常巨大。2009年，小肥羊有自营店166家、加盟店279家，共计445家门店。由于其店铺面积较大且客流量大，需要安装通道式商务洗碗机。如果每一家门店都自购一台通道式洗碗机，即使按50 000元/台的最低价格计算，也需要前期投资2 225万元。此外，小肥羊各门店还需要每月支付不菲的维修保养和洗涤剂费用。

与购置洗碗机和人工洗涤这两种洗涤模式的效用相比，组合式洗碗机租赁模式在客户使用效用指标上具有绝对优势，而且可以为客户提供其他两种方式无法提供的多项额外增值服务（见表4—2、表4—3）。

表4—2　　　　　　　　　购买和租赁的对比分析

购买洗碗机	租用洗碗机
拥有洗碗机资产	不拥有洗碗机资产
洗碗机随着使用而贬值	不存在资产贬值问题
卫生清洁的洗涤效果	卫生清洁的洗涤效果
一年的保修期	永久的保修期
支付昂贵的清洁剂费用	固定租金支付
有偿的维修服务、配件	无偿的维修服务及免费配件
维修时间无保证	及时的维修

表4—3　　　　　　　　　手洗与机洗的对比分析

手洗餐具	机洗餐具
很难做到卫生标准的统一	拥有统一的卫生标准
高人工成本	低人工成本
高劳动强度	低劳动强度
高用水量	低用水量
无电费支出	有电费支出
高餐具破损率	低餐具破损率
恶劣的工作环境	良好的工作环境
餐具卫生难以保证	餐具卫生有保证

这种模式推出后，被客户广泛接受和认同。在打入星级以上酒店的同时，公司的客户群迅速向下延展到广大的社会餐饮业者。一个长期处于空白状态的商务洗碗机细分新市场随之诞生。

4.2.4　W公司服务供应链战略绩效及特点

在采用了上述服务战略后，W公司的发展呈现出了较好的态势，总体的

经营规模和利润率都有实质性的提升，到 2009 年公司已经成长为年销售收入
9 830 万元人民币，在商务洗涤剂业排位第三的行业挑战者。此外，在业务竞
争力上，这种服务战略产生了较好的绩效，以北京为例，短短一年间，W 公
司的洗碗机保有量由 132 台增加到 778 台，分配器的开发成功使 W 公司的年
销售收入在其后两年由几百万元提升到 2 000 万元。特别是在商务洗碗机领
域，以往单纯的产品销售，往往陷于行业价格战的泥潭，纯利润率不足
10%，而采用新的业务模式后，企业的纯利润率提升到了 30% 左右，而且维
系了一大批长期合作的客户。

通过以上对 W 公司服务战略的介绍中可以看出，由于 W 公司面对的是
供应链运营风险，即客户经营中所面临的各类风险，同时价格敏感程度也较
高，因此，在服务供应链的组织方式上，W 公司采用了以某一产品为切入点
（即液体型分配器或商务洗碗机），改变客户的经营方式或经营流程，以及对
产品价格的评价方式，将客户从烦琐的产品购买、质量控制等各种流程要素
中解放出来，节省了相应的经营成本和管理成本，这一点在其商务洗碗机的
模式转变中，也反映得较为明显。一方面通过以产品为依托，将各种服务要
素镶嵌其中，带动了供应商自身的发展，摆脱了单纯依靠廉价销售单一产品
的方式，使企业从各种互补性产品和服务的经营中获得经济和战略上的收
益；另一方面，由于这种嵌入式服务带动了各种互补性产品和服务要素的产
生，节约了分散性销售和管理（即客户购买洗碗机、维护洗碗机、保证洗涤
质量、劳工支出等活动）所产生的直接和间接费用，也使得客户在获取整体
服务价值的同时，享受到了更为低廉的总成本价格。因此，从模式上看，这
种服务供应链运行方式是一种典型的嵌入互补式（见图 4—2）。

具体来讲，嵌入互补式服务与以往的产品服务有诸多的不同点，首先是
产品设计创新的导向不一样。在传统的产品经营中，产品的设计或创新强调
的是使用价值或使用价值的差异性；而嵌入互补式服务则不同，虽然其服务
的起始点仍然是产品，但是产品设计创新强调的是服务内在化，即客户通过
物质产品的购买，享受到使用价值以外的服务，诸如案例中所叙述的那样，
无论是液体型分配器还是商务洗碗机，其核心不在于直接的物质产品所带来
的使用价值，而是通过这些产品实现的新的销售模式或运营模式，从而使客
户在综合低成本的前提下，享受更多的服务收益。其次，产品的传递方式也

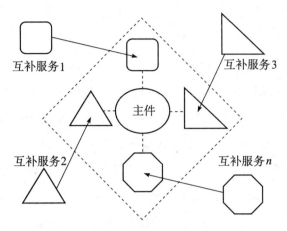

图 4—2　嵌入互补式服务供应链模式

具有较大的差异性。以往的产品传递方式是通过一定的载体将产品传递到客户，一旦到达客户手中，传递过程就已经完成；但嵌入互补式服务则不同，产品传递到客户手中，传递过程才完成了一部分，传递过程的实现要靠客户的参与才能完成。最后，作为服务提供者的供应商的角色不一样。在传统的产品服务中，供应商只是简单的产品提供者和产品制造者；而在嵌入互补式服务中，供应商的角色具有多重身份，既是产品的制造和提供者，更是服务系统的设计者和要素的整合者。

4.3　无缝连接式服务——H公司的节能照明服务供应链运作

无缝连接来自于IT行业，它指的是在充分掌握系统的底层协议和接口规范的基础上，开发出与之完全兼容的产品。在服务供应链管理中，无缝连接式服务是一种通过供应链物流网络的建立（即规范的网络协议的形成），有效连接社会经济中各类经济主体以及资源和服务要素，在为客户提供特定价值的同时，解决原来因分散管理和资源碎片化所带来的交易成本。

4.3.1　H公司的基本背景

H公司位于广东深圳市，成立于2005年初，是一家跨国投资管理集团，主要面向投资中国的国际大型制造企业提供符合国际惯例、适合中国国情的供应链整合服务。该公司已分别在中国内地、中国香港、日本、澳大利亚和加拿大等地设立了国际贸易、进出口物流、信息系统开发、企业管理咨询、后勤保障等 12 家全资及合资控股公司。H 公司在供应链整合实践的基础上形成了自身的物流管理体系，为诸多跨国大型制造企业建立了 VMI 物流中心，其 JIT 的 E-Kanban 配送模式成功为制造企业实现两个零库存，即生产投入前的生产物料零库存和生产后勤领域（包括低值易耗品以及生产耗材和生产辅材）零库存。同时，H 公司以快速通关作业构建了全球物流快速通道，提供跨国界的门到门服务，目前已分别与日本的日立物流、德国的 RHENUS 和澳大利亚的 VISA 等国际物流巨头建立了紧密的战略联盟，由此奠定了企业发展跨境供应链服务事业的全球化网络资源基础，并为国外企业投资中国提供战略规划和非核心业务的管理及服务的能力。2005 年度，H 公司荣获"中国物流百强第 25 位"和"国家 AAAA 级综合物流企业"的称号。

4.3.2 产业特征、能力要求、制度因素以及供应链风险与收益分析

电光源行业是我国产业发展的一个重点行业之一，随着中国电光源技术的不断革新，电光源行业近十年来发展迅猛，市场规模不断扩大，已成为全球电光源照明行业的生产加工制造中心。2010 年，中国电光源年总产量接近 187 亿只，总产值超过 720 亿元，行业总资产达到 483 亿元，比 2009 年增长 28%。产业规模的迅速扩张，一方面是由于原有企业自身规模的扩大，另一方面更是由于大量外围企业的纷纷涌入。2010 年中国电光源企业数量达到 931 家，比 2009 年增长 16%。从电光源的生产企业来看，除了国外经营企业（诸如飞利浦等）之外，国内经营企业主要集中在广东、江苏、上海、浙江、福建等沿海省市。

从行业整体的经营水平来看，一方面，电光源生产用原材料质量与国外相比仍然存在较大的差距，具体表现为：一是普灯用的双螺旋灯丝的光通量低；二是带保险丝的导丝生产量少，质量不稳定；三是节能灯用无铅玻管国内尚无生产，亟待开发；四是荧光灯用水涂粉原材料国内尚无生产，亟待开发、生产纳米级高纯氧化铝粉、黏结剂、分散剂、消泡剂，满足国内市场，替代进口材料；五是推广荧光灯生产采用汞丸工艺技术，开发翻版汞丸生产

技术装备和扩大汞丸生产规模，满足市场荧光灯生产的需要；六是汞、钠、金卤灯玻壳质量需要进一步提高，扩大生产规模，参与市场竞争。另一方面，自动化技术装备水平有待进一步提高，电光源工业要依靠自动化技术装备控制产品质量，目前急需开发的技术装备有 T8、T5 和紧凑型节能灯生产线，特别是自动排气机的开发，对节能灯的发展更为重要。

从制度因素方面看，电力行业逐渐成为国家节能减排的重要领域，在"十一五"时期，国家出台和修订了包括《节约能源法》、《水污染防治法》、《可再生能源法》等法律，有关部委出台了《关于做好建设节约型社会近期重点工作的通知》（国发［2005］21 号）、《关于加强节能工作的决定》（国发［2006］28号）、《国务院批转发展改革委、能源办关于加快关停小火电机组若干意见的通知》（国发［2007］2 号）等一系列重要文件，电力行业企业在国家法律政策基础上，建立了具有支持性的标准和管理办法。在政策措施上，建立节能减排目标责任制，层层分解责任，强化考核，按年度向社会发布电力企业节能减排情况通报，向社会公布各省（区、市）和五大电力集团主要污染物总量减排考核结果。特别是"十二五"期间，节能减排成为约束性的指标，规划中提出非化石能源占一次能源消费比重达到 11.4％，即未来 10 年我国将致力于调整以煤为主的能源结构，增加清洁能源比重，使我国水电、核电、风电、太阳能等非化石能源占一次能源消费总量的比重由目前的仅为 8.3％，提高至 2015 年的11.4％，到 2020 年实现我国向国际社会承诺的 15％；除此之外，单位 GDP 二氧化碳排放降低 17％也是新增约束性指标。显然，为了实现上述目标，"十二五"规划纲要草案要求综合运用调整产业结构和能源结构、节约能源和提高能效、增加森林碳汇等多种手段以促进节能减排，同时采用法律、经济、技术和必要的行政手段，尤其注重运用价格、财政、税收、金融等经济政策来推动这一目标的实现。正是在这种制度背景下，节能降耗已经列入考核机制中，即把以往单纯考核投资项目"量"的做法改为综合考核固定资产投资结构和节能减排指标，对地方高耗能高污染项目将实行节能减排"一票否决"，同时政府和企业（特别是中央国有企业）也将此作为考核的重要依据。

从能力要求的角度看，节能节电对于大多数生产制造企业而言，仍然面临着巨大的挑战，这种挑战不仅仅来自于技术上的障碍，诸如新型节电技术的开发与运用等，也有来自管理要素上的问题。从照明用电看，近两年来，全国用电量及电负荷增长迅速，使得能源供需矛盾特别突出。2010年以来全国已有三分之二的省（区、市）出现了不同程度的缺电甚至拉闸限电现象，粗略估计照明用电量占总发电量的10%～12%，并且主要以低效照明为主，照明终端节能具有很大的潜力。具体而言，目前中国有80%以上照明用的日光灯还都是T8，超市、医院、工厂、流水线、办公楼、学校等几乎都是T8灯，而随着科技的发展，技术在更新，现在T5的灯可以代替T8的日光灯了，且照度、寿命、稳定性都已远远超越了T8的日光灯。最为关键的还是节能，T8转T5节能灯归纳起来主要是通过三个方面来节能：一是镇流器由原有T8电感式换成T5电子式，高频镇流提高了光效且降低了电感镇流器的功耗，平均节能20%；二是纯三基色T5灯管取代了原有卤粉T8灯管，提高了灯管的光效，平均节能16%；三是部分T8转T5节能灯自带反光罩，能充分利用灯管背面、侧面的光线，提高光的利用率，平均节能15%。据统计，如果原有的T8荧光灯是电子式的，改装后的节电率为30%～40%；如果原有的T8荧光灯是电感式的，改装后的节电率为40%～50%。然而，问题在于将T8换为T5，客户将会遇到成本费用上的压力，T5价格要远远超过现有灯具的价格，虽说节能不少，但是一次投入成本过大。例如现用T8灯具，如想购买T5节能灯，首先要把格栅灯盘换掉，购买T5灯盘，再购买T5节能灯，算下来每个3～40W的灯具要投入400元，如果一个企业有10 000只灯盘就要投入400万元，收回成本时间过长，而目前大多数生产制造企业都面临着现金流紧张的状况，在这一状况下，这种改装投入将是一笔巨大的支出，短期内对企业的财务会产生较大压力。

综上所述，从产业的角度看，电光源行业竞争较为激烈，也是我国亟待发展的行业，与此同时，在制度环境上，由于节能降耗是国家长远发展的基本方针，特别是"十一五"以及"十二五"都将之作为约束性的指标，因此，对于客户企业而言，面临的制度压力较大。在资源和能力的需求上，客户关注的是能否以较低的综合成本和费用实现节电的要求，同时保障其主营业务正常有序地进行。基于这些特点，可以得出，对于客户而言，其所表现出来的风险主要是制度环境上的风险，即由于政策性要求和产业环境所产生的风险；与此同时，客户所追寻的收益仍然是经济上的收益，亦即在克服相应的交易成本的基础上实现较高的经济利益。

4.3.3 H公司服务供应链网络结构与战略

针对上述状况，H公司提出了一整套无缝连接式的服务，以降低客户企业面临的因制度环境和产业环境而导致的高额交易成本，并且在享受系统服务的基础上，节约了客户企业的成本费用支出，实现相应的经济收益。

H公司从技术上解决客户企业T8转T5的障碍，通过创造、生产两端的转换器，使得客户企业能直接接插T5灯管到转换器，进而直接安装到T8原有的灯具上。尽管如此，这种转接无法实现节能的效果，为了进一步解决这个问题，H公司通过与一家日本电器公司合作，开发相应的芯片组合成整流板，加上之前的转换器，就能实现将T5灯管安装到T8灯具上，并且达到节电的要求。然而，H公司开发制造这一转换装置的目的不在于生产销售物质产品，或者经销电源生产企业的灯管，而是以此为基础，发展无缝连接式的照明节能供应链（见图4—3）。

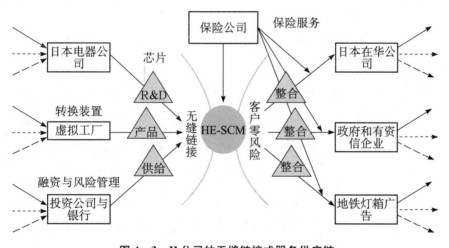

图4—3 H公司的无缝链接式服务供应链

首先，因应客户企业对节约综合成本费用的要求，H公司提出了"让客户零风险"的经营理念，亦即客户企业只要将照明用电外包给H公司，不需承担任何经济代价，即可由H公司投资改装灯具系统，以及相应的T5灯管等产品。在商业交易契约安排上，一般供需双方签订3年合同，按照节电的程度，按比例分享收益。对于客户企业而言，如果通过H公司的服务管理，没有能够实现节电的目标，无需进行任何支付，从而真正实现了客户零风险的目标，同时从根本上解决了客户对于成本费用敏感的问题。

其次，客户企业的主要关注点是其核心业务的生产经营，从根本上讲，虽然客户具有节能节电的要求，但是如果将用电外包给独立外部企业，客户企业必然担心照明服务外包可能对正常生产经营造成的潜在、直接的负面影响，即由于外包照明服务的差错，而给正常生产经营带来损失。如何化解这种潜在风险，H 公司为此与某家保险公司形成战略合作关系，由 H 公司向保险公司投保，如果由于 H 公司服务差错给客户企业的生产经营造成损失，由保险公司进行理赔，从而进一步解决了客户企业的忧患。

再次，从服务供应链的上游环节看，为了有效地实现低成本运作，H 公司在转换器和整流器的生产上并没有采取自己投资建厂的办法，而是采用与某电器进出口贸易公司的工厂进行合作，即在法律上做一次转让，注册某个生产车间属于 H 公司，但是由合作者进行固定资产的投资，H 公司输出生产技术和管理，双方分享产品生产经营的利益。同时在资金来源方面，H 公司采用了两种方法，一是建立投资公司，融入资金；二是在部分地区，与银行合作，支撑服务供应链的运作。

最后，在客户的定位和选择上，H 公司对客户市场进行了审慎的选择。由于 H 公司需要为客户企业代垫资金，提供节电服务供应链管理，因此存在着较大的潜在风险。在这种状况下，如果供需双方没有较高的资信和良好、长期、持续的稳定关系，较难实现高效的服务，因此，客户企业的信誉、实力和合作意愿是需要考量的重要因素。在这个问题上，H 公司将目标市场主要锁定在三类用户：一是日本在华 500 强企业，诸如富士施乐、YKK、欧姆龙等；二是国内有资信的政府机构和企业；三是一些大城市地铁的灯箱广告的用电。

通过以上的战略制定和要素安排，H 公司完整地实现了照明服务产业链上所有要素的对接，这种 EMC（合同能源管理）＋供应链＋融资的方式，在帮助客户企业实现低成本用电的基础上，有效地降低了交易成本，缓解了客户企业所面临的节能节电的制度压力。

4.3.4 H 公司服务供应链战略绩效及特点

H 公司的无缝连接式服务供应链实现了企业与客户双赢的局面。首先从 H 公司自身来看，这种 EMC＋供应链＋融资的运营模式不仅为企业发展找到了行之有效的路径，而且从财务绩效上也支撑了企业的发展，企业每年增长达两位数。其次，这种模式为客户企业带来的绩效也相当明显。例如，某工厂厂房原来采用 40W 的 T8 荧光灯管 5 000 支作为基础照明，按照平均每天用电 12 小时计算，灯管总功率为 200 千瓦，每日用电量为 2 400 度，每年用电量为 864 000 度，按照 1 元/度计算，则每年要产生电费 864 000 元。用 5 000 支 16W 的 T5LED 灯管进行替换，按照平均每天用电 12 小时计算，灯管总功率为 80 千瓦，每日用电量为 960 度，每年用电量为 345 600 度，按照 1 元/度计算，则每年要产生电费 345 600 元。替换光源之后，每年节约电费约 52 万元。

通过以上对 H 公司的照明服务供应链运作可以看出，对于客户来讲，其所面临的风险不再是供应链运作过程中的风险，而是因为产业和制度环境的影响所产生的供应链环境风险，这种环境风险使得客户企业将会面临较高的交易成本（即有限理性、机会主义、资产专用性等产生的成本）；有效地控制经济成本也是客户企业一个重要的关注点，亦即客户在实现节能节电的同时，还希望不增加自己企业的经济成本。基于此，在服务供应链的组织方式上，H 公司采用以电光源产品为出发点，向价值链的前端（即产品生产、安装、服务等活动）移动，获得利润丰厚的分销或渠道资源的全面整合，同时在渠道整合的过程中，实现了商流、物流、信息流和资金流的结合。结果是：一方面因为要素的高度整合和活动的有效衔接，实现了节能降耗的要求，降低了制度环境的压力；另一方面，由于供需之间的衔接，以及综合流程的控制，不仅没有增加客户的经济成本，反而减轻了客户在该项活动上的货币性支付。从模式上看，这种运行方式是一种无缝连接式服务供应链（见图 4—4）。

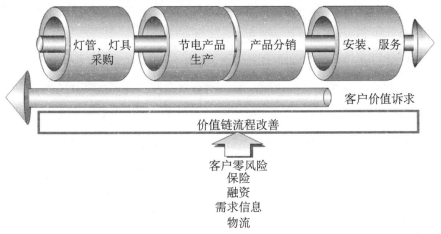

图 4—4　H 公司无缝连接式服务供应链模式

4.4 流程一体式服务——B 公司的
服务供应链运作

流程一体式服务强调的是以产业流程为基础，针对客户的价值诉求，综合流程运作中的产品和服务，推出完善的系统解决方案，从而既能通过产业价值链活动的有效整合，降低流程衔接中的各类成本费用，为客户带来更大的价值实现，同时又能因为这种打包式服务赢得客户的极大忠诚，并且通过续签服务和产品升级不断获得收益。

4.4.1 B 公司的基本背景

B 公司是设计制造以透平机械为主的大型成套装备企业，始建于 1968 年，1975 年建成投产，历经机械工业部、陕西省机械工业厅管理，1985 年移交西安市政府管理，1996 年改制为有限公司，1999 年以集团公司生产经营主体和精良资产为依托，发起设立 B 公司。B 公司现有总资产 33.07 亿元，员工 2 969 人，生产经营的主要产品有轴流压缩机、能量回收透平装置（TRT）、离心压缩机、离心鼓风机、通风机等五大类，共有 80 个系列、2 000 多个品种规格，客户主要分布于钢铁、冶金和石化领域。其中，主导产品轴流压缩机和能量回收透平装置，均属高效、节能、环保产品，主要竞争对手是德国 MANturbo、西门子和日本三井等国际知名企业。B 公司两类产品均先后获得国家科技进步二等奖，并获得"中国名牌"称号。企业已获国际质量、环境和职业健康安全管理三体系认证。

B 公司的发展经历了四个阶段：第一个阶段是传统风机制造时期（20 世纪 80 年代—2000 年）。这一时期，B 公司虽然是国内生产透平鼓风机、压缩机的大型骨干企业，但是从经营模式看，主要是一种依靠引进技术、添置设备、增加人员、自产自销的传统的"拼体力，拼设备"的经营模式，属于单一从事风机制造的机械工业企业。2000 年，B 公司在岗员工 3 326 人，当年实现产值 3.4 亿元、利润 0.14 亿元，几乎所有的收益均来自于设备的销售。这一历史时期，B 公司初步奠定了自身的透平技术开发能力。早在 80 年代初期，面对企业设备陈旧、工艺技术落后、产品单一、技术含量低的境况，B

公司决策者一方面着力培养一支高水平的技术队伍，充分发挥内部科研力量，并积极与西安交大、中科院等科研院校联合开发新产品；另一方面，加大技术引进步伐，从瑞士引进了具有世界先进水平的轴流压缩机技术，经过消化吸收于 1988 年全部实现国产化，使 B 公司成为国内唯一具备独立设计制造该产品的企业。在此基础上，通过对技术的消化创新，使其市场领域已由当初仅为冶金高炉提供装备，拓宽到炼油、化肥、制药、电力、风洞试验、污水处理、CCPP 等八大领域。"七五"、"八五"、"九五"期间，B 公司先后投资 1.57 亿元进行技术改造，购置一大批先进的数控设备，建成了国内风机行业最大最先进的试车站和技术中心。第二个阶段是"两个转变"时期（2000 年）。这一时期是 B 公司经营战略和运作的转折点，也是企业经营理念的一次重大突破。这表现在 B 公司意识到，制造业传统的低端经营思路，就是依靠引进技术、添置设备、增加人员、自产自销单机、满足客户部分需求的经营思路。企业关注的重心是自己的产品，并且仅可为客户提供单一的产品，满足客户的部分需求。由于提供单一产品的厂商众多，大多数工作属于简单劳动，易于模仿，因此处于恶性竞争之中，利润空间狭小。产品制造所需要的投资规模大，回收周期长。抗击市场变化的能力差，经营风险大。相反，如果能够在结合设备、技术优势的同时，强化服务和品牌，则能使企业走向价值链的高端。正是基于以上认识，在这一历史阶段，B 公司提出了"两个转变"的重要经营思路，第一个转变是以客户为核心，实施价值驱动型经营，即强化客户导向，通过充分研究终端市场，占据价值链高端，在针对用户需求的基础上，增强解决方案竞争力，一方面通过提供高技术含量、高附加价值的解决方案获取利润，另一方面通过向供应商进行系统采购，创造盈利空间；第二个转变是品牌经营，突出经营的系统性和综合性，即企业经营的核心不仅在于物质设备和产品，而且也是系统化、综合化的企业信用、文化、品牌和客户忠诚等无形资产，这些都是保持企业永续发展的核心关键资源。这一时期"两个转变"观念的提出，为 B 公司全面转型向集成服务和供应链运作奠定了基础。第三个阶段是综合服务创新时期（2001—2005 年）。这一时期 B 公司在"两个转变"的指导思想下，开始真正实施面向市场和客户需求的一体化经营，越来越明显地表现为一种综合性的集成服务商，亦即以向用户提供系统功能解决方案为起点，牵引企业的采购、供应、技术、生产制造和其他管理职能，并且整合内外部资源，逐渐向外部资源的整合、管理延伸。具体讲，这一时期的 B 公司在经营上有四个特点：一是从为顾客提供设备转向为客户提供成套乃至整个解决方案；二是从企业经营要素的高度内部化转向强调核心能力的内外资源的整合；三是从企业与用户之间单一的买卖关系转向长期的持续服务；四是从企业制造转向以 B 公司为核心的虚拟制造网络。2005 年，B 公司 25 亿元产值构成中，传统的靠员工摇车把、自制加工完成的产值仅占不到 44%，其余的 56% 靠企业转换经营思路，靠"技术＋管理＋服务"，靠整合资源来完成（其中，配套部分占到了 45% 以上，外协、外扩部分占 10.86%），这鲜明地显现出了企业这一阶段经营运作思路发生了深刻的变化。第四个阶段是服务供应链运作的扩展时期（2006 年至今）。自 2006 年以来，B 公司进入了一个发展的服务供应链运作阶段，这一阶段的主要特点是：一方面 B 公司需要总结此前供应链运作的经验，将更多的管理创新流程化、制度化、稳固化，从而真正使 B 公司的服务供应链运作逐渐走向成熟；另一方面是扩展供应链运作的范围和程度，这主要是进一步强化对供应商和分销商的管理，使外部资源管理实现纵深化，建立和发展共享的信息平台，使各方面的管理真正能借助实时、集成化的信息平台整合在一起。B 公司在这一新的历史阶段，还有一个很重要的变化就是将资金流的管理与商流、物流和信息流的管理进行了结合，实现了"供应链融资财务管理"，这是企业供应链运作管理的主要维度，也是一个重要的发展方向。

4.4.2　产业特征、能力要求、制度因素以及供应链风险与收益分析

风机行业在国民经济中占有举足轻重的地位，属于重大装备制造业，其产品主要用于压缩、输送气体，广泛应用于石油、化工、冶金、电力、煤炭、建筑、纺织、交通等重要工业部门，需求量较大，是使用量大面广的通用机械。风机行业生产的产品品种有离心压缩机、轴流压缩机、离心鼓风机、罗茨鼓风机、叶氏鼓风机、离心通风机、轴流通风机七大类及部分特殊用途风机，品种规格达 230 多个系列 4 500 多种规格。伴随着中国改革开放和经济制度的变革，国家对基础产业及基础设施的投资将占据相当大的比重，石油化工、冶金、电力等工业仍然是国民经济发展的重点，这使得风机的需求将

进一步增大，风机行业将迎来一个飞速发展的新时期。在未来 5 至 10 年中，中国风机行业在技术、产品以及产业结构等方面，都将会出现较大的发展和变化。特别是透平压缩机（包括离心压缩机、轴流压缩机和轴流－离心复合式压缩机）是重大工程成套装置重要设备，在国民经济中起着重要作用。对透平压缩机的性能要求既要压力高，又要流量大。随着成套装置大型化，要求透平压缩机参数越来越高。如高炉冶炼装置、大型煤化工装置、大型化肥装置、大型乙烯装置、大型空分装置、天然气管线输送装置及油田注气装置等。这类产品的需求量占风机总量很少，但由于重要，以及结构复杂，制造周期长，技术含量高，因此有比较好的经济效益和社会效益。透平压缩机制造水平代表了风机行业整体水平。从国内市场容量的发展趋势看，据不完全统计，全国风机产量在 1980—1996 年，年均增长率为 13.8%，2005 年全国风机总产量在 260 万～290 万台之间，2010 年达 310 万～325 万台。其中离心式压缩机 2005 年产量为 160 万～180 万台，2010 年达 200 万～210 万台；轴流压缩机 2005 年产量为 26 万台，2010 年达 36 万台；透平压缩机和鼓风机 2005 年市场占有率达 70%左右。近年来，中国的风机行业不仅国内市场在发展迅速，国际市场也在慢慢形成。中国企业从 20 世纪 70 年代开始引进国外离心压缩机先进技术，经过消化吸收和创新，产品已逐渐打开国际市场，目前在 2000 年基础上以 5%左右的年均速度递增，离心式压缩机和鼓风机在 1991—2000 年出口有较明显的增加，2000 年已达到 87 台，主要出口国是印度、巴基斯坦、伊朗、越南等发展中国家。2005 年我国风机行业规模以上的企业 383 家，实现销售收入 189.94 亿元，同比增长 24.65%；实现利润总额 12.72 亿元，同比增长 36.47%。在中国透平压缩机行业中，国内的主要生产和经营企业有沈阳鼓风机厂、陕西鼓风机（集团）有限公司、上海鼓风机厂有限公司、重庆通用（集团）有限责任公司、浙江上风以及武汉鼓风机公司等，目前国内市场占有率只有 50%。而各式通风机和其他产品的生产由于技术含量低，中小型企业和乡镇企业居多。

从资源和能力的要求看，B 公司作为设计制造以透平机械为主的大型成套装备企业，更加关注的是为客户提供诸如成套设备安装调试联接、提供专业化维修服务和远程监控等系统解决方案，此外还包括为客户提供专业化的系统备品备件的物流服务等，而在设备传递、库存的可得性、订单及时处理以及运输配送等物流服务方面虽然也提及，但是并不处于中心位置。这是因为 B 公司服务的对象主要涉及钢铁、冶金、石化等行业，对于这些行业客户而言，虽然单一产品的及时供应很重要，然而系统的建置和产能的形成以及安全、稳定生产更为重要，因此 B 公司所强调的资源和能力，更加倾向于客户端的需求管理能力，而非单纯的物流服务能力。

从制度环境看，首先在规制方面，B 公司所从事的鼓风机行业受国家政策的冲击相对较小，不仅如此，随着重大工程成套设备的需求日益高端、多样化，该行业成为国家产业发展的重点扶持对象；其次，在规范和认知方面，B 公司成立之初就是鼓风机生产的专业化企业，虽然自 1968 年始建，1975 年建成投产，历经机械工业部、陕西省机械工业厅管理，1985 年移交西安市政府管理，1996 年改制为有限公司的漫长历程，但是其主营的业务和定位没有发生根本的变化，都还一直是提供专业的鼓风机设备，因此，其在风机行业的运营和经营行为是符合社会预期的。此外，B 公司在漫长的发展过程中，与众多的客户和社会群体打过交道，树立了长期的品牌，得到社会的广泛认可。

综上所述，可以看出，B 公司所面临的产业虽然有一定的竞争性，但是总体上发展性较强，特别是一些透平装备是国民经济发展所需的产品，具有很好的前景。此外，制度性环境对企业的影响也较小。但是从资源和能力的角度上看，客户往往希望企业能有很好的需求管理能力，能积极地帮助客户企业实现高效生产。因此，从风险的角度上看，B 公司面临的更多的是微观层次的风险，比如经营运作风险等；此外，客户所追寻的利益，显然不是单一产品经济上的收益，而是通过有效的服务和运作，帮助客户实现综合交易成本的节约。

4.4.3 B 公司服务供应链网络结构与战略

4.4.3.1 B 公司服务供应链运作模式

随着社会经济的不断发展和竞争环境的变革，生产制造型企业围绕着构筑基于核心能力的供应链提出了敏捷柔性经营的解决方案，采用可以快速重构的生产单元构成的扁平组织结构，以充分自治的、分布式的协同工作代替金字塔式的多层管理结构，注重发挥人的创造性和服务，变企业之间你死我活的竞争关系为既有竞争、又有合作的"共赢"（win-win）关系。敏捷柔性经营强调基于信息开放、共享和集成上的企业内外职能整合，这种整合不仅打破了企业内部存在的既定的业务壁垒和信息壁垒，同时也消弭了企业之间以及企业与客户之间的各种隔阂。B公司的"两个转变"思想正是基于上述认识，再造了企业供应链运作和经营管理的模式。

1. 供应链运作的起点——销售和营销活动

对于制造企业而言，供应链管理的一个很重要机能就是营销和销售活动。以前，厂商主要把精力放在物质产品制造、开发和销售上，企业在被动接受客户的订货后，再实施生产、备货、安装、配送等物流机能，对产品经营中的供应链服务重视不够。从2001年开始，B公司调整了这种传统的运作方法，主动扩展客户群和客户需求，从客户的整体需求入手组织企业的经营活动。具体讲，B公司除为客户提供自产主机外，还负责设备成套（包括系统设计、系统设备提供、系统安装调试）和工程承包（包括基础、厂房、外围设施建设），这实质上是为客户提供更大范围的、系统的问题解决方案。例如，B公司在为宝钢提供能量回收透平装置（TRT）工程成套项目中，除提供传统意义上的TRT主机外，还提供了配套设备、厂房、基础及外围设施建设，实施"交钥匙"工程，并提供高炉煤气余压余热回收发电功能。对客户而言，好处之一是不需要进行专门项目管理，也不需要协调主机制造商、配套设备商、工程执行者之间的关系，协调量大大减少，出现任何问题均由B公司负责。好处之二是控制项目投资和投资周期，有效解决了因系统不配套、实施经验不足而造成的成本上升和周期难以控制等问题。B公司实施此项活动的部门主要是市场部、成套销售部和工程承包中心，它们在了解客户的整体需求后，将意向合同传递给合同管理中心进行审核、协调和管理，成为牵引B公司服务供应链运作的源头（见图4—5）。

2. 供应链内部协调整合

在了解客户需求，产生整合服务需求订单后，如何有效地审核合同订单，控制经营风险，特别是协调和整合各种跨职能部门和活动，成为企业内部供应链运作的关键，而B公司承担供应链协调运作的部门主要是合同管理中心。合同管理中心承担的职能和权限是综合供应链管理部门，目前有三大职能：一是计划、预测，包括年度计划、中期计划和月度计划的预测和编制。

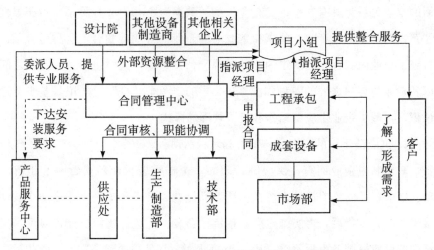

图4—5　B公司服务供应链运作模式示意图

一般年度计划主要是安排下一年度的合同（包括订货任务、生产出产等），该计划主要是结合社会经济状况、客户因素等各种参数进行预测。年度计划形成后，进行季度计划编制和平衡，季度计划主要是考虑产品的情况、货款、客户重要性、配套情况等因素加以制定和平衡。一旦季度平衡计划制定完毕，据此形成月度计划。月度平衡计划由合同管理中心负责，联合企业其他职能部门，实现产供销均衡计划，采购供应、生产、计划等部门据此形成各自具有约束力的作业计划和活动。在B公司，一般每个月由合同管理中心的负责人召开月度协调会，推动月度计划的实施。二是合同执行。单件小批量，设备和设备内容不一样，使得合同的组织管理难度大，因此，在执行客户合同之前需要解读合同，主要是销售合同。一般解读合同后，需要将相应的作业任务下达到各部门，必要的时候，由合同管理中心牵头进行合同执行前的培训，帮助各部门充分了解客户的需求和合同执行中的问题。三是对工程承包、成套设备和市场部等营销部门进行指导和管理协调。只有实现企业内部和营销部门之间的充分沟通，才能使企业能更好地实现客户需求。合同管理中心一般对任何签署的合同都有初评审，对销售有指导性的意见和标准，规定相应的交货期。在这个规定内，营销部门可以签合同，超过规定需要合同管理中心批准。合同管理中心也会定期给销售反馈意见，进行沟通。例如，订货高峰一般在3—4月份，为了平衡市场的不规则，合同中心会重新安排作业活动，将6月份的订单提前到5月份，有时提前期会有2—3个月，同时与销售进行协调，要求营销部门每十天反馈市场的信息，合同中心据此进行协调和管理。

3. 供应链采购供应活动

合同管理中心审核的合同订单下达之后，首先是采购供应活动。在供应链管理活动中，采购供应往往是一个关键的作业环节，良好的采购供应活动不仅能够有力地支持生产和后续作业的完成，而且采购供应的质量、价值直接决定了企业的竞争力。B公司的采购供应件较为复杂，主要有四类：一是原材料，主要是钢材和有色金属；二是辅助材料，如机加工、化工、道具等；三是进场配套件，在企业总装过程中往往需要一些其他设备，如马达、密封，这些部件占了一半以上；四是耗材、其他用具等。针对以上不同类型的物料和部件，B公司采用了不同的采购供应体系。一般是根据设计来决定买什么、技术参数，什么时候买，依据出产时间和供货时间及运输、清关等时间，决定采购供应的时间，一般提前一个月，配套件到总装倒推。滚动量一般控制在两个月。钢材采购量占的比例较小，这部分物资的采购主要由B公司采购部自己进行；辅助材料采用的是零库存采购模式，订单外包给其他特定的企业，由该企业负责采购，B公司负责价格审核，2005年从一家变为几家。辅助材料之所以采用外包采购的模式，主要原因在于这部分物资的品质和价格复杂，如果完全由企业自己采购，往往工作烦琐，增值率不高，而采用外包采购不仅简化了企业自身的管理活动，而且管理控制得好还能大大增强企业的竞争力。但是，如何有效地建立和实施外包采购管理是供应链采购管理的关键，B公司对外包企业进行质量控制，适时适量，核心材料主要由自己审核，技术部门出一份技术协议，外包企业有自己的质量检测，本企业进行抽检。交货期、质量、售后、市场开拓等标准由B公司确定。在供应物流上，采用供应方代管库存管理，即外包企业在西安设立储备库，对B公司实现及时出货、配送，使用后进行支付。配件道具主要是招标采购和比价采购。有时候用户会指定产品，这时主要是比价。例如，管道阀门统一招标，每年量固定，变速器通过外购方式进行，通过招标，告知供货方需求量，形成统一的合同。在管理上，主要采用预付、进度、交货和质保四个部分进行控制，即开机运行72小时，付款控制，在发货前，主要是质保金，产品服务中心对一年内的运行认可，才进行最后支付。对于经常配套件，B公司内部不设库存，而是直接进入客户安装现场，但是供应部门会根据质检、供货等物流绩效指标进行查验、审核，以决定后续的采购供应合同。

4. 项目团队建设和项目执行管理

由于B公司实行的是"交钥匙"工程，为客户提供集成服务，管理的复杂度较高，作业活动广泛而繁杂，如果没有良好的项目团队建设和监督管理，必然会影响B公司的经营战略，为此，当合同管理中心审核、制定完项目执行计划后，就由合同管理中心牵头组建跨职能、跨活动的项目团队，派驻到客户现场全程跟踪、执行项目，并且为了保证项目的顺利执行和各种资源的有效调配，B公司实施了两级项目经理制。首先是工程承包中心与客户签订了工程服务合同后，每个项目配备一个项目经理，项目经理的责任重大，有权对现场作业和管理进行决策，一般工程承包中心制定有项目经理手册，指导规范项目经理的行为和活动；其次，当合同管理中心审核完客户订单，也同时配备项目经理，对项目执行的状况进行全程跟踪。合同管理中心的项目经理一般都是B公司退休的老技术人员和管理人员，对企业的情况和技术非常熟稔。合同管理中心的项目经理与工程承包的项目经理管理的范围和目的不尽相同，后者主要是客户现场的项目监督和管理，而合同管理中心的项目经理则是一方面对工程承包中心项目执行的情况进行动态追踪，另一方面帮助现场项目经理进行企业内部各职能的协调和管理。两级项目经理制的监督和管理效果非常显著，不仅客户服务的水准得到了极大提高，而且真正实现了全过程、全天候的动态供应链管理。

5. 客户服务

在B公司的供应链运作流程中，还有一个很重要的职能部门产品服务中心。产品服务中心原来是从事B公司企业内的机械设备的维护和保养，但是自从B公司实施"两个转变"后，它将自身的机械设备维护保养外包给了专业企业，同时将自身的人员加以整合，形成了供应链全程服务的专职部门。该部门在供应链流程中的主要职能有：（1）在执行客户合同过程中，会同企业其他部门，共同形成项目小组，帮助安装调试设备，确保合同执行过程中的作业绩效；（2）提供后续的设备维修、维护，在合同保证期内，有关设备方面出现的任何异常，都由产品服务中心提供后续服务；（3）提供全程的设备维护、保养，甚至全程监控，B公司的产品服务中心不仅提供保证期内的服务，同时将服务延伸到了整个运作全过程，对于超过保证期的设备和产品，该部门也提供完全的服务，从而将此作为新的增值服务和利润增长点；(4) 为客户提供定制化服务，B公司产品服务中心不仅为客户提供B公司自身设备的全过程服务，并且将服务链扩展到任何客户的设备和产品，完全实现定制化服务，亦即只要产生了客户需求，无论是否B公司自身的产品设备，也都提供相应的服务。

4.4.3.2　B公司服务供应链管理要素

B公司的运营管理模式体现了服务供应链管理的思想，在服务供应链的关键管理要素方面表现出如下特点：

1. 综合需求和客户关系管理体系

B公司的综合需求和客户关系管理体系是围绕三个方面展开的。一是2001年以后B公司所推行的系统销售服务。二是持续的养护、维修服务。B公司为了更好地优化资源，将原来维修维护自身设备的工作外包给了专业公司，在最大程度上保障自身设备维修维护的服务水平，降低维护成本。与此同时，为了解决自身的资源和专业人员，企业将人力资源组织起来，投入到更为增值的服务活动中，发挥自身专业优势，快速、及时、高效地为客户提供专业化维修服务，特别是发挥B公司成套技术即设备协作网优势，整合配套厂家资源，为客户提供系统服务。这样做的目的是使B公司的客户服务延伸到客户产品使用的整个生命周期，降低客户产品使用周期中的总成本。三是专业远程设备管理。透平机械的安全稳定运行对于客户整体系统的正常运转具有重要作用。以往B公司对客户系统维护实行的是事后补救，即客户的设备发生故障后，进行维修维护，这样势必会影响客户生产经营的顺利进行；在该企业实施"两个转变"后，变事后补救为事前监控，确保客户设备常年顺利运行。为此，B公司研制开发了旋转机械过程监测及故障诊断系统，这一系统通过互联网可以对现场机组运行情况进行实时的远程监测，及时掌握设备运行状况及变化趋势。对客户而言，这套系统能使其准确掌握机组运行状况，合理安排维修改造时间、备品备件数量，防患于未然，保证机组的安全运行。B公司提供24小时值勤服务，实时监测运行中的机组，并由专家队伍来判定机组出现问题的严重程度，定期提供运行监测报告，客户可以集中精力从事主业。通过专家队伍分析处理和在线观察预测，也能为B公司的营销队伍提供许多超前、准确的客户维修改造和备品、备件需求信息。

2. 物流服务传递管理

库存对于企业应付市场波动具有缓冲作用，但传统存货管理模式的弊端主要表现在没有合理利用和管理供应商资源，占用企业大量资金，增加企业存货成本和经营风险。为此，B公司与主要原材料供应商建立战略合作伙伴关系，由供应商托管库存。供应商根据B公司的生产计划及时进行原材料配送，B公司按量使用，统一结算。通过推进原材料零库存管理来减少资金占用。据B公司采购供应部统计，2004年B公司通过实施原材料零库存管理，获得的直接效益为133万元。

除了加强管理自身的原材料库存外，B公司物流服务传递管理的另一个表现是优化客户备件库存。由于B公司提供的风机成套设备专业化程度高，多为客户流程装备上的核心关键设备，要求具有高可靠性。装备一旦出现问题，将造成整个系统的全面停机，并由此引发重大事件。为防止这一问题发生，客户一般储备一些易损件作为备品、备件，这就带来资金占用大、储备数量多、难以妥善保管三大问题。为解决这一问题，B公司为客户提供备品备件零库存服务。例如，为莱钢提供备品备件服务，莱钢所用B公司提供的设备不再提前采购储备，一旦机组出现问题，这些备件可以及时供货。对莱钢而言，不必占用资金，以及担心未储备某种备件而紧急需要时造成生产中断，减少了保管费用；对B公司而言，由于设立备品备件的联合库存，可以向许多客户提供这种服务，因为产品的系列化程度高，零件差异并不大，特别是毛坯几乎无差异，只需要少量储备即可（即使个别备件未准备，也可以利用远程监测和诊断信息提前准备）。一旦客户需要，从备品备件库中调用或者少量加工，提前运送或紧急空运到客户现场。客户从中获得的效益双方协商分配，即B公司与客户分享由于联合库存管理所产生的收益。据B公司统计，2002—2004年提供备品备件服务累计实现订货量1.24亿元，年均增长45％。B公司通过这种建立在供应商托管基础上的联合库存管理模式，不仅能够提高客户的经营绩效，增强自身的供应链运作能力，同时也找到了一种新的服务利润。

3. 供应商关系管理

企业能否有效地实施供应链集成服务，一个很重要的问题是企业外部资源的全过程管理。B公司向客户提供整套供应链服务，就必然涉及众多供应商的协调和管理。例如，在B公司一个1 200万元的项目中，自己做的只有50万元，其余的都是由外协企业提供，所以，如果不能建立起行之有效的网络关系管理体系，就难以保证集成服务的顺利实施。B公司在全国各地建有外协供应商候选队伍，在执行任何客户的服务合同前，先行到外协供应商企业进行调查了解；客户企业也可以推荐，B公司制定出标准，对备选企业进行考核筛选。B公司对外包企业的管理实行全过程管理，即从招标开始管理，每一次招标不仅相关业务部门参加，而且企业的财务、纪检、招投标等部门都共同参与到招投标的评价过程中，以降低项目执行过程中的风险，全面、合理地评价每一个外包企业。在评估外包企业时，B公司不仅考察队伍技术、诚信、文化等因素，同时对项目的先期预算进行控制，分析成本的合理性。据B公司相关负责人介绍，如果在招投标阶段只是简单地比质比价，极有可能损害整个流程的质量，因此，只有结合具体的活动分析，控制流程中的每个环节和价位，这样才能真正满足客户的需求，提供高质量的项目服务。

在供应商关系的管理中，组织化的供应商协作机构，对于稳定和发展供应商关系至关重要，为此B公司构建了企业的外部资源协作网络——供应商战略协作网。B公司通过这个常设的机构，整合具有竞争力的供应商，一般每年召开年会进行多向沟通，包括宣传B公司的文化和战略，进行一些系统技术的研发，甚至还有一些专业研究会，如技术专题、市场专题等，融入到供应链协调和沟通中。此外，每个月有协调例会，主要是现场开会，成员不仅涵盖了B公司企业内部的质量、供应、技术、财务等部门，也包括协作网的部分单位，共同就当前的情况进行通报，反映各自的问题，如资金的问题，发货的方式等。在协作网运行过程中，B公司还邀请供应商对B公司内部各职能部门进行打分，评价B公司的工作流程和部门工作绩效，以帮助B公司发现自身的问题和不足，改进作业活动，提高工作效率。

4. 复合型的能力管理

服务供应链的形成和运行，还有赖于对各种能力（即复合型能力）的整合管理，特别是对于风机行业，系统服务的实现也部分取决于配套商和各种外部组织的能力。为此，B公司提出把外配套商当作B公司的车间发挥作用，提高满足市场的能力。据B公司相关业务负责人介绍，2003年9月该企业在西安组织 56 家相关配套企业成立了"B公司成套技术暨设备协作网"，包括德国西门子，美国爱姆森、通用电气等许多世界知名公司都加入到了这个网络之中。通过该网络的运行，各合作单位可以实现资源共享，共同提升技术质量水平，同时帮助 B 公司实现人力资源的提升。例如，美国爱姆森公司每年在新加坡基地为 B 公司提供 50 人次的人力资源培训，台塑每年在台湾为 B 公司提供 20 人次的人力资源培训等。除此之外，B 公司以委托开发、联合开发、委托审核等方式，与大专院校、科研院所合作，补充企业自有研发力量，同时与国际同行在联合开发国内市场的过程中，进行紧密的技术合作；与配套厂商合作，联合研究系统技术与关联技术，使配套产品与自制产品形成有机结合的整体。例如，B 公司与浙江大学联合进行"高炉煤气余压发电装置中炉顶压力稳定性分析与控制试验研究"，获得国家专利；与德国 MAN 透平公司合作，开发大型空分装置配套的压缩机，这种合作型的行为满足了市场多种服务需求。

5. 资金和融资管理

在服务供应链运作中，资金和融资管理是其中最为关键的要素之一，它代表了当今供应链管理发展的趋势。B 公司在向客户提供集成供应链服务的同时，也开始向供应链融资管理发展。具体讲，自 2004 年以来，B 公司与中国工商银行、浦东发展银行、招商银行等多家银行建立战略合作关系，利用金融机构资源为客户提供金融服务、开展信用风险防范。首先，B 公司成立会计核算中心，将各独立核算单位实行统一管理，资金集中储存，归还大量贷款。由于 B 公司现金流量大，银行在 B 公司建立银行专柜，专门为 B 公司服务，可以帮助 B 公司有效管理资金。这是因为 B 公司现金流量大，如果利率变动 1%，将意味着上千万元的收益或损失，因此需要对现有资金进行合理组合，以获得最大的理财收益。其次，B 公司专门建立了合同管理中心和财务中心管理供应链融资，开展融通仓业务。融通仓是服务供应链在金融领域的发展，是一种把商流、物流、信息流和资金流综合管理的方法，用资金盘活商流和物流，同时又用商流、物流拉动资金流，其核心思想是在各种流的整合与互补、互动关系中寻找机会和时机，提高经营效率，减少运营资本和风险。据合同管理中心负责人介绍，B 公司在结合银行资源的基础上，开展了基于动产管理的融通仓，即 B 公司利用自有资金以及银行的授信，为关键客户开展基于动产（如设备）抵押和仓单（如钢铁等产品）抵押或质押的资金融通，项目完成后，B公司获取相应的合同款项以及融资费用。例如，日照钢铁有限公司曾经将6台高炉的建设项目全部交给B公司执行，但当时日照钢铁公司资金不足，只能先期付15%的合同货款，其余的用效益还款。对于这样的合同，如果按通常的管理方法将无法执行，但是，基于对关键客户的了解和战略合作的需要，B公司采用了融资建设的方法，先期由各个部门进行现场和法律评估、担保等研究，经西安市政府批准，到款后进行管理。据B公司合同管理中心的负责人介绍，在融资风险管理上，一般是根据商业银行在对项目风险进行评估的基础上，制定相应的融资计划，分阶段控制回款，即项目投产后，看第一笔款能否及时返还，然后再看第二笔，一直延续几个月。项目运转以后，利用设备和仓单抵押由银行贷款给B公司，B公司再融资给日照钢铁公司。另外，在项目执行过程中，B公司根据供应商的情况后向分解风险，所有分包商都承担相应的风险，同时也获取应得的金融收益，这样B公司与分包商共同形成了收益共享、风险共担的经营模式。

4.4.4　B公司服务供应链战略绩效及特点

2000年以前，B公司是中国传统的风机装备生产和经营企业，无论是竞争地位还是抗击市场变化的能力都较差，此后，企业的经营绩效和竞争地位出现了巨大的变化，总资产34.48亿元，相较2000年末（总资产9.18亿元）增长了25.3亿元；净资产9.32亿元，是2000年末2.24亿元的4.16倍，并超过了企业2000年末时的总资产。2000年，B公司还是一个传统的制造企业，在岗员工3 326人，当年实现产值3.4亿元、利润0.14亿元；2009年，在岗员工2 969人，相比2000年人数减少了近11%，实现销售36亿元、利润4.6亿元，其中，仅2009年一年实现的利润就超过了2000年的全年产值。

通过B公司的服务供应链运作可以看出，B公司所面对的制度环境和产业环境较稳定，客户所面临的风险，不是因为环境的异质性和动荡性产生的外在风险，而是供应链运行过程中的风险，因此，客户更加强调的是需求管理能力的培育和形成。在利益的关注点上，客户并不是完全看重经济上的低廉，而是综合运营成本的控制。所以，在这种状况下，B公司通过自身所处的核心地位，整合上游的设计院、其他设备制造商和供应企业形成服务供应链网络，为下游的客户提供综合集成服务。在网络结构中，B公司把满足客户需求的服务进行外包，进而形成满足客户需求的水平多阶层、垂直多结点的供应链网络结构。B公司通过合同管理控制外部资源，实现内外部资源的整合，同时通过项目管理结合工程承包、成套设备、市场服务等活动，为客户提供一体化的整合服务，而所有外包服务的集成和管理以及服务的最终传递则由作为服务集成商的自己来完成。具体讲，B公司是通过整合供应链上的各种资源和服务，以流程化为依托，向客户企业提供完整的服务解决方案（见图4—6）。

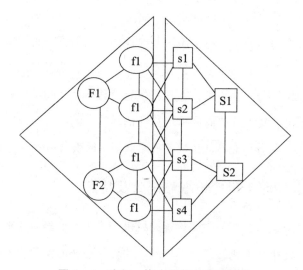

图4—6　流程一体式服务供应链模式

4.5　综合模块式服务——S公司的服务供应链运作探索

综合模块式服务是依托整个产业链，将物流服务、商品服务、信息服务、资金服务以及组织管理、财务管理、质量管理、绩效管理等服务和管理职能综合在一起，构筑服务的基础平台，通过模块组合的形式满足客户定制化服务的价值诉求。模块化经营过程一般认为有两个基本过程，即模块创建过程和模块配置过程。模块创建过程是依据某种标准把产品或服务解构为基本模块的过程，它直接影响整个系统的功能和效益；模块配置过程是在客户需求的基础上，在设计、价值的约束下，通过对不同功能的模块组合的可行性和合理性进行评价，进而配制出满足客户个性化需求的产品（关增产，2009）。同理，在服务供应链运行中，这一服务模式是围绕产业活动的各种资源和能力创建服务模块，并且根据产业客户的价值诉求配置服务模块，满足客户定制化的需求，同时通过模块的组合，降低客户独自购买所面临的高额交易成本。

4.5.1 S公司的基本背景

钢铁生产服务行业涉及完整的钢铁产业链，即资源开发、物流运输、原料供应、焦化烧结、炼铁、炼钢、连铸轧钢、产品销售、服务社会9个部分。S公司于1993年2月经原国务院经济贸易办公室批准成立，由多家国字头公司组建而成，之后国家冶金工业局又将原冶金系统的十多家企业和几十家公司陆续划入S公司。这是其他为钢铁工业提供服务的企业所不具备的历史性优势因素。但是自1993—2003年的十年期间，S公司一直没有很好发挥这个为冶金工业提供整体服务的优势。一直到2004年，S公司顺应市场经济的要求，根据实际情况确定了为钢铁工业、钢铁生产企业提供综合配套、系统集成服务的发展定位，此后逐渐形成了与钢铁工业密不可分、关联度非常强的矿业、碳素、耐火材料、铁合金、机械装备制造五大产业，确立了冶金矿产资源开发与加工，冶金原料、产品贸易与物流，相关工程技术服务与设备制造的三大发展主业，朝着专业化、国际化、实业化和信息化方向发展。

4.5.2 产业特征、能力要求、制度因素以及供应链风险与收益 分析

从企业所处产业特征的角度来看，根据产业理论的结构—行为—绩效模型，产业和市场的结构特征决定企业所能采取的行为，同时企业的行为进一步决定其在产业中取得的绩效（Bain，1956）。一个产业的结构特征包括规模经济性、市场进入的壁垒、产业的多样化程度、产品的差异化程度以及产业集中度等。S公司所服务的对象是钢铁产业，涉及的行业众多，包括矿产资源、烧结、炼铁原料和设备、炼钢原料和设备、连铸轧钢、钢铁销售和物流等综合服务，产业多样性很强，规模经济性较高。由于这些行业专业性强、技术要求较高、资金密集型程度较大，进入门槛非常高。特别是在中国现阶

段，由于信贷宽松，大宗商品市场增长明显，加上市场的旺盛需求，导致对原材料的需求不断上升，钢铁企业获得了一个快速扩张的环境。粗钢产量从2000年的年产1.28亿吨，上升到2009年的5.7亿吨左右，涨幅超过400%。S公司统计显示，2010年8月中旬，其监测的国内钢厂生产粗钢1 422万吨，全国粗钢产量估算值为1 711万吨，日产量分别为142.2万吨和171.1万吨，与8月上旬基本持平。8月上中旬，全国累计生产粗钢3 409万吨，日均产量为170.45万吨，相当于6.22亿吨年产量。然而，在中国庞大的钢铁产能中，很多的中小型钢铁企业产品结构不合理、档次低，国际上许多淘汰的工艺和装备在中国仍在生产，国内吨钢综合能耗比世界先进水平高15%～20%，资源有效利用率则比世界先进水平低20%～40%。除此之外，中国钢铁企业较多，但是实力较弱、规模较小，2010年初，我国有粗钢产量为300万吨以上的钢铁企业32家，粗钢产量达500万吨以上的钢铁企业24家，粗钢产量达1 000万吨以上的钢铁企业9家，粗钢产量达2 000万吨以上的大型钢铁集团仅河北钢铁集团、宝钢集团、鞍钢集团、武汉钢铁集团4家，粗钢产量达3 000万吨以上的仅河北钢铁集团（2009年产量为3 339.43万吨）和宝钢集团（2009年产量为3 151.48万吨）两家。这种状况造成的结果是产业集中度较低，2010年初，我国产量在2 000万吨以上的前4家钢铁集团总产量占全国比重不到25%，而美国、欧盟、日本等发达国家和地区排名前4位的企业钢产量占全国比重为60%乃至70%以上。与钢铁企业集中度较低的现状相对应，钢铁企业资源的依存度较高，并且上游集中度很高，导致钢铁企业谈判力较弱，交易成本很大。以铁矿石为例，2009年我国进口铁矿石6.27亿吨，同比增加41.6%，对外依存度高达69%。2010年1—7月我国铁矿石进口量为3.60亿吨，同比还微增1.5%，在强劲的需求下，铁矿石价格最高达到了190美元/吨，长期价格仍在150美元/吨的高位（股票知识网，2010）。而全球超过75%的铁矿石生产和贸易量都集中在力拓、必和必拓、淡水河谷三家铁矿石供应商，高集中度使得铁矿石供应商的谈判砝码较重。所有这些状况可以看出，S公司所处的产业产业链较长、产业规模较大、供需之间的不对称性非常明显，产业风险较高。

从资源和能力角度来看，一个企业竞争优势的形成取决于企业所拥有的有价值、稀缺、不可模仿的资源，以及整合这些资源的能力。在供应链管理中，这种资源和能力不仅表现为企业协同上下游作业活动，调整有价值、稀缺资源的库存、仓储和运输以快速、有效满足客户需求的物流能力，而且也包括企业适应客户服务、配送、价格等各种价值诉求，通过信息密集性和市场感知性活动，创造和管理客户关系的需求管理能力（Qingyu Zhang *et al.*，2005）。从 S 公司的状况看，它是为钢铁生产企业提供资源开发、贸易物流、工程科技、装备制造的大型企业集团，在经营中主要为钢铁生产企业提供基本的原料、资源以及设备供应，使得 S 公司需要有满足客户需求的物流能力。由于 S 公司服务的客户主要是钢铁企业，而产业的特征又决定了资源的动荡性和稀缺性，使得对稀缺资源的拥有、及时供应、业务组合与集成、库存管理等方面的要求要明显高于满足客户需求管理方面的要求。

从宏观制度环境的角度来看，企业只有符合国家政策、社会公认的价值观和规范，同时又受到利益相关者广泛的认可，才能在制度环境中获取良好的合法性，不具有合法性将会使企业面临生存的危机（Suchman，1995）。制度理论认为制度环境包含三个因素，即规制、规范和认知，规制是指来自政府的规定以及组织体需要符合法律等方面的要求，规范是指社会的价值以及引导行为符合社会责任和预期的规范，认知则是社会对组织行为范式的认同程度（Scott，2001）。在规制方面，由于 S 公司服务的对象是钢铁行业，该行业由于以往发展不均衡（即中小钢铁厂较多、品种低端化现象严重），加之国际经济形势的影响，特别是近年来铁矿石的价格上涨，使得围绕钢铁产业的规制性影响非常大；在规范和认知方面，S 公司虽然属于大型国有企业，但是由于该企业脱胎于原冶金部的出口贸易部分，因此，从原来行政性的贸易转变为市场型的供应链运营，必然会受到较大的社会规范和认知的挑战。

从上述分析可见，S 公司及其客户面临的更多是外界中观和宏观层次的风险，比如产业风险与制度风险等，这样的环境性风险必然造成交易成本较高，因此，对于客户而言，关键的问题是如何降低交易成本，保障物资产品供应的稳定性、持续性。

4.5.3　S公司服务供应链网络结构与战略

针对上述状况，S 公司试图探索出一种模式和机制来实现服务供应链的运作，首先是以实业化战略为导向，除了非关键的环节和产品与外部供应商建立相对稳定的采购关系，主要通过兼并重组国内一批符合主业发展、具有优势资源的生产企业，不断进行广度拓展内化自身的实业能力。目前，S公司已经构架起矿业、碳素、耐火材料、铁合金、装备制造五大实业板块，形成五大领域的市场主导地位，既为长远发展积累了"资源优势"，也使得为钢铁工业和钢铁生产企业提供综合配套、系统集成服务的能力得到提升，同时强化了自身作为钢铁工业产业链节点的辐射能力。

在构建现代服务型企业集中管控体系的过程中，理顺内部产业链和价值链是S公司实施服务供应链战略的前提。价值网的本质是在专业化分工的生产服务模式下，通过一定的价值传递机制，在相应的治理框架下，由处于价值链上不同阶段和相对固化的彼此具有某种专用资产的企业及相关利益体组合在一起，共同为顾客创造价值。产品或服务的价值是由每个价值网的成员创造并由价值网络整合而成的，每一个网络成员创造的价值都是最终价值不可分割的一部分。近几年通过兼并和重组，S公司将主要技术和产品的科研和生产企业"内化"到S公司内部，实际上，S公司内部已经围绕钢铁生产工业形成了多级多域的客户需求响应系统。具体讲，专业公司和内部业务流程按照集团的专业化战略进行分工，各业务板块处于不同的专业领域，在钢铁产业链中分别服务于资源开发、原料供应、贸易、货运配送、设备制造、工程安装、产品销售等各环节；集团信息化通过构建统一集成的信息系统平台，在系统内管控各业务流通环节，办理专业公司之间的货运等业务委托和二三级公司间的业务转委托，实现集团层面的横向协同和共享、与下属单位的纵向监督和管控。运用信息化手段推进业务购销分离，平衡统购与分销之间的计划与资源分配矛盾，实现贸易业务流程更紧密的衔接。具体讲，S公司服务供应网络结构（见图4—7）以集团总部的企业发展部为内核，以14个专业公司为主干，以地区公司为节点，通过ERP系统支撑的信息平台，形成协作紧密的蛛网结构（spider model）。

通过蛛网结构，S公司实现了多业务的联接、协同和控制。蛛网模型能有效地整合和协调各业务模块，构建了内部价值网，使价值网中各业务环节以及各业务公司和地区公司按照整体价值最优的原则相互衔接、融合。

4.5.3.1 服务供应网络的内核——企业发展部

S公司的下属企业由专业公司、地区公司、生产企业和海外企业、科技

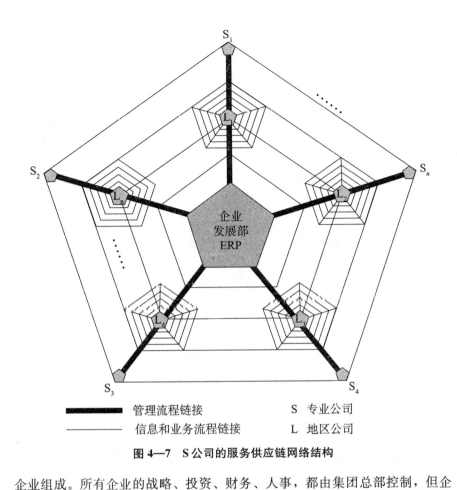

管理流程链接　　　　　　S　专业公司
信息和业务流程链接　　　L　地区公司

图4—7　S公司的服务供应链网络结构

企业组成。所有企业的战略、投资、财务、人事，都由集团总部控制，但企业在生产经营活动中有很大的自主权和决定权，基本的生产经营活动，除非有些事项按集团统一，正常情况下都是由企业自己来决定。就业务的运营管理来讲，企业发展部是S公司服务供应网络的内核。涉及业务层面的，包括集团的战略规划、下属企业和新建企业的管理、供应商和客户的管理、业务协调和部门间的业绩考核等都是由企业发展部来管理。涉及业务流程的信息和市场信息都会通过ERP系统汇总到集团总部的企业发展部，由它来监控下属企业之间的业务联接。比如专业公司和地区公司之间的协同经营就是由企业发展部来决策和调控。

　　一旦地区公司和专业公司的业务出现交叉，企业发展部会进行协调，具体的调控方法有三种：一是通过供应链上的分工规定来解决。虽然做的是同样的产品，核心产品、主干流程由专业公司负责，地区公司主要做贸易，面向具体客户。二是通过客户分类。战略客户由专业公司负责，一般客户由专业公司委托地区公司协作完成，地区公司新开发的客户就由地区公司直接对其做一些销售。三是通过业绩考核制度。企业发展部对各地区公司规定业绩目标，不能完成业绩目标的地区公司将被关闭；在考核协同经营时，如果产品是从专业公司买来的，考核会将这部分业绩翻番，这样就有效地激励了地区公司和专业公司之间的协同合作。企业发展部通过企业文化做大量宣传，提倡整个集团节约人力、财力、资源，在这个过程中尽量避免交叉。一旦发生交叉，企业发展部就会协调，地区公司和专业公司也会主动协调，有时会有一方主动退出。

4.5.3.2 服务供应网络的主干与节点——专业公司与地区公司

1. 服务供应网络的主干——专业公司

目前，S公司的专业公司主要定位在核心产品的进出口贸易、内贸、内部生产订单产生、地方公司采购、销售计划的制定方面。核心物资的海外采购主要由专业公司承担。S公司在专业公司之间坚持内部业务分工专业化、专业公司之间不发生业务交叉的原则，同时对业务流程中的各环节进行专业化分工，专业公司与地区公司、生产企业、科技企业、海外企业之间实现供应链对接，确定协同经营机制。处于蛛网结构主干位置的14个专业公司分别是：S公司贸易公司、S公司炉料公司、S公司钢铁公司、S公司设备公司、S公司投资公司、S公司货运公司、S公司矿业开发有限公司、S公司招标有限责任公司、S公司金信咨询有限责任公司、S公司科技发展有限公司、S公司期货经纪有限公司、S公司物业管理有限公司、S公司资产管理有限公司、S公司钢铁贸易有限公司。每个企业都是该行业的龙头，在整个的业务架构里面，专业公司处在一个很重要的位置，是整个服务供应网络的骨干支架。生产企业的产品通过专业公司销售，科技企业研发的一些产品也要通过专业公司销售出去，专业公司在地方会通过地区公司销售和采购，在海外通过海外的企业来进口和向海外市场销售。

专业公司通过专业化的方式建立，又因业务的关联性彼此协同发展。第一，单个业务模块绩效提升。比如S公司货运公司原来在国内业绩很普通，后来S公司全系统的货运业务都委托给货运公司，各地方的仓库都由货运公司统一管理，包括所有货物的监管都由货运公司来承担。这样不仅提高了货运监管的安全性，减少了仓库货物的丢失概率，而且货运公司的业务取得了发展，海运的占有量从全国第 20 多位升至第 3 位。同时，基于这些已有的业务基础和形成的影响力，有效带动了其他业务的成长。再如 S 公司招标公司，当公司所有的招标业务都由招标公司来承担后，招标公司排名升至全国前列。第二，多业务模块协同产生的内部供销渠道的优势作用。有的生产企业因原料短缺面临停产，通过与 S 公司内的专业公司沟通，可以迅速将所需原料配齐运至工厂。主干专业公司支撑的内部供销渠道，促进了生产企业管理水平的提升，减少了交易成本。S 公司内部的这种多元专业化促进了 S 公司的资源整合，提升了其综合服务提供能力。

2. 服务供应网络的节点——地区公司

地区公司负责 S 公司非核心产品的购销，执行专业公司核心产品的采购/销售计划，执行内部订单、客户/供应商服务、区内市场研究和内部职能管理。地区公司服务于专业公司，针对区内客户的要求链接不同的专业公司。地区公司更接近客户，可及时得到和反馈市场信息，专业公司资源充足，在集团总部的企业发展部的控管下二者可以有效地协同经营。根据集团规定，地区公司承担区内的事务，地区公司不从属于专业公司，一个地区公司会为所有的专业公司服务，但是不同的地区具体情况有所不同，例如某地区的铁矿多，则该地区公司与贸易公司的联系多；若铁合金多，则该地区公司和炉料公司联系多。地区公司是 S 公司系统内部最灵活的一个部门，地区公司的设立首先要以市场资源和渠道能力为前提。除了上海、天津、深圳三个原来办事处转型的地区公司，其他的都是根据业务情况设定的。设立之前，企业发展部会根据市场情况设定业务绩效（基本标准是开设当年，销售收入达 5 个亿，利润达到 500 万）。如果设立后 2 年完不成任务，这个公司就会被关闭，这些公司所有人员都是市场化的，一年一签合同，而且地区公司的房子都是以 S 公司的名义买的，设立地区公司不存在资产处理的问题。

形象地说，如果专业公司是蛛网的主干，那么我们可以将处于网中节点位置的地区公司看成是织网的小蜘蛛。作为网络内核的企业发展部这只大蜘蛛不可能独自来构建蛛网，事无巨细地将 14 个专业公司及其他下属企业协同最优的运作。地区公司是不可或缺的小蜘蛛，搭建了业务公司之间的网络链接，与集团总部的企业发展部共同织建了一张细致而紧密的蛛网，使集团的资源整合优势得以最大程度的发挥。

4.5.3.3 服务供应网络的链接平台 —— ERP 系统

ERP 是一种可以提供跨地区、跨部门、甚至跨公司整合实时信息的企业管理信息系统。它在企业资源最优化配置的前提下，整合企业内部主要或所有的经营活动，包括财务会计、管理会计、生产计划及管理、物料管理、销售与分销等主要功能模块，以达到效率化经营的目标。S 公司对二级企业的人事、财务、发展战略、投资项目、客户管理全部集中到集团管理，提高了 S 公司的管控能力。

ERP 系统所支撑的网络信息平台是集团整体管控和业务协作得以实现的保障，是 S 公司服务供应网络——蛛网结构的神经网络，通过下属公司的协同服务将其激活。在服务供应链管理中，信息流在识别需求和共享信息等方面发挥着关键作用，也表现在服务水平、工作状态、工作边界、服务技能、绩效反馈等方面。信息化建设是对 S 公司其他三大战略的有效支撑。ERP 系统支持 S 公司实现了管理集中统一、经营协同规范。S 公司集中管控体系如图 4—8 所示。

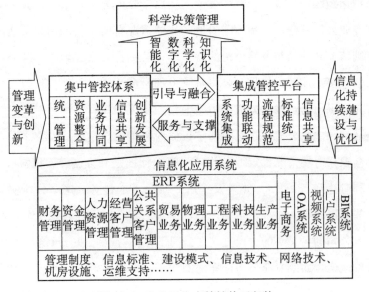

图 4—8　S 公司集中管控体系架构

ERP 作为 S 公司服务供应网络的链接平台，主要作用表现在三个方面：一是打造了集团统一的管理平台，通过统一的信息化规划，确定统一的数据标准、统一的经营流程、统一的管理平台以及统一的管理模式；二是通过统一的信息化建设，实现人财物供产销一体化及上下游一体化的资源整合，实现企业的资金流、信息流、物流三流合一；三是支撑了集团跨平台跨地域的管控。S公司的信息化建设通过构建集成统一的信息化管理平台支撑集中管控体系，建立了完善的业务流程管控体系和信息共享机制，加强了集团对专业公司和地区公司的管控能力，以及整个系统资源的配置。但是值得一提的是，目前客户管理绝大部分是面向内部的，真正的客户关系管理必然要面向外部，所以将面向上下游的客户管理及与关键客户之间形成信任管理纳入到ERP系统中，是S公司信息化建设进一步拓展和加强的方向。

综上所述，S公司以集团总部的企业发展部为内核，以14个专业公司为主干，以地区公司为节点，通过ERP系统支撑的信息平台形成的协作紧密的蛛网结构有效整合了企业的内部资源和外部资源，同时由于S公司力争在矿业、碳素、耐火材料、机械装备、铁合金等专业领域保持持续的竞争优势，使S公司形成了非常稳固的不可复制的综合服务能力。

4.5.4　S公司服务供应链战略绩效及特点

从上述分析中可以看出，S公司依托产业链，聚合资源和能力，通过各种组合的方式满足客户的多样化需求，从而实现服务供应链运作。之所以如此，是因为S公司并不处于产业链的核心关键环节，同时产业的外部风险非常大，要想在市场中取得竞争优势，关键是整合大量资源，以较低的运营成本来提供集成服务，通过这种方式实现从单纯的贸易商向综合服务商的转型。2007年S公司的营业收入达11 124 069万元，为2003年的8.4倍；利润总额是241 835万元，为2003年的10.1倍；在中国企业500强排名中，由2003年的第150位上升到了2008年的第33位。

显然，这一类服务供应链与此前三类服务供应链的运作不同。在这种状况下，由于制度和产业的不稳定性较大，加之客户所评价的能力更倾向于稀缺资源的有效供给，即物流供应能力，导致供应链环境风险较为显著；同时客户所追寻的利益，更多的是由于产业环境的动荡和制度的压力所面临的交易成本。因此，S公司通过参股、控股和纵向一体化的方式将产业链中的核心生产企业和科技企业"内化"到集团，以支撑专业公司的运作，提升整个集团自身的服务供应能力，同时又通过与其他部分外部供应商、科研院所和金融机构合作，整合外部资源，形成了相对稳定的综合服务能力，确保为客户提供综合服务。在服务供应链的方式上，S公司采用的是模块化服务方式（见图4—9）。模块化服务供应链是将各种不同的服务要素和资源组合成不同的模块，根据客户的价值需求，提供多组合的模块群，实现综合服务的目的。

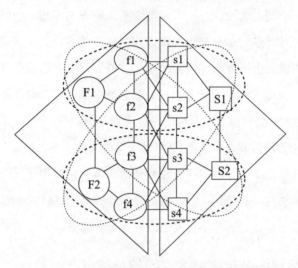

图4—9　综合模块式服务供应链模式

4.6　服务供应链模式与服务特征的匹配

在供应链的组织和运行中，权变的视角是极其重要的，即在不同的条件下供应链的组织和运营呈现出差异化的状态。Fisher（1997）的研究表明，不同产品可根据其市场需求特征分成两种基本类型，即功能型产品和创新型产品，不同类型的产品要求不同类型的供应链与之相匹配，与产品类型特性不匹配的供应链将导致供应链的低效运作。Fisher的研究虽然运用权变的视角分析了供应链的不同组织方式，但是这一理论有两个方面需要进一步深入，一是为什么不同的产品需要匹配不同的供应链组织方式，其背后的影响因素究竟是什么；二是这一模式更多探索的是制造供应链的状况，服务供应链的差别化组织方式是什么。

基于这一认识和案例研究，我们可以看出，服务供应链运作的特点以及客户的价值诉求是具有差异性的。一方面，服务供应链的风险源于不确定性。导致供应链不确定性产生的因素很多，因此供应链企业所面临的风险不是一个简单的不确定性。从组织理论的视角看，导致企业供应链不确定的因素不外乎企业内部和外部两个方面。通过理论以及对四个企业的案例分析，企业内部因素主要是指企业的资源和能力，企业外部因素主要是指产业特征与制度环境。企业所需拥有的资源和能力范围越是广泛、复杂，其内部组织运作的不确定性越高，相应的市场交易成本则较低。企业所处的产业流程越长，环节越多，越容易出现信息的不流畅。此外，企业所处的产业涉及的范围越广，其交易成本越高。因此，企业所处的产业流程越长，范围越广泛，则外部的不确定性越大。企业的外部制度环境动态性越强，企业的外部政策风险越大。另一方面，客户对服务供应商的要求也具有差异性。通过案例可以看出，产业越是具有竞争性，往往客户对降低经济成本，或者说供应价格的敏感程度越高；相反，如果产业竞争性并不强，特别是制度环境较为复杂时，客户所关心的价值更多地不是价格因素或经济性成本，而是综合交易成本的控制和潜在竞争力的实现。

采用与企业相匹配的服务供应链运作模式，是企业提高绩效的重要因素之一，因为与企业相匹配的供应链运作模式有助于降低企业所处供应链的风险。由于案例企业在资源状况、产业特征以及制度环境等方面存在着不同，致使各企业面对的供应链风险类型各异，客户的价值诉求点也不尽一致，而风险的性质不一样，必然导致风险产生的成本和费用的性质具有较大的差异，同时客户对价格敏感的程度不同，也会使战略要素配置的方式产生差异，这些差异性决定了供应链组织方式和运行要素的差别化。从制度经济学的角度看，市场运用价格机制配置资源是有成本的，即交易费用，而企业通过命令方式配置资源可以节约交易费用，但是企业内部却存在着组织成本，这种成本会随着组织规模的增加而递增，因此，企业的边界是由边际组织成本和边际交易成本的均衡所决定的（Coarse，1937）。当供应链风险表现为一种内部运作性的风险时，从风险产生的代价和成本上看，它所面临的更多的是一种内部组织管理成本，即供应链的建构、运行、管理和监督以及其他性质的成本。为了克服这类供应链组织管理成本，即供应链上下游的协调、需求能力的管理、供应链成本的优化以及更好地实现上下游之间的有效衔接，企业就需要依托供应链流程，在控制管理关键资源和能力的基础上，通过外部各种资源协调和运用等市场性行为，聚合上下游作业活动中的所有服务要素，为客户提供嵌入互补式或流程一体式的服务。如果企业面临着更多的供应链外部风险，其市场交易成本将会很高，此时供应链的运作将会面临少数问题、有限理性、机会主义和交易频率等的挑战。为了降低这类风险，企业就需要内化供应链中关键的资源和能力，通过无缝连接式或综合模块式的形式，柔性化地向客户提供服务。同理，客户对价格或经济成本的敏感程度也决定了服务供应链组织方式的不同。客户价格敏感程度高，势必要求企业在降低两类供应链风险的同时，需要以更低的经济成本实现服务，而这种经济成本下降的要求，可以通过嵌入互补或无缝连接式完成，因为这两类服务的特点，在于通过将服务要素嵌入到产品中，或者连接各种服务要素，避免了单一服务要素购买和整合所产生的较大的经济代价。相反，客户的价值诉求不是单纯的经济成本，而是潜在竞争力的实现，这时服务供应链的要求则反映为在降低各类供应风险的同时，能否为企业带来潜在的收益，而这种收益显然是与竞争力相关的。综上所述可以看出，四种不同类型的服务供应链模式与客户的价值诉求以及供应链的风险类型密切相关（见表4—4），任何结构化的错配，不仅不能提高客户的价值以及企业自身服务供应链的效率，反而会增加相应的风险和代价，最终导致服务供应链的中断和低绩效。

表4—4　　　服务供应链模式与客户价值和供应链风险类型的关系

		供应链风险类型	
		供应链运作风险	供应链环境风险
客户价值诉求	价格或经济成本敏感	嵌入互补式服务供应链	无缝连接式服务供应链
	潜在竞争力导向	流程一体式服务供应链	综合模块式服务供应链

本章主要参考文献

Anderson, E. W., Fornell, C., & Rust, R. T., Customer satisfaction, productivity, and profitability: Differences between goods and services, *Management Science*, 1997, 16 (2), 129-145.

Bain, J. S., *Barriers to new competition*, Cambridge: Harvard University Press, 1956.

Barney, Jay., Firm Resources and Sustained Competitive Advantage, *Journal of Management*, 1991, 17 (1): 99-120.

Bjorn Axelssori, Sweden, Interaction patterns in services exchange some thoughts on the impact of different kinds of services on buyer-supplier interfaces and interactions, working paper, The paper was published at the 16th IMP-conference in Bath, U. K in 2000.

Coarse, R., The Nature of the Firm? *Economica*, 1937 (4): 386-405.

Day G. S., The capabilities of market-driven organizations, *Journal of Marketing*, 1994, 58 (4): 37.

Fisher, M., What is the right supply chain for your product? *Harvard Business Review*, 1997, March/April: 105-116.

Henk W. Volberda and Arie Y. Lewin, Co-evolutionary Dynamics Within and Between Firms: From Evolution to Co-evolution, *Journal of Management Studies*, 2003, 40 (8); 2111-2136.

Jackson, R. W., & Cooper, P. D., Unique aspects of marketing industrial services, *Industrial Marketing Management*, 1988 (17): 111-118.

Jukka Hallikas, Iris Karvonen, Urho Pulkkinen et al., Risk management processes in supplier networks, *International Journal of Production Economics*, 2004, 90 (1): 47-58.

Jüttner, U., Peck, H., Christopher, M., Supply chain risk management: outlining an agenda for future research, *International Journal of Logistics: Research and Applications*, 2003, 6 (4): 197-210.

Kevin Poole, Seizing the Potential of the Service Supply Chain, *Supply Chain Management Review*, July 2003: 54-61.

Lambert Douglas M., Martha C. Cooper, Issues in Supply Chain Management, *Industrial Marketing Management*, 2000 (29) : 65-83.

Lewin, A. Y., Weigelt, C. B. and Emery, J. D., Adaptation and selection in strategy and change: perspectives on strategic change in organizations, in Poole, S. M. (Ed.), *Handbook of Organizational Change and Development*, New York: Oxford University Press, 2003.

Oliver C. , The influence of institutional and task environment relationship on organizational performance: the canadian construction industry, *Journal of Management Studies*, 1997, 34 (1): 99-124.

Qingyu Zhang, Mark A. Vonderembse, Jeen-Su Lim, Logistics Flexibility and Its Impact on Customer Satisfaction, *International Journal of Physical Distribution & Logistics Management*, 2005, 16 (1): 71-96.

Ravi Kathuria, Maheshkumar P. Joshi, Stephanie Dellande, International growth strategies of service and manufacturing firms the case of banking and chemical industries, *International Journal of Operations & Production Management*, 2008, 28 (10): 968-990.

Sawhney, M. , Balasubramanian, S. , & Krishnan, V. V. , Creating growth with services, *Sloan Management Review*, 2004, 45 (2), 34-43.

Scott J. T. , Purposive diversification as a motive for merger, *International Journal of Industrial Organization*, 1989, 7 (1), 35-47.

Scott, R. W. , *Institutions and organization* (2nd ed.), Thousand Oaks, CA: Sage, 2001.

Shamsie J. , The context of dominance: An industry-driven framework for exploiting reputation, *Strategic Management Journal*, 2003 (24): 199-215.

Song Hua, Samir Ranjan Chatterjee, Chen Jingliang, Achieving competitive advantage in service supply chain: evidence from the Chinese steel industry, *Chinese Management Studies*, 2011, 5 (1): 68-81.

Suchman, Mark, Managing Legitimacy: Strategic and institutional approaches, *Academy of Management Review*, 1995 (20): 571-610.

Teece D. J. , Pisano G. , Dynamic Capabilities and Strategic Management, *Strategic Management Journal*, 1997, 18 (7): 509-530.

Wendy van der valk, Service procurement in manufacturing companies: result of three embedded case studies, *Industrial Marketing Management*, 2008 (37): 302-315.

Williamson O. E. , The theory of the firm as governance structure: from choice to contract, *Journal of Economic Perspectives*, 2002, 16 (3): 171-195.

Wynstra，F. ，Axelsson，B. ，& Van der Valk，W. ，An application-based classification to understand buyer-supplier interaction in business services，*International Journal of Service Industry Management*，2006，17（5）：474-496.

中国钢铁行业现状：是产钢大国 非钢铁强国．股票知识网，2010－09－11，http：//www. 000002. org/Article/html/23061. html.

关增产．面向大规模定制的服务模块化研究．价值工程，2009（11）：74-78.

李艳梅，杨涛，张雷．中国煤炭产业集中度与绩效的实证分析．北京交通大学学报，2007，6（1）：11-14.

中国联合金属网：http：//www. umetal. com.

第五章 服务供应链中的服务外包与采购：需方的视野

随着产业不断向服务化方向发展，越来越多的企业逐渐从以前单纯的产品供应服务转向定制化服务以及综合服务，诸如ABB这类设备企业，已经开始向客户提供全系统服务，即在整个生产环节提供维护性的、预防性的、预测性的服务活动，为客户实现最大程度上的增值。这种趋势是由客户的价值诉求所驱动的，一方面供应商从提供产品到提供系统服务反映了供应商的战略变革与竞争力的持续拓展，另一方面客户方也需要根据自身的状态，从产品采购的思维转向服务采购和管理的思维，这就要求客户企业同样需要系统的框架来决定与服务提供商之间的关系，组织相应的服务方式和途径。需要考虑的问题有：什么因素决定了客户企业服务采购或外包的程度和方式？针对客户的价值诉求和服务供应商的状况，究竟有哪些服务采购或外包形态？各种形态的服务采购的关键要素是什么？

5.1 服务采购和外包

企业是一系列资源和能力的结合体，大多数的产品和服务都是通过一系列的活动生产出来并实现价值增值的。典型的价值链包括基本活动和辅助活动。每一项活动都需要很多相关的资源和能力，没有任何一家企业可能拥有足够的资源和能力以完成所有的基本活动和辅助活动。完成整个价值链中多个阶段的业务活动，对企业来讲是非常困难的，在这种情况下，企业常常会选择将部分业务外包给其他接包企业去完成，或者说由外部供应商来采购。近几年来，不仅仅是生产加工业务经常被外包，很多服务业务如信息技术、人力资源、物流等也被外包出去，其主要原因在于，许多原来被企业认为是行业中特殊的业务活动，现在在行业中被认为是普遍存在的业务。服务供应商的兴起，一方面促使客户企业将非核心业务剥离出去，更专注于其自身的核心业务活动；另一方面，外包服务商通过为更多客户服务获取较大的规模效益，其服务的专业化水平也会不断提高。比如，IT 领域的翰威特和万宝盛华，合同制造方面的伟创力和鸿海，物流服务领域的中外运、中远、美国联合包裹 UPS 等，都为客户带来了巨大的服务效益。

关于服务外包与采购的定义，近年来很多机构和学者给出了不同的解释。根据毕博管理咨询公司（BearingPoint）的定义，服务外包是指企业为了将有限资源专注于其核心竞争力，以信息技术为依托，利用外部专业服务商的知识劳动力，来完成原来由企业内部完成的工作，从而达到降低成本、提高效率、提升企业对市场环境迅速应变能力并优化企业核心竞争力的一种服务模式（中国服务外包网，2007）。Li 和 Choi（2009）认为服务外包或采购是替代内部服务职能而运用外部机构执行一项或多项服务活动的过程，而这一过程不同于制造外包活动。Wendy van der Valk 等（2009）也认为服务采购和外包是一种互动式的知识和要素的交换过程，这一过程与产品服务具有很大的差异。服务采购或外包与制造采购和外包的差异来源于服务的四个特点，即服务的无形性、同时性、异质性和可消失性（Lovelock，1983；Zeithaml and Bitner，1996）。服务的无形性使得购买方很难事前或事后对采购进行确实的核查，因此，这就需要服务供应商帮助客户建构服务的参考框架和维度。服务的同时性是指服务的提供者和购买者是在互动的过程中产生和消费服务要素，作为服务的外包方或购买者往往发挥了双重角色，即客户既是服务的消费者也是服务的协同创造者，在这种状况下，往往很难明确区分服务外包双方的责任义务。由于服务过程涉及基于人力资本的知识、技能和诀窍的交换，因此，从本质上讲，服务要素本身是变动的和异质的（Elliam et al.，2004），服务提供很难做到一致性。最后，由于服务很难存储，往往存在于生产过程，因此，就非常注重服务的恢复流程以弥补不精确的预测和规划。正是因为上述特点，Li 和 Choi 认为服务外包与制造外包的结构安排是有差异的：在制造外包中，服务的购买者有效地控制着与供应商和客户之间的互动，三者之间的关系是一种线性关系；而在服务外包中，服务外包者、服务承办方与客户之间呈现出三角互动的关系，亦即服务外包过程中互动的关系更为复杂（见图 5—1）。此外，也有学者认为服务外包一个很重要的特点是知识管理的重要性（Blumenberg, Wagner and Beimborn, 2009），在服务供应商和外包方高度的协调和互动过程中，更关注于知识的传递，以及持续改善与服务供应商之间的整合机制，并鼓励分享和创造知识（Bustinza *et al.*, 2010）。综合上述分析，我们认为，服务供应链中的服务外包指的是在基于互动和产业价值链综合优化的基础上，客户企业将特定资源活动，或者具有较高增值性的资源活动外包给特定的服务供应商，由其完成部分或整体活动，从而共同创造知识和价值，并为各方实现竞争力的行为过程。

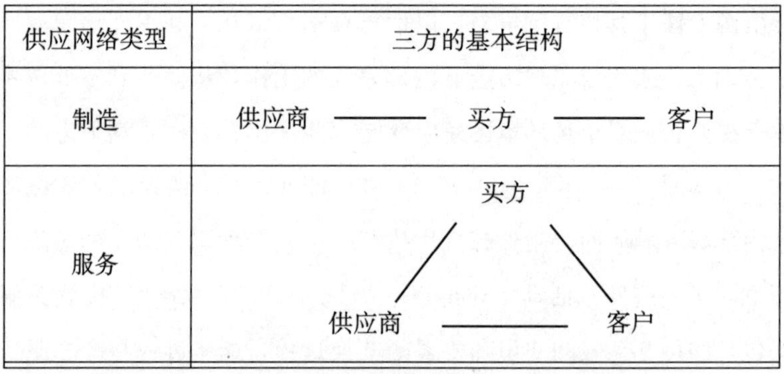

供应网络类型	三方的基本结构
制造	供应商 —— 买方 —— 客户
服务	买方 供应商 —— 客户

图 5—1　制造外包与服务外包的三方基本结构

服务外包的方式根据不同的划分标准产生了不同的外包形态。按照服务的内容划分，有的将服务外包分为信息技术外包（ITO）、业务流程外包（BPO）以及知识流程外包（KPO），ITO 可以包括产品支持与专业服务的组合，用于向客户提供 IT 基础设施或企业应用服务，或同时提供这两方面的服务，从而确保客户在业务方面取得成功。BPO 是把一个或多个 IT 密集型业务流程委托给一家外部提供商，让它拥有管理和控制选定的流程。以上这些业务是基于已定义好和可测量的方法来执行的。被外包给服务提供商的业务流程包括物流、采购、人力资源、财务会计、客户关系管理，或其他管理或面向消费者的业务功能等。KPO 是围绕对业务诀窍的需求而建立起来的业务，指把通过广泛利用全球数据库以及监管机构等的信息资源获取的信息，经过即时、综合的分析研究，最终将报告呈现给客户，作为决策的借鉴。按照服务外包发生的地点划分，服务外包可以分为在岸外包（onshore outsourcing）、近岸外包（nearshore outsourcing）和离岸外包（offshore outsourcing）三类。比如对于美国，在美国国内进行的外包称为在岸外包；在北美等周边国家及地区进行的外包称为近岸外包，而在印度、中国及俄罗斯等较远地区

的外包，则称为离岸外包。与此相类似，Peng（2009）根据业务活动的地理
位置和方式（自产还是外包）的不同，将服务外包划分为四个单元：离岸经
营（offshoring）（国际/国外的外包），近岸经营（inshoring）（国内外包），圈
养资源（captive sourcing）（在海外建立分支机构，工作在企业内部完成，但
是在国外），国内自产（见图5—2）。有的学者按照外包对象的形态划分，提
出外包可以分为四类：通用外包（general outsourcing，该外包业务又包括选
择性外包、增值性外包和合作性外包）、转换型外包（transitional outsourc-
ing，将一个技术平台转换为另外一种平台）、商业流程外包（business
process outsourcing，由第三方供应商为客户实施整个商业职能）、商业利益
承包（business benefit contracting，是一种协议性的框架，根据所实现的特定
利益来决定供需关系，并且客户依据供方能力所实现的利益来支付）（Mill-
ar，1994）。Willcocks和Lacity（1998）提出了六种他们称之为"显现的外包
形态"（emerging outsourcing arrangements）：增值性外包（value-added out-
sourcing，即整合各方的能力，运用外包的形式营销新的产品和服务）、资产
持有型（equity holding，即一方直接拥有另一方的资产）、多包（multi-sour-
cing，即有一个外包协议，但是有多个服务提供商）、协包（co-sourcing，指
的是承包方的收益与其为客户企业所带来的服务绩效直接相关）、拆分
（spin-off，指的是将企业内部的信息部分独立成公司，向市场提供服务）、开
拓性协议（creative contracting，即为满足客户特定需求而定制化的协议）。
综上所述可以看出，对于外包的形态有着不同的划分标准和形态。尽管已有
的划分方式和形态都从不同侧面概述了外包的方式，然而尚没有很好地说明

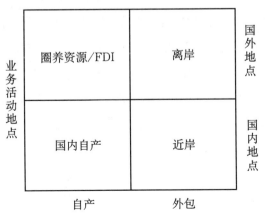

图5—2　根据区位标准划分的服务外包的类型

为什么会有差别化的外包方式，亦即客户在选择承办方来执行某项服务和活动的过程中，关系缔结的决策依据是什么。此外，服务供应链运作过程中涉及诸多的活动和管理要素，这些活动和要素哪些客户愿意外包，哪些仍然保持在客户企业内部进行，外包的程度究竟多大，这些都需要更进一步的探索。

5.2　服务外包决策的驱动因素

要想探究服务供应链运作中服务外包的驱动因素和程度，仍然需要从资源依存理论、能力理论和知识理论中去寻求，因为从服务外包的基本动机看，无论采用什么样的外包形态，从根本上讲，外包方是想通过与承包方之间长期、稳定的合作关系，获取相应的资源、能力或知识（Bustinza *et al.*，2010）。

对资源的理解最早可以追溯到英国经济学家 Penrose（1959），在《企业增长理论》一书中，她谨慎避免运用"生产要素"，而是采用"生产资源"的集合来概述企业及其经济增长，这是第一次将一些无形的要素纳入到企业的分析中。之后有人将资源定义为"企业所控制的所有资产、能力、组织流程、企业特性、信息和知识等，一方面使企业获得了持续竞争优势，另一方面带来了长期的效率和效益"（Barney，1991；Wernerfelt，1984）。这种资源观进一步推动了竞争的资源优势（resource advantage，Hunt and Morgan，1995，2004），资源优势观是一种演进的、非均衡发展的、流程化的竞争理论，它认为创新和组织学习是异质的，企业和客户因为创业、制度和公共政策的影响往往拥有不完善的信息。从本质上讲，资源优势观是将异质需求理论和资源观结合在了一起，亦即行业内的需求以及客户的偏好是异质的，企业是异质性、不完善流动要素（即资源）的整合者。因此，竞争被认为是企业为获得资源相对优势的持续对抗过程，这种资源的获取形成了市场中的竞争优势以及超额绩效。一旦企业凭借某种竞争优势资源产生超额收益，竞争对手就会通过并购、模仿、替代或重大创新来抵消，甚至超越这种优势，因此，企业要想防止这种状况出现，只有使所拥有的资源难以获取。概括起来说，资源基础理论主要有如下几个特点：第一，关键资源和能力是企业持续竞争优势的源泉。在企业资源理论中，企业被假定为难以模仿的资源集合体，企业资源异质性观点是企业资源理论的基础，该理论的核心是企业是一系列资源和能力构成的资源束。第二，有价值、稀缺、不可完全模仿、不可完全替代的资源构成了企业的持续竞争优势之源。第三，企业的资源和能力包括企业用来开发、生产和分销产品或服务给消费者的所有财力、物力、人力和组织资源。第四，企业资源的异质性是企业获得竞争优势的必要条件，企业事后限制竞争、企业资源的不完全流动性及企业事前预防竞争是企业获得竞争优势的充分条件。

以 Teece（2007）为代表的动态能力理论认为，现代经济环境是以创新和制造在地理位置及组织资源方面的分散为特征的，持续竞争优势不仅需要拥有不可复制的资源，而且还需要独特的、难以复制的动态能力。这些能力能够被持续地创造、延展、升级、维护及保持相关企业的独特的资源基础，而且需要企业适应不断变化的客户和技术机遇，同时提升企业的能力来塑造它所拥有的生存环境。之后 Zollo 和 Winter 通过观察提出，Teece 的动态能力观强调了动态能力的目标（即为什么），而忽略了动态能力的来源，为此，他们提出"动态能力是一种集体学习、稳定的活动范式，通过这些活动能使组织系统产生和修正运作流程，实现持续改进的效率"。具体讲，动态能力理论的观点归纳起来有如下特点：（1）动态能力是整合、建立和再配置内外部资源的能力。在全球市场上的赢家往往是这样一类企业，它们具有有效协调、配置内外部资源的能力，并显示出及时、快速与灵活的产品创新能力。Teece 认为"动态"指的是与环境变化保持一致而更新企业的能力，"能力"强调的是整合和配置内部和外部资源的能力，以此来使企业适应环境变化的需要。（2）动态能力是可以确认的明确的常规惯例。动态能力包括：整合资源的动态能力（如产品开发常规惯例、战略决策形成）、重新配置资源的动态能力，以及与获取和让渡资源有关的动态能力（如知识创新常规惯例、从外部获取常规惯例）。（3）动态能力是产生多样化的业务的知识特性。动态能力帮助公司具有先动优势，并及时适应动态环境，同时它把企业看做知识系统，将其视为是生产和提供服务活动的过程中所需知识的获得、运用和创新的一体化有效机制，尤其是它通过提供大规模的增量学习过程使得部分生产和服务所需的隐性知识得以积聚和创新。（4）动态能力是指企业保持或者改变其作为竞争优势基础的能力的基础。

基于上述理论，我们可以看出，从需方或客户的角度出发，其所获取的资源和能力往往涉及两个方面的问题，一是所获取资源和能力的性质；二是所获取资源和能力的层级。资源和能力的性质涉及资源或能力的类型，诸如Day认为企业的资源能力在供需交易中体现在三个方面：内在反应（inside-out）、外在内化（outside-in）以及横跨匹配（spanning）。内在反应，即与市场响应相关的内部运作能力，体现在企业在生产制造、物流运输、组织资源等方面比竞争对手更具优势。外在内化，即适应外部环境的能力，体现在企业能够比竞争对手更早、更准、更快地预测市场需求，响应市场需求提供适应的服务，并与客户建立良好的合作关系。横跨匹配，即集成匹配外在内化与内在反应的能力，体现在企业在战略制定、定价、新产品开发、采购等方面比竞争对手能更好地处理内在反应与外在内化之间的匹配集成问题。Tracey等（2005）在Day的基础上研究了这三种能力与企业绩效之间的作用关系，研究表明企业绩效的提升，不仅依赖于企业内在反应的增强，也依赖于企业外在内化和横跨匹配的增强。显然，所谓的内在反应，甚至一些外在内化是一种基于物质和有形要素所体现出来的资源和能力，其实现是满足客户既定的需求和期望，属于一种被操作性资源能力（operand resources or capabilities），如同我们在第一章叙述的那样，这种资源和能力往往需要通过采取一定的行动使其变得有价值。相反，某些外在内化以及横跨匹配的资源和能力是一种前摄性的、基于知识和智慧的资源和能力，具有能动性和隐形的特点，同时也需要较长期的集体行为才能反映出来，因此，它是一种操作性资源能力（operant resources and capabilities）。从需方的角度看，服务的外包和采购显然会受到客户期望获取的资源能力的性质影响，一般而言，如果客户所期望的资源能力更多的是被操作性资源能力，或者说服务提供方只拥有被操作性资源能力，这种服务外包会使供需关系更趋向于经济性交易，服务的效率性要求较高；相反，如果客户期望的是操作性资源能力，或者供方能提供操作性资源能力，这时的服务外包会推动供需关系更趋于稳定性、伙伴型，服务的效果性要求较高。

除了资源或能力的性质对服务外包的影响外，各类资源的层级也会对供需关系的建立产生作用。很多学者都提出了资源的层级，诸如Winter（2003）提出变革中的动态能力是与常规（运作型）能力不同的。与此相似，Collis（1994）提出二阶能力和三阶能力的存在，在他看来，学会学习

（learning to learn）能抵消竞争者模仿和替代所造成的威胁，因此，企业需要持续投资动态能力以引领竞争。基于 Collis 的研究，Danneels（2002）提出核心能力的层级，并提出二阶能力指的是"识别、评价、整合新技术和客户能力到企业"的状态。显然，以上对资源层级的认识，不仅涉及资源和能力的表现，而且也涉及资源能力运用的深度与广度。总之，从资源和能力的层级看，可以分为组合型资源能力（composite resources and capabilities）和互连型资源能力（interconnected resources and capabilities）两类。组合型资源能力指的是"将两个或以上的基础资源组合在一起，资源之间有较低层次的互动，凭借这些资源使企业产生有效率的市场供应"（Madhavaram and Hunt, 2008）。可见，组合型资源是将许多资源和能力组合在一起来满足客户的某种需求，而资源与资源之间尽管有联系，但是缺乏相互促进、相互推动的作用。换言之，如果有资源 A、资源 B 以及资源 C，组合型资源能力则是将其简单地组合在一起，即 S＝A＋B＋C。诸如在提供物流服务时，将仓储、运输、配送等活动组合在一起服务于客户，就属于组合型资源能力，因为这一服务包含了多项服务内容，各项服务内容尽管有一定关联，但是汇集在一起很难产生整合的协同效应。而互连型资源能力则不同，它是将各类资源和能力交织在一起，形成一个整体，产生了较高层面的互动和协同，使企业能为客户提供更高层面的增值性服务。如果有资源 A、资源 B 和资源 C，互连型资源能力是使其互为交织，产生乘数效应，即 S＝A×B×C。诸如在提供物流服务时，将通关结算、信息服务、成本管理与仓储运输结合起来服务于客户，就形成了互连型资源能力，因为这些服务要素不是简单相加，而是互为促进、相互交织，在综合服务的过程中，产生了巨大的增值。

　　结合资源能力的性质以及资源能力的层级，我们认为决定服务外包和采购的因素关键在于客户所需的资源能力的类型。根据以上两个标准，客户获取的资源能力往往有四种类型，即组合型被操作性资源、组合型操作性资源、互连型被操作性资源以及互连型操作性资源（见图5—3）。组合型被操作性资源指的是将一些基于物质、有形的资源组合在一起，并且相互之间具有低层级的交互作用的能力，诸如产品供应、运输配送、仓储活动等结合在一起的资源能力，其结果可能为客户带来特定服务项目的费用降低；互连型被操作性资源是将一系列基于物质、有形的资源结合在一起，但是相互之间产生了协同和交织作用的能力，诸如把产品工程工艺能力、供应组织能力与物流配送能力等结合起来，从而产生了较高的增值型服务，其结果为客户降低了综合性的运营成本；组合型操作性资源指的是将一些基于知识、隐形的资源组合在一起，但是相互之间具有低层级交互作用的能力，诸如为客户提供 IT 技术支持或者信息服务，这类服务虽然是一种操作性资源的表现，即运用知识或智慧服务于客户，并且为客户带来的不是直接的经济性收益，而是潜在的竞争力收益，但是其新价值的创造性较为有限，或者说价值创造相对单一；互连型操作性资源则不同，它是将大量基于知识、智慧等隐形资源聚合在一起，形成有机的联系，并且产生了乘数效应，其结果不仅使客户的潜在竞争力得以提升，而且最大程度上创造和实现了客户的价值，诸如为客户提供从业务流程设计、财务管理、金融业务到网络规划、需求管理等全面的服务。可以看出，四种资源能力的不同反映了客户在服务外包过程中的目标取向具有差异性，或者说服务提供商的能力具有差异性，这种差异性的资源能力必然会对服务外包的组织和管理方式产生影响。

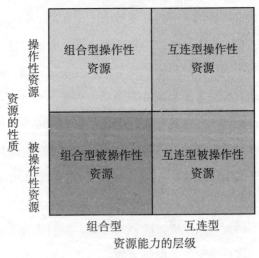

图 5—3 客户获取资源能力的类型

5.3 服务外包中的组织方式

基于上述服务外包中客户所需的资源类型的差异性，从需方的视野出发，服务供应链的组织方式主要有四种类型，即分散式服务外包（dispersed service outsourcing)、集群式服务外包（clusters service outsourcing）、内包服务（in-sourcing service）以及获益型服务外包（vested outsourcing），如图5—4所示。

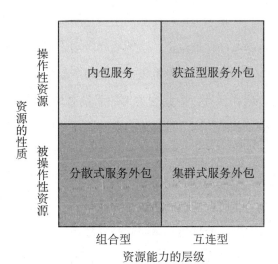

图5—4　服务供应链服务外包的几种形态

5.3.1　分散式服务外包

分散式服务外包是一种最常规意义上的服务外包形式。之所以称之为"分散"，是因为服务的供需之间不存在非常紧密的关系以及互动，因此，从需方的角度看，它可以随时更换服务供应商。分散式外包存在的条件是需方（或者说服务外包方）主要获取的是组合型被操作性资源（composite operand resources），诸如将物流运输配送、仓储等活动外包给物流第三方进行运作。从客户的角度看，这类服务活动虽然重要，但是并不具备较高的增值性，活动相互之间也没有很好的互补关系，因此，客户关注的要素在于服务供应商能否利用自身的资源高效率、低成本地完成相应的服务活动。换言之，在外包活动的控制管理过程中，客户注重的更多是行为控制（behavior control），即服务供应商提供的服务活动是否满足了客户的标准和期望，并且各项活动能否稳定、保质、低价地得以进行。

与服务外包各型态组织相关的另一个问题是服务外包中的治理方式。Anoop Mahok（1994）将组织际交易治理结构分为两种：以合约为中心（contract-centered）的治理结构和以关系为中心（relationship-centered）的治理机构。Ronald（2005）在研究组织际交易治理模型时提出两种有效机制：契约治理和关系治理。契约治理又称为依约治理结构和完全契约，主要适用于计划性交易。由于是在非资产专用性条件下对偶然性或经常性的交易采用契约的市场治理结构，也称为古典式契约法治理结构。交易双方可在信息对称的条件下，签订条款经仔细敲定、强调法律原则、正式文件以及自我清算的契约，以保护当事人免受对方投机之害。契约条款已规定了交易的实质性内容，并且也符合法律原则，因此这类契约无疑会使依法履约人从中受益。与契约治理相对应，关系治理是指包括主要的关系专用性资产的组织际的一种交易模式，体现在组织间关系的结构和过程等维度上，强调关系治理是一种非正式的垂直交易过程（Zaheer and Venkatraman，1995）。显然，分散式服务外包由于更加注重组合型被操作性资源的获取，资源不仅具有显性特征（表现直接、容易测量），而且相互之间互补性较弱，因此，从供需之间的治理看，更加倾向于契约治理，亦即客户事前与服务提供商通过签订完善的协议，来规定服务的内容与程度，供方严格按合约提供服务活动，一旦契约得以很好履行，双方的交易才有可能再次重复。

5.3.2　集群式服务外包

集群式服务外包是近年来较为值得关注的一类外包形态，它是指客户（服务外包方）在采购以互连型被操作性资源（甚至部分操作性资源）为基础的服务时，不仅注重服务提供商本身的能力，同时也非常看重承包方所在的情景和环境是否是特定产业集群地区，或者具备产业集群的条件。这种外包形态是以产业集群地区的企业作为服务提供商，来完成互连综合被操作性资源以及部分操作性资源的供给，诸如在外包软件设计、开发、项目管理等活动时，比较注重外包目的地是否具有良好的集群效应。

集群作为一种常见的经济现象，引起了经济学家和社会学家的普遍关注。联合国工业开发机构（UNIDO）将集群定义为一种地方性的企业聚集现象，在一个特定的产业部门或子部门生产和出售一系列相关或互补产品（Richard，1996）。根据被广泛接受的 Porter（1998）的定义，集群是由在某一特定领域互相关联的企业或机构组成的在地理位置上毗邻的群落，与公共品和互补品相关。DeWitt，Larry 和 Horace（2006）认为集群体现出三种特征，即地理上的临近、核心竞争力和关系。已有的研究表明，集群所实现的绩效是多方面的，集群能够在诸如产品开发、生产流程改进、技术、营销等领域为集群企业提供支持（Tambunan，2005）。Julian 和 Neil（2000）通过实证研究得出的结论是，在供应商和客户的力量、政府的支持、制定决策的自由度方面，集群企业明显要高于非集群企业。Porter（1998）的研究则认为，集群通过三种方式来影响竞争：（1）增加这一领域的企业的产量；（2）把握创新的方向和进程；（3）鼓励形成新的经营方式，从而扩张和加强集群自身。基于上述对产业集群的研究可以看出，产业集群之所以成为一种重要的经济现象和企业竞争力获取的制度环境，在于集群相对于分散化、随机化的买卖市场，由于企业之间在地理上的临近和重复的交换关系，促进了个体或企业之间的沟通、协调、相互依存和信任，从而降低了因市场不完善所导致的昂贵的交易成本，并且有利于上下游垂直型的企业合作，而横向企业之间只要不存在直接的竞争关系，也会产生良好的合作。Harrison（1992）的研究也指出，集群环境下的企业能够更多地从网络效应中获益，特别是增强了集群企业之间的社会交往。上述所有这些集群的优势正好符合互连型被操作性资源运用的条件，这是因为互连型意味着资源之间存在着较高的互补性，相互之间具有高层次的协同性。因此，不像简单组合型可以直接度量和操作，互连型需要有良好的协作性和配套性。被操作性资源尽管是一些满足客户既定需求的内在外化的显性活动，但是互连型的状态决定了相互之间如果不能有效整合，很有可能因为有限理性、信息不对称以及机会主义等因素造成交易成本较大，最终可能使得某些单一服务的采购成本较低，但是系统综合成本会非常高。例如，在国际产业界，虽然目前将生产业务外包给中国、墨西哥等国家是被广泛接受的，但是，对越来越多的服务的外包却存在较大争议。来自 Garter Group 的调查显示，有 50% 的外包协议以失败而告终。全球管理咨询公司（PA Consulting Group）的调查也显示，在被调查公司中，只有 39% 的公司延长了与外包商的合同，有 66% 的公司对它们的外包项目感到失望，其中有 15% 的公司取消了外包合同（徐姝，2006）。其主要原因在于离岸外包，尤其是服务外包容易因为忽略治理或法规、文化差异、供应商难以有效整合等造成失败。正因为如此，过去国际外包行业通常采取离岸外包，着眼点是降低成本，但早在 2008 年金融危机时，近岸外包就已经出现并越来越发展成为国际外包行业的一个新趋势，越来越多的企业不仅在意外包的成本，也希望承包方能与客户处于相同的集群范畴内，产生较好的协同性。一个典型的例子就是，墨西哥正逐渐成为美国制造近岸外包的一个理想地点。墨西哥发展近岸外包业务，主要取决于其具备以下几个方面的优势：首先，从美国各地到达墨西哥，乘飞机只需要 2～4 小时，美国企业如果把业务外包给墨西哥公司，可以在合作、互动方面节约不少成本；其次，墨西哥和美国处于相同的时区，工作时间一致，能够随时沟通，同时便于外包方掌控核心业务进展；再次，墨西哥的文化受到了美国的影响，相比其他地区，外包和服务提供商在沟通效率上也存在优势；此外，墨西哥政府对发展 IT 外包业十分支持。由于 IT 外包业的带动，墨西哥 IT 企业数量已经从最初的 200 家增加到了 2 095 家。2011 年墨西哥政府将再拨 2 400 万比索（约 240 万美元），希望到 2013 年 ProSoft 计划结束时，IT 业的产值能够达到 150 亿美元。如今许多美国企业已经将墨西哥列为非常理想的外包地点（楚文，2011）。由此可以看出，集群式服务外包是一种外包组织方式的特定状态。

从集群式服务外包的治理方式看，服务提供方（承接方）与客户（外包方）之间显然也存在契约治理，即通过签订明确的合约来保证服务的稳定、持续供应，但是在这种外包组织方式下，关系治理也是一种规制方式。关系治理是对合作关系起到制约与调节作用的非正式的宏观行为规范与微观运行规则的综合。学者们从不同侧面对关系治理的研究，归结起来其理论基础主要是由交易成本理论和社会关系理论构成的，研究角度不同，关系治理的影响因素也不尽相同。交易成本理论认为，交易过程涉及的资产专用性、交易的不确定性和交易频率是影响交易成本的三个主要因素，而这些因素与有限理性、机会主义行为共同决定了关系治理的结构。社会关系理论则认为，交易伙伴的关系除了受以上因素影响外，信任、信誉、承诺、风险、忠诚等也决定了组织际关系。交易成本经济学将关注的视角集中在交易双方精于算计的一面；社会关系学则关注交易双方合作时间长度、合作关系质量、满意度等业已形成的关系对以后的交易关系的影响（Gulati R.，1999）。但是无论从什么理论基础出发，专用性投资都是各研究视角所重视的因素，即专用性投资决定着关系治理结构的选择。Asanuma（1989）将关系专用性资产定义为"供应商对采购商的特别需求做出反应所必需的投资"。Levinthal 和 Fichman

（1988）认为关系专用性资产是每个厂商为了满足其业务伙伴的专门需求和能力而开发的，具体包括关于合作伙伴的专有信息内容、业务伙伴的知识以及根据产品组合特点而专门设计研发的合作程序，以及在专业生产中使用的设备投入等。Wernerfelt（1988）认为在长期的业务联系中，彼此作用的采购商和供应商将会开发出特有的共享资源，这些资源就是关系专用性投资。Zaheer 和 Venkatraman（1995）通过实证研究表明，关系专用性投资与企业间关系的交互程度有正向关系，专用性投入可以促进关系的持续，提高关系治理。当合作双方都有较高的专用性投入时，供需双方产生依赖，双方不愿意采用机会主义行为，促进双方长期合作。Dyer（1997）认为合作中关系专用性投资能够产生相应的"关系租"（relational rents）从而创造价值，其中，关系租是指联盟伙伴通过对特定资产、信息、知识和资源（能力）整合、交换或投资，利用有效的治理机制来降低交易费用，或有效地整合资产、知识或能力以获得租金，是由交易关系的双方或网络成员共同投入组织间特定关系资产共同产生的综合效益。

关于关系性资产的分类研究，大都在 Williamson 的分类基础上展开。Williamson（1975）以政府使用重复竞价来分配自然资源相关联的风险为例，将专用性资产分为四种形式：（1）地点专用性，指地点上靠近的资产，是为了降低运输费用获得加工效率上的优势而进行的投资；（2）物质资产上的专用性，指资产的物理或技术应用等特性只能用于特定交易；（3）贡献资产，专门为了满足特定采购者需求，在工厂和设备等资产上的投资；（4）组织及人力资源专用性，在特定的交易中，人员的技能、专业技术、知识和信息资源等具有较大的价值，离开合作关系其价值却显著降低。Pelton 等（2001）按照双方在合作中投入资产的属性，将关系专用性投资划分为有形的关系性资产投资和无形的关系性资产投资两大类。有形的关系性资产投资包括合作双方在厂房、土地、机械设备以及其他实物资产方面进行的投资（Williamson 的地点专用性投资和实物资本专用性投资）；无形的关系性资产投资主要包括合作双方在人力资本、知识、技术等无形资产方面进行的投资。Nooteboom，Helper 和 Sako（2000）指出，关系专用性投资可能是应客户需求而专门设计并投入的，其中有形的部分包括设备、机器等，而相对无形的部分包括为交易关系服务的专用性生产流程或知识信息等。在集群式服务外包过程中，关系治理的主要方式更倾向于有形的关系性资产，这是因为客户所采购的服务大多是满足需求类的被操作性资源，其目标在于降低综合性成本，并且产业集群本身就要求在有形资产的投资上形成空间上的集聚，因此，有形的专用性资产投资有利于客户对服务提供商的能力进行判别，维系相互之间的关系。

5.3.3　内包服务

内包是相对于外包而言的，这是一种非常特定的服务合作关系，其基本含义是客户通过建立内部组织引进外部专家（服务提供者）来填补临时性需要或者完成特定的、本应外包的服务活动。诸如 Friedman（2005）在《世界是平的》一书中谈及内包时所举的例子："如果你拥有一台享受质量保证的东芝笔记本电脑，现在它出了点毛病，这时候你会打电话给东芝公司要它维修，东芝公司会让你联系 UPS，由它负责把电脑送到东芝维修中心，修好后再送还到你手中。但是它有一点没有告诉你的是：事实上，UPS 并没把你的笔记本电脑交给东芝公司，而是交给了 UPS 中心负责电脑和打印机维修的工作站。我以为在路易斯维尔中心只会看到被拖来拖去的包裹，然而我却发现自己穿着蓝色罩衣站在干净的房间里观看 UPS 员工更换那台东芝笔记本电脑的主板。几年前东芝曾遭遇形象问题，一些客户抱怨他们的修理过程耗时太长，于是东芝就找到 UPS，要它设计一个更好的系统。"从该例子中可以看出，内包是一种将服务提供者引入到企业内部承担特定服务活动的组织形式。内包之所以兴起，在于外包这种形式所带来的缺陷，这包括由于将服务外包出去引起的客户抱怨的加剧、将企业的一些信息告知外部承包方引起的企业机密泄露、外部服务承包方不遵从企业的要求、持续关系难以建立、由于降低成本导致服务提供商降低服务，以及政府政策变化导致低成本优势的抵消等（Schniederjans *et al.*，2005）。事实上，外包形式的产生主要是在于客户方所获取的服务要素是组合型操作性资源，因为操作性资源大多是建立在知识和智慧基础上的隐形资源和能力，因此，很难从外部在行为上控制服务提供方的服务活动和程度，而这就产生了所谓的有限契约化（bounded contractibility），即因为预见的有限性（limited foresight）、观察的有限性（limited observability）以及认知的有限性（cognitive limitations）导致交易成本的产生（Clemons and Hitt，1997）。而资源组合型的特点又造成客户方实际上采购的是局部性的资源和能力，整个价值体系是需要控制在客户手中的，因此，这时如果采用外包形式就可能产生上述的诸多问题。内包由于客户控制着整个价值链体系，同时服务提供方进入企业内部提供相应的知识、智慧活动，能够更好地与客户企业内部的流程活动相结合，也规避了由于外部环境的不确定性造成的间接成本上升或者交易成本高昂等问题；对于客户而言，由于服务提供者是通过企业内部组织方式提供服务，也可以避免单纯服务外包可能造成的信息外泄等潜在风险。

　　服务供应链运行中服务内包的一个典型案例是 2011 年利丰（利和物流）内包耐克中国物流中心运作的事例。2011 年 2 月，世界 500 强企业耐克集团在亚洲打造的最大物流中心——耐克中国物流中心在江苏太仓正式启用。该中心占地 460 亩，建筑面积 20 万平方米，由两部分构成，一部分定位为服装类产品的收货、存储、分拣和发货，另一部分负责鞋类产品的存储与配送，利丰负责中国大陆包括服装、鞋类、运动装备以及耐克高尔夫产品在内的物流运营。之所以如此，是因为耐克希望在中国市场实现收入倍增的目标，即从 2010 年中国市场销售额约 100 亿元增加至 200 亿元，这个目标能否实现，很大程度上将取决于耐克处理订单的速度。正如一些报道所说："耐克在国内市场有一些规模很大的经销商，比如百丽，但有时候我们会发现，虽然耐克的一些产品销售很火，而在百丽的门店内却无货，这就相当于把赚钱的机会拱手相让。实际上，不只耐克公司，国内其他运动品牌由于货品配送无法及时跟上，不少订单也只能放弃，或者产品变成现金的速度被拖慢，不仅使运动用品企业业绩受到影响，也会导致运动用品企业与经销商之间的关系紧张。"（转引自胡军华，2011）在这种状况下，耐克在太仓建立了中国物流中心，以期通过创新技术的应用，缩短配送时间并优化整体物流操作流程。然而要实现这一目标仅靠耐克自身的能力难以实现，这是因为物流服务涉及基于现代化技术和管理智慧的能力，诸如通过仓储管理系统（WMS），借助有线/无线射频终端，物流中心的工作人员迅速确定一件货品在仓库内的具体位置，完成分拣和装箱的过程，并且提供必要的各种流通加工服务（诸如贴标、商品组合等功能），实现产品既快速、高效地配送到终端，同时也能合理地控制整个物流运行成本。而这一活动因为与耐克的销售流程和整个战略体系密切相关，不可能实施外包，在这种状况下，利丰物流作为特定的服务提供商进入太仓为耐克提供全面的物流活动和管理，整个物流中心的固定资产和动产投资由耐克完成，利丰组织实施整个中心内的物流活动和管理活动，一方面能够帮助耐克迅速发挥专业化物流管理的优势，另一方面使耐克从自身非专长的供应链物流管理中解脱出来，将精力集中在产品开发和销售上。

从治理的角度看，内包服务一方面运用了契约治理的方式，来规定服务双方的责任和义务，保障业务和各项活动在协议的框架体系内展开，另一方面，一个很重要的治理方式是以信任、人力资本、知识投入为基础的无形的关系性资产，这与客户关注的是操作性资源有一定的关系，因为操作性资源的知识密集型以及隐形特点，使得很多服务活动很难利用契约来规定，甚至也不可能采用有形关系性投资来界定双方的关系结构，因此，无形的关系性投资在其中也发挥了重要的作用。

5.3.4　获益型服务外包

2009 年，Vitasek 和 Ledyard 在《供应链管理评论》上发表的《获益外包：一种更好的外包方式》一文中提出了获益外包的概念，2010 年 8 月，在《今日全球化》（*Globalization Today*）上发表了《正在发生变化的游戏——外包关系的彻底改变》一文，再次探讨了"获益型外包"的形态。他们指出，"先进企业正在建立一种新的商业模式——双方密切合作，达到商定的预期成果，使双方都能取得更好的经济效益"，这些创造性的方法称为"获益外包"，因为采取外包的企业和服务供应商都在彼此的成功中获得既得利益，共同建立、改善合作关系。各方都充分发挥各自的核心竞争优势，来实现靠自身力量无法实现的成就。在这样的约定之下，外包企业和服务供应商协同合作，通过有形或无形的激励方式取得实实在在的好处。

微软公司和英特尔公司是以创新文化著称的世界著名公司，是获益外包的早期倡导者。微软公司已经成功将这种方式运用在设备管理和会计核算的外包上，还曾因与咨询巨头埃森哲公司签订的采购付款合同而得奖。但外包变革成果来之不易，微软的首席采购官 Tim McBride 说："我们体会到，应用获益外包原理要求我们改变和供应商的合作文化。就微软公司而言，这意味着要对每个项目和每个供应商逐个探索，培养供应基地和发包单位之间的信任，让它们了解的确还有更好的合作方式。"虽然每种合作伙伴关系都不尽相同，但所有良好的合作伙伴关系都建立在创新和优化服务、降低发包企业成本、提高外包供应商利润上。这比仅仅为优质服务发放奖金要有效得多。对许多企业来说，这种外包制度和传统的采购方法相比，显得过于新锐；对某些企业来说，它可能是一种全新的方法，有助于改善目前的外包困境。

获益外包的基本原理为服务外包供应商着眼于如何能够最有效地应用各种使客户受益的处理方法、技术和能力。在这种情况下，供应商面临一种挑战：投入高度的智力或者资金来解决外包客户的问题。它们这样做也在冒风险，实质上是把自己的资金或资源放入合作中。供应商更关注它们如何能够最好地应用那些为外包客户带去价值的世界一流流程、技术和能力。供应商对外包客户承诺创造更多价值的同时将风险转移到了自己身上。作为交换，外包客户允许供应商赚取更多的利润（高于其服务领域的行业平均利润）来实现这个不断增长的价值。这是一个双赢的获益型外包合作关系。显然，这种外包服务不同于其他类型的外包，是一种互连型操作性资源的运用，亦即其基础是尽可能多地创新与提升服务，通过提供高度互补性的知识、智慧，减少客户采购的成本，提升供应商的利润空间。这种基于绩效进行合作的发展趋势，促使外包客户与供应商共同致力于找到基于绩效实现、紧密结合双方利益的解决方案。

要达成获益型外包协议，就需要专注于创造一种双方共同工作来保证彼此最终成功的文化，即双方一起工作来保证彼此最终的成功。在意识上应该从"我们与他们"转变为"咱们/我们"，这称之为"这对我们有什么好处"（WIIFWe，Vitasek and Ledyard，2010）的方式，WIIFWe 方法努力揭示一个比任何合作方现在意识到的机会更大的机会，而不是最大化单方的机会。显然，要做到这一点就需要获得双方组织的努力与承诺。外包并不意味着可以全身而退，外包客户不再管理这项工作，它一定是一种伴随着定期、频繁的沟通来确定目标、处理工作的合作关系。对于服务双方而言，双赢的思维是一种需要学习的行为，但一定不能学习传统的思维方式和方法。人际关系对于获益型外包来说至关重要。如果没有彼此信任，任何获益型外包的执行都将陷入协议和条款的泥潭。此外，外包客户与供应商都需要适应这种紧密关联的角色的变化。当外包客户描述"什么"以及让供应商去"如何"操作时，应采取恰当的描述使对方感到顺畅、协调。双方都应该不断克服流程业务、基础设施、技术、人力资源等方面的障碍因素。

获益型外包的一个典型案例是沃尔玛与利丰之间建立起的战略合作关系。全球第一大零售商沃尔玛宣布与香港采购公司利丰建立战略合作关系，向直接控制自有品牌产品每年1 000亿美元的采购迈出了第一步。作为合作战略的一部分，沃尔玛将把部分现有采购业务与利丰新成立的一个子公司合并，利丰在中国及世界各地的工厂与欧美零售商及品牌之间扮演着中间人的角色。随着沃尔玛与制造商建立更为直接的关系，它有权在2016年获得子公司的控制权。事实上沃尔玛是与利丰签署了转包合约，利丰承包创建的子公司最终会成为沃尔玛自有全球采购业务的一部分。沃尔玛在中国的业务主要分为两个部分，一是零售体系，即大卖场；另一个是采购体系，也就是沃尔玛的"全球采办"。沃尔玛此前全球采购的主力供应商是美国进口商，而全球采办的设立主要是试图让海外沃尔玛商店的买手能够逐渐越过美国进口商，直接向中国本土供应商下订单采购。但由于种种原因，直到目前，沃尔玛总部买手仍然通过美国进口商直接下单给工厂，进口商与工厂也都没有变，相反还多了一个全球采办在中间接洽，徒增运营费用。为了整合采购供应链效益，控制成本，加大直采力度，沃尔玛从2007年便开始对全球采购体系进行变阵。沃尔玛关闭了新加坡、菲律宾、斯里兰卡、土耳其的采购部门。直到2010年10月份，沃尔玛公司才宣布以新成立的4个全球采购中心（GMCs）为核心的统一的全球采购架构。此外，沃尔玛也正转向在全球直接采购新鲜果蔬，而不通过供应商。沃尔玛全球采购总战略的核心将是不断提高沃尔玛公司自有品牌的直接采购。现在，沃尔玛公司自有品牌年采购额超过1 000亿美元，在这些商品中，直接从制造商采购的比例不到五分之一。如果转向直接采购，5年内在整条供应链上可节省5%～15%的成本。在实施这一战略性调整的过程中，香港利丰集团扮演了非常重要的角色，通过利丰的专业水平和强劲资源，以及遍布全球的、高效分工与合作的供应链管理，帮助沃尔玛在商品采购价格上更具竞争力，同时还会提升沃尔玛自有产品设计，发展沃尔玛综合采购能力。显然，这种战略型外包合作关系远远超越了简单组合型的业务外包，而是互连型操作性资源的整合服务。

综合上述可以看出，获益型外包是一种高层次战略协调型外包关系，其治理方式是一种无形的关系性投资，因为这种服务往往具有高度的互补性和战略性，因此需要双方投入高度的知识、智慧和信任。具体讲，这类服务外包的组织治理方式主要基于五项规则，即：

规则 1：基于结果与基于交易过程的商业模式。

传统上，许多外包协议是针对一种业务进行的交易模式。大多数情况下，通过在成本外加一定费用的价格模式或者有竞争力的固定价格的模式，来确保外包客户的每一笔业务付费都是最低价。在这种模式下，整个过程效率越低，服务供应商赢利越多，而客户的真正需求却往往不能满足。获益型外包是基于结果的运行模式，重点关注供应商的利益与外包客户的需求相衔接，是一个有效节约成本的整体解决方案。获益型外包购买的是结果而不是一个一个的业务交易。

规则 2：关注"什么"，而不是"如何"。

企业外包的理由是由外包客户自己运作，要么成本太高，要么效率低下，或者两者皆有，而外包可以让那些做得比自己擅长的企业来运行。采用获益型外包的商业模式真正改变的是外包客户购买服务的方式。在获益型外包合作中，外包客户与服务供应商通过频繁、深入的沟通与交流来确定潜在的价值，以及供应商如何实现这些需求和价值。最有效的获益型外包一般极少讨论为达到外包客户既定要求所必须遵循的流程，它更集中于整体的业绩要求，由供应商考虑如何把各种支撑资源有机整合到一起来实现目标。合作是获益型外包的核心，因为通常服务供应商负责越来越多的服务，且必须与其他供应商（微服务提供商）合作来保证成功。在一个良好的获益型外包合作伙伴关系中，供应商不再提推脱理由："不是我的错。"

规则 3：界定清晰且可量化的结果。

良好的获益型外包合作伙伴关系的一个重要特征是：清晰界定双方的期望，且对这个期望量化。外包合作双方应该在外包的过程中，特别是合同谈判的过程中，就需求的结果共同清晰地界定出来。根据界定的结果，服务供应商可以提出一套符合需求及定价要求的方案，供应商的收入取决于通过它们的整体解决方案所实现的价值，而不是所开展的工作。

规则 4：鼓励成本与服务平衡的价格模式。

这个模式建立在两个原则之上，一是价格模式必须平衡双方的风险与收益，协议应当保证供应商只承担在它控制范围内的风险；二是协议应要求供应商提供整体解决方案，而不是某部分的工作。良好的获益型外包模式应鼓励供应商积极解决客户的问题，供应商越善于解决问题，外包客户就获得更多的激励（或者利润）。这种模式鼓励外包供应商开发和研究创新的、高效率的工作方法，从而在保持或提高服务的同时降低成本。

获益型外包对于供应商来说实质上是一种战略投资。获益型外包并不能保证服务供应商一定会获得更高的利润，但是它却让供应商有权限和自主权在服务过程中进行战略性投资，在能够产生更大回报的产品和服务上投资运行。这种商业模式的本质是奖励那些在流程上的投入、提供的服务或相关产品超出合同要求的服务供应商。如果服务供应商做得很好，它们将由此获得更多的收益。

规则5：基于洞察的管理方式。

在一些传统的外包中，许多外包客户简单地把工作交给供应商，几乎没有明确要求绩效考核标准或者服务水平协议。而另外一个极端是完全依赖协议，从而将服务提供者视为程序的严格执行者。这两种做法显然都存在不足。获益型外包视合作方为产业价值链活动的专家，因此在管理上需要通过相互之间的沟通、信任、互动，洞察产业的发展，制定良好的流程和途径，共同实现高绩效的服务。

本章主要参考文献

Anoop Madhok, Opportunism and trust in joint venture relationship: an exploratory study and model, *Scandinavian Journal of Management*, 1994, 11 (1): 57-74.

Asanuma, B., The contractual Framework for Parts Supply in the Japanese Automotive Industry, *Japanese Economic Studies*, 1985 (12): 54-78.

Barney, J., Firm Resources and Sustained Competitive Advantage, *Journal of Management*, 1991, 17 (1): 99-121.

Blumenberg, S., H. Wagner and D. Beimborn, Knowledge Transfer

Processes in IT Outsourcing Relationships and Their Impact on Shared Knowledge and Outsourcing Performance, *International Journal of Information Management*, 2009, 29 (5): 342-352.

Bustinza O. F., Luis M. Molina and Leopoldo J. Guticrrez, Outsourcing as Seen from the Perspective of Knowledge Management, *Journal of Supply Chain Management*, 2010, 46 (3): 23-39.

Clemons E. K., Hitt L. M., Strategic Sourcing for Services: Assessing the Balance between Outsourcing and Insourcing, Working paper, 1997.

Collis, D. J., How valuable are organizational capabilities? *Strategic Management Journal*, 1994 (15): 143-152, Winter Special Issue.

David J. Teece, Explicating Dynamic Capabilities: the Nature and Microfoundations of (sustainable) Enterprise Performance, *Strategic Management Journal*, 2007 (28): 1319-1350.

Day, G. S., The capabilities of market-driven organizations, *Journal of Marketing*, 1994, 58 (4): 37.

Dyer J. H., Singh H., The relational view: Coorperative strategy and sources of interorganizational competitive advantage, *Academy of Management Review*. 1998, 23 (4): 660-679.

Friedman Thomas, *The World Is Flat: A Brief History of the Twenty-first Century*, Farrar, Straus and Giroux, 2005.

Gulati R., Network location and learning: the influence of network resources and firm capabilities on alliance formation, *Strategy Management Journal*, 1999 (20): 397-420.

Harrison B., Industrial districts: old wine in new bottles? *Regional Studies*, 1992, 26 (5): 469-483.

Hunt, S. D., & Morgan, R. M., The comparative advantage theory of competition, *Journal of Marketing*, 1995 (59): 1-15.

Hunt, S. D., & Morgan, R. M., The resource-advantage theory of competition: A review, *Review of Marketing Research*, 2004 (1): 153-205.

Julian Birkinshaw and Neil Hood, Characteristics of Foreign Subsidiaries in

Industry Clusters, *Journal of International Business Studies*, 2000, 31 (1): 141-154.

Levinthal, D. M. Fichman, Dynamics of Interorganizational Attachments: Auditor-client Relationships. *Administrative Science Quarterly*. 1988 (33): 345-369.

Li M. & Choi T. Y. , Triads in Services Outsourcing: Bridge, Bridge Decay and Bridge Transfer, *Journal of Supply Chain Management*, 2009, 45 (3): 27-39.

Lovelock, C. H. , Classifying services to gain strategic marketing insights, *Journal of Marketing*, 1983 (47): 9-20.

Madhavaram S. and Hunt S. D. , The service-dominant logic and a hierarchy of operant resources: developing masterful operant resources and implications for marketing strategy, *J. of the Acad. Mark. Sci.* , 2008 (36): 67-82.

Mike W. Peng. 全球商务. 北京: 中国人民大学出版社, 2009.

Nooteboom B. , Helper S. and M. Sako, How long-term Supply Relationships work, Working paper, 2000.

Pelton L. E. , Strutton D. , Lumpkin J. R. , *Marketing channel: a relationship management approach*, New York: Irwin/ Mc Graw-Hill Companies, 2001, 328-332.

Penrose, E. T. , *The Theory of the Growth of the Firm*, New York: Wiley, 1959.

Porter, M. E. , Clusters and the New Economics of Competition, *Harvard Business Review*, 1998, 74 (6): 6-15, 77-91.

Richard, F. , Principal for Promoting Clusters and Networking of SMEs, Paper presented at the IX International Conference on Small and Medium Enterprises, New Delhi: WASME, April 1996: 17-19.

Ronald J. F. , Michele P. , Jasmin B. , Contractual governance relational governance, and the performance of interfirm service exchanges: the influence of boundary-spanner closeness, *Journal of the Academy of Marketing Science*, 2005, 33 (2): 217-234.

Schniederjans M. J. , Ashlyn M. Schniederjans, Dara G. Schniederjans, *Outsourcing and insourcing in an international context*, New York: M. E. Sharpe, 2005.

Tom DeWitt, Larry C. Giunipero and Horace L. Melton, Clusters and supply chain management: the Amish experience, *International Journal of Physical*, 2006, 35 (4): 289-308.

Tracey M. , Lim J. S. , Vonderembse M. A. , The impact of supply-chain management capabilities on business performance, *Supply Chain Management: an international journal*, 2005, 10 (3): 179-191.

Tulus Tambunan, Promoting Small and Medium Enterprises with a Clustering Approach: A Policy Experience from Indonesia, *Journal of Small Business Management*, 2005, 43 (2): 138-154.

Vitasek K. and Ledyard M. , Vested Outsourcing: A Better Way to Outsource, *Supply Chain Management Review*, 2009 (9): 20-27.

Vitasek K. and Ledyard M. , Changing the Game: Going the whole nine yards with your outsourcing relationship, *Globalization Today*, 2010 (8): 31-39.

Wendy van der Valk and Frank Rozemeijer, Buying business services: towards a structured service purchasing process, *Journal of Services Marketing*, 2009, 23 (1): 3-10.

Wernerfelt, B. , A Resource-Based View of the Firm, *Strategic Management Journal*, 1984, 5 (2): 171-180.

Wernerfelt, B. , Reputation, Monitoring, and Effort. *Information Economics and Policy*, 1988 (3): 207-218.

Williamson, O. E. , *Markets and hierarchies: Analysis and Anti-trust Implications*, New York: Free Press, 1975.

Winter, S. G. , Understanding dynamic capabilities, *Strategic Management Journal*, 2003 (24): 991-995.

Zaheer A, Venkatraman N. , Relational governance as an interorganizational strategy: An Empirical test of the role of trust in economic exchange, *Strategy Management Journal*, 1995 (16): 373-392.

Zeithaml，V. A. and Bitner，M. J.，Services Marketing，Singapore：McGraw-Hill Companies，1996.

Zollo，M.，& Winter，S. G.，Deliberate learning and the evolution of dynamic capabilities，*Organizational Science*，2002，13（3）：339-351.

楚文 . 制造业全球供应链：从离岸到近岸 . 新财经，2011（5）：82-85.

胡军华 . 耐克中国物流启用 欲破收入倍增瓶颈 . 第一财经日报，2011 - 02 - 23.

徐姝 . 企业业务外包绩效影响因素分析 . 技术经济，2006（4）：3-4.

什么是服务外包 . 中国服务外包网，2007 - 07 - 03.

第六章 商业模式的创新

——利丰服务供应链战略实施

    无论是对于新创企业还是对于已续公司来说，选择合适的商业模式是企业得以生存或者更好生存下去很重要的一个因素。每一种商业模式都是不同活动的集合，企业选择某种模式意味着选择实现某些活动的集合，资源与能力是否匹配到位，企业是自己做还是需要跨越自身边界与伙伴、供应商和消费者实现合作等都是企业需要思考的问题。尽管商业模式的选择会影响企业的潜在收益，如产品的定价、边际收益等，但最重要的应该是商业模式的选择直接决定了谁是企业的客户以及谁是企业的竞争对手。而一旦某种商业模式选定，活动安排有序，资源和能力开发得当，那么这种商业模式便很难改变，原因在于惯性及对改革的抵抗。本章将通过介绍利丰（Li & Fung）集团商业模式的设计、选择、创新和演进（求变）来给大家分析服务供应链的实施。之所以这样设计本章，原因在于服务供应链不是一蹴而就的，从本书第二章可以看出服务供应链本身也有一个演化过程。相信通过商业模式创新这一视角对利丰集团进行剖析后，读者会对整个服务供应链的实施有更加系统的认识。

6.1 利丰商业模式的创新和演进

6.1.1 利丰集团简介

    利丰集团是一家以香港为基地的跨国商贸集团，其运用供应链管理的概念经营贸易出口、经销及零售三项核心业务，迄今已有 105 年历史，是中国当年首批从事对外贸易的华资公司。集团 2010 年营业额逾 160 亿美元，雇用员工超过 34 000 名。[①] 以香港为总部的跨国集团利丰有限公司被公认为是世界领先的消费品设计、发展、采购及分销公司。利丰透过遍及美洲、欧洲、

[①] 参见利丰公司 2010 年年报。

非洲及亚洲的超过40个经济体系、约240个办事处及配送中心，为零售商及知名品牌提供环球供应链管理服务。

6.1.2 利丰集团商业模式演进

商业模式是一系列交易或者活动的系统，系统由要素及要素之间的关联构成，系统是动态变化的（Afuah and Tucci's，2000）。Johnson（2008）认为商业模式包括下列关键活动，如培训、发展、生产、预算、计划、销售和服务。Mitchell和Coles（2003）认为商业模式应该强调怎样为客户及最终消费者提供产品和服务。Eisenmann（2002）认为商业模式涉及企业为顾客提供的服务的本质，以及为交付这些服务而进行的活动。Chesborough和Rosenbloom（2002）认为商业模式是一种结构，在技术投入和经济产出之间起调节作用。由此，商业模式定义了价值链（以活动为基础的）的结构并创造价值，正如Chesborough所言："商业模式是从原材料到最终消费者所需活动的集合，并通过这一系列活动逐渐增加价值。"可见，商业模式在于探寻企业如何以适当的成本向其消费者传递价值这一潜在的逻辑。

任何一种商业模式的产生一定都有它的前因（antecedents）和后果（consequence），相应的变革也多是因为有了新的动因（Magretta，2002）（见图6—1），正如N. Siggelkow（2001，2002）所言，商业模式的变化也同时意味着企业所处竞争环境的改变。沿着这个思路，我们一起探寻利丰商业模式创新和演化的过程。

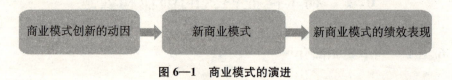

图6—1　商业模式的演进

1906年，利丰公司由现任公司总裁冯国经（Victor Fung）的祖父创建于广州，是当时第一家由中国人开办的进出口贸易公司。成立之初，公司的业务范围非常单一，主要是借助创办人良好的外语技能在买卖双方之间进行沟通，而每一笔经利丰"撮合"成功的生意，公司获得总合同金额的15％作为佣金。严格地说，此时的利丰公司只是一个贸易中介公司，并不是真正意义上的进出口贸易公司。这种状况持续了70年左右。在冯国经的父亲掌管公司时，利丰公司基本上是作为经纪人来联系买者和卖者并从中收取费用的。但是，作为中介，随着买者和工厂的影响力不断扩大，公司的生存空间日益缩小，公司的佣金减少到了10％，接着减少到5％和3％。1976年，冯国经及其弟弟冯国纶（William Fung）自美返港接替父亲，自此，利丰便踏上了商业模式的设计、创新和变革之路。

利丰公司的商业模式经历了五次转变：

第一次转变（20世纪70年代中期—80年代初）：由采购代理转变为采购公司（见图6—2）。利丰贸易扮演一家采购公司，即地区性的货源代理商的角色，通过在亚洲的不同地区，如中国大陆、中国台湾、韩国和新加坡开设办事处来拓展业务。除了不时提供市场最新信息给买家之外，利丰贸易所提供的服务亦包括了对不同的厂家做出产品、生产力及质量方面的评估，然后向买家提供适合的厂家及供货商，亦代表买家向厂家商讨价钱及做品质的管理工作以达到它们可以合理的价钱采购到所需的产品。同时，利丰贸易亦协助工厂做生产管理以及帮助买家监控工厂在劳工法例、生产环境及环保方面所做出的处理，以保证它们符合国际的要求标准。总括而言，作为一家采购公司，利丰贸易的主要目标是希望建立起与厂家及买家的长期伙伴关系而达到双赢的局面。利丰在发展过程之中不断引进一些先进的业务及管理概念，从而带领利丰进入了一个新的发展阶段。

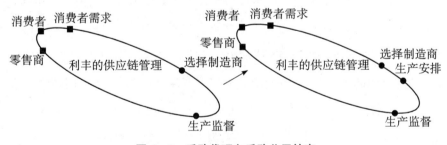

图6—2 采购代理向采购公司转变

第二次转变（20世纪80年代初—80年代末）：由采购公司转变为无疆界生产（borderless manufacturer）计划管理者与实施者（见图6—3）。无疆界生产基本上就是把一件货物分成不同的部分，在不同的国家做完然后再在同一个地方组装。进入80年代以来，随着市场节奏加快和竞争日益激烈，利丰又向前迈进了一步，成为无疆界生产计划管理者与实施者。客户会给予利丰一个初步产品概念，例如产品的设计、外形、颜色和质量方面的要求等，再由利丰为客户制定一个完整的生产计划，根据客户市场及设计部门所提出的草案，利丰会进行市场调查，在各地采购合适的配件，例如布料、花边等，以及提供一个最适合的成品制造商。在生产过程之中，利丰亦会对生产工序做出规划及监控以确保产品质量和及时交货。在这种无疆界生产模式之下，利丰是在香港从事诸如设计和质量控制规划等高附加值的业务，而将附加值较低的业务，例如生产工序，分配到其他最适合的地方，例如中国内地，使整个生产程序及流程实现真正的全球化。

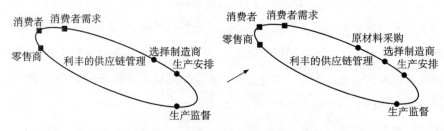

图 6—3 采购公司向无疆界生产者转变

第三次转变（20 世纪 90 年代初—21 世纪初）：由无疆界生产者转变为虚拟生产商（virtual manufacturer）（见图 6—4）。在整个 20 世纪 80 年代，利丰一直采用这种交付生产计划的战略，但那 10 年给利丰带来了新的挑战，亚洲"小龙"的出现使香港的生产成本增加而丧失了竞争力，于是利丰公司开始进行全球分散生产。全球分散生产意味着利丰对价值链的分解，并在全球范围内合理安排价值活动。在新的模式中，利丰不再是一个中介人或代理采购者，而是客户的供货商。利丰会直接和海外买家签订合同，依旧不会拥有工厂，但是会把生产任务外判给有实力的工厂，而利丰会负责统筹并密切参与整个生产流程，从事一切产品设计、采购、生产管理与控制以及物流与航运的其他支持性的工作。

第四次转变（21 世纪初—2010 年）：由虚拟生产商转变为网络整合商（network orchestrator）。由于客户需求的日趋多样化以及利丰自身网络的不断扩大及完善化，利丰开始利用其供应商网络、采购网络、物流网络和分销网络，根据顾客的需求，定制方案。利丰的供应商有 15 000 多个，当然这一数字总是处于变动之中，对于每一个客户，利丰都会根据其需要从这个供应

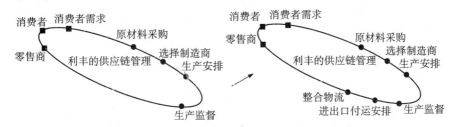

图 6—4 无疆界生产者向虚拟生产商转变

商群组里找最好的布料剪裁，所以每一份订单每一个顾客每一次的供应链都会不同，就是在整个网络里面找最合适的伙伴和产品（见图 6—5）。

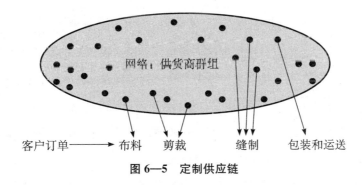

图 6—5 定制供应链

虚拟生产企业实际上已经是某个产品全面的供应链管理者。在虚拟生产模式的基础上，为了使整条供应链的运作更加合理与顺畅，利丰贸易继续开发更全面的供应链服务。可以说，利丰贸易供应链的原动力来自客户的订单，根据客户的需求，利丰贸易为每一份订单都创造一条最有效益的供应链，为客户提供具有成本竞争力的产品（见图 6—6）。对于本销和离岸生产，后文会有更加详细的说明。

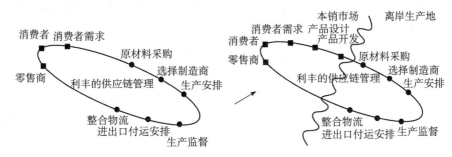

图 6—6 虚拟生产商向网络整合商转变

第五次转变（2010 年至今）：由网络整合商转变为一体化供应链解决方

案提供商（服务供应链运作者）（见图 6—7）。从产品设计、原材料管理、供应商生产、整理物流到最后到本土后帮它做分销配送经销的整个供应链管理，利丰到现在基本上可以说是一个完整的服务供应链的运作商。

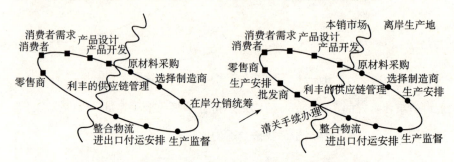

图 6—7　网络整合商向一体化供应链解决方案提供商转变

对于利丰服务供应链运作者这一新角色（商业模式）的解读，即利丰服务供应链的实施情况，接下来会在本章第二、三节进行更加详细的解析。

综合上述分析，我们用图 6—8 来对利丰商业模式的演进进行总结。

商业模式创新的动因，相信通过阅读前文对于竞争加剧及顾客需求多样化不难理解，这里需要解释的是我们把利丰的三年计划也归结为动因之一。

利丰的三年计划，被利丰誉为"不断改善企业的方法"。它参照了中国内地的"五年计划"，兼顾商业的易变性，所以定为三年。第一年是计划和开展，第二年是落实计划，第三年是达到目标，并作检讨和反省。三年计划的魅力不仅仅在于其创造了一个稳定和应变相平衡的环境，更重要的是在于其零起点的思考方式，"这个生意是否值得做下去？"挑战极限的目标（stretched objectives）设置，其实现常常需要破格思维（think out of the box）的支持，在彻底的思考中求得突破和变化，而这正是利丰新商业模式产生的重要动因。

2011 年是利丰第八个三年计划的开局之年。过去的七个三年计划，只有上一个三年计划（2008—2010 年）没有达标，其他的都超标完成。利丰第八个三年计划的目标是赚 15 亿美元，其中贸易贡献 7 亿美元，物流 1 亿美元，本岸经销占 7 亿美元。①

① 参见利丰公司网站报告，2011—03—24。

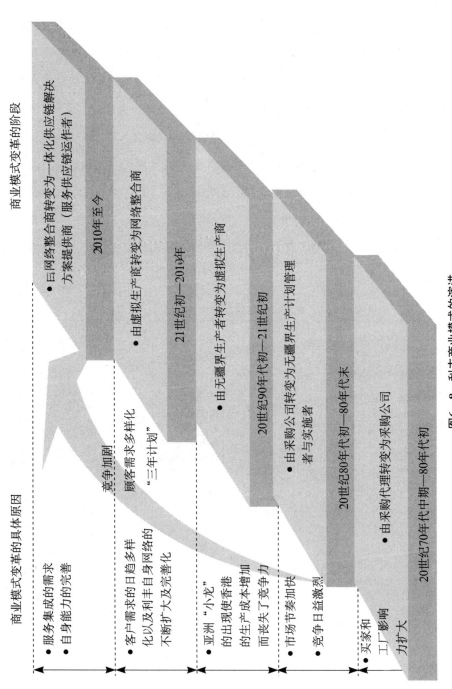

商业模式变革的阶段

- 与网络整合商转变为一体化供应链解决方案提供商（服务供应链运作者）

2010年至今

- 由虚拟生产商转变为网络整合商

21世纪初—2010年

- 由无疆界生产者转变为虚拟生产商

20世纪90年代初—21世纪初

- 由采购公司转变为无疆界生产计划管理者与实施者

20世纪80年代初—80年代末

- 由采购代理转变为采购公司

20世纪70年代中期—80年代初

商业模式变革的具体原因

- 服务集成的需求
- 自身能力的完善

竞争加剧
顾客需求多样化
"三年计划"

- 客户需求的日趋多样化以及利丰自身网络的不断扩大及完善化

- 亚洲"小龙"的出现使香港的生产成本增加而丧失了竞争力
- 市场季节加快
- 竞争日益激烈

买家和工厂影响力扩大

图6—8　利丰商业模式的演进

167

6.1.3 利丰商业模式创新的绩效表现

通过不断的发展及演进，利丰贸易现已发展成为一个全球商贸供应链的管理者，其网络遍布全球超过 40 个经济体系，已建立 240 多个办事处及仓库，聘用员工超过 34 000 名，15 000 名供应商遍布全球。以下将从利丰现有客户、利丰近年所获荣誉（见表 6—1）及利丰近 10 年财务绩效（见图 6—9、图 6—10、图 6—11）来看利丰商业模式逐步创新的效果。

利丰的客户遍布全世界，很多都是欧美 500 强品牌，在欧洲美国大部分最顶尖的零售商品牌都是利丰的客户。2010 年 2 月，利丰成为沃尔玛全球采购代理，包括在国际及国内市场进行非食品的自有品牌产品采购。同年 11 月，利丰成为李宁品牌采购代理，包括在国际及国内市场进行跑步、篮球及生活休闲成衣采购。

表 6—1　　　　　　　　　利丰近年所获主要奖项一览

年度 奖项	2005 年	2006 年	2007 年	2008 年	2009 年	2010 年
1	香港会计师公会颁发的"最佳公司管治资料披露大奖"，恒生指数成分股公司组别的金奖	香港会计师公会颁发的"最佳公司管治资料披露大奖"，恒生指数成分股公司组别的金奖	*Corporate Governance Asia Journal* 杂志颁发的"亚洲公司管治大奖"	获 *Finance Asia Survey* 杂志颁发"香港最佳管理公司大奖第四名"	获 *Forbes* 杂志选为"全球 2 000：世界最大上市公司"的第 888 家	CLSA 及 ACGA 调查中，获选为亚洲（不包括日本）及香港大型公司管治排名第二位
2	CLSA 与 Asian Corporate Governance Association 合办的公司管治评分中，入选香港最高评分的公司（Top Quartile Companies）	*Corporate Governance Asia Journal* 杂志颁发的"亚洲公司管治大奖"	*Finance Asia* 杂志颁发的"香港最佳管理公司大奖第一名"及"最佳公司管治大奖第二名"	获 *Forbes Asia* 杂志选为"亚太区 50 家最佳企业"	获 *Financial Times* 杂志选为"FT Global 500"公司	获 *FinanceAsia* 杂志选为"香港最佳管理公司大奖第二名"及"最佳公司管治大奖第四名"

续前表

年度 奖项	2005 年	2006 年	2007 年	2008 年	2009 年	2010 年
3	*Investor Relations* 杂志颁发的"最佳公司管治大奖"	*Finance Asia* 杂志颁发的"香港最佳管理公司大奖第一名"及"最佳公司管治大奖第二名"	*The Asset* 杂志颁发的"*The Asset* 公司管治大奖"	获 *Business Week* 杂志选为"世界最有影响力公司"	获 *Business Week* 杂志选为"世界最佳公司"的前 40 家公司	在 *Euromoney* 杂志"亚洲最佳管理公司"选举中获香港"最具说服力及协调的策略第三名"及"最佳公司管治第五名"
4		*Asiamoney* 杂志列入"亚洲最佳管理公司——香港"	获 *Forbes Asia* 杂志选为"亚太区 50 家最佳企业"	获 Morgan Stanley 选为"50 for 2012"公司	获 *Forbes Asia* 杂志选为"亚太区 50 家最佳企业"	获 *Asiamoney* 杂志颁发"亚洲最佳管理公司"之香港年度大市值公司奖
5		香港城市大学举办（香港董事学会赞助）的公司管治评分调查中，列入香港最高评分的上市公司之中	CLSA 及 AC-GA 调查中，列为香港大型公司中公司管治排名前五位	*Corporate Governance Asia Journal* 杂志颁发的"亚洲公司管治大奖"	*Corporate Governance Asia* 杂志颁发的"亚洲公司管治大奖"	获 *Corporate Governance Asia* 杂志颁发"亚洲公司管治大奖"及冯国经博士获颁发"第一届亚洲公司董事大奖"
6				*The Asset* 杂志颁发的"*The Asset* 公司管治大奖"	获 *Asiamoney* 杂志颁发"亚洲最佳管理公司"之香港年度大市值公司奖	获 *Forbes Asia* 杂志选为"亚太区 50 家最佳企业"
7					在 *Wall Street Journal Asia* 杂志"亚洲 200 家最欣赏公司"调查中被选为香港"长远眼光——第四名"、"革新——第五名"、"最欣赏公司——第九名"及"公司声誉——第九名"	*The Asset* 杂志颁发"*The Asset* 公司白金奖"，以表扬利丰公司在财务表现、公司管治、管理层、社会责任、环保责任及投资者联系上的杰出贡献

资料来源：利丰公司 2010 年年报。

从图 6—9、图 6—10、图 6—11 中我们可以看出，除了 2008 年公司营业额、营业利润及净利润相较于 2007 年有所下降外，在 2001—2010 年间，无论是公司的营业额、营业利润还是净利润都呈现稳步上升的趋势。

尽管外部经济环境为利丰的发展提供了良好的机遇，但其内部经营管理的不断创新，尤其是其对商业模式的不断探索，从而使得经营方式能灵活及时地转变，对利丰公司的发展具有更为重要的意义。

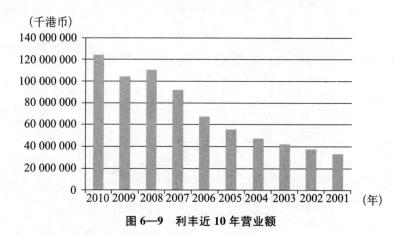

图 6—9 利丰近 10 年营业额

资料来源：利丰公司 2010 年年报。

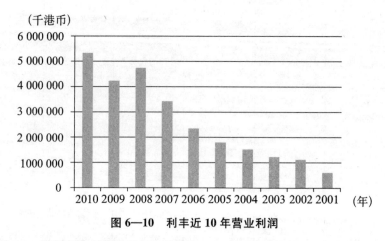

图 6—10 利丰近 10 年营业利润

资料来源：利丰公司 2010 年年报。

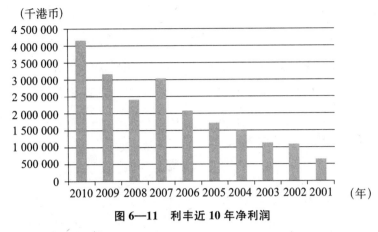

图 6—11 利丰近 10 年净利润

资料来源：利丰公司 2010 年年报。

6.2 商业模式的设计——利丰服务
供应链的运作流程

商业模式的设计一般包含两方面的因素：设计要素和设计主题（Christoph Zott，Raphael Amit，2010）。设计要素讲的是活动集合的体系结构，包含内容、结构和治理三个要素；设计主题讲的是价值创造的来源，包括新颖性、互补性和有效应三个要素。

活动系统的内容是指企业对于活动的选择，以及企业实施的活动。活动系统的结构是指企业所实施活动间的关联状态。例如 IBM，90 年代初严重的金融危机导致该公司把它的核心和外围的活动转移，把重心从成为一个硬件供应商转变到成为一个服务提供商，因此 IBM 在咨询、IT 维护和其他服务方面启动了一系列的新的支持性活动。到 2006 年，IRM 超过 900 亿美元收入的一半来自于这些活动。活动系统的治理是指实施活动的主体（Christoph Zott，Raphael Amit，2010）。

接下来从利丰现有商业模式（服务供应链运作商）设计要素的三个子要素（内容、结构和治理）出发，探索利丰服务供应链的运作流程。

6.2.1 设计要素之内容——服务供应链流程

图 6—12 是现阶段利丰提供的所有活动的集合，包括产品设计、产品开

发、原材料采购、制造商选择、生产监督、产品组装、整合物流、办理进出口文件、安排本地货运、在本销市场建立本土的批发分销服务并取代进口商功能、将产品打进各零售渠道即提供基于利丰全球采购及设计能力的本销市场批发及分销平台等。所有活动的出发点都是客户和消费者的需求。

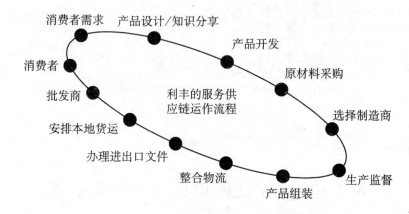

图 6—12　利丰服务供应链活动集

6.2.2　设计要素之结构——服务供应链支撑体系

商业模式的设计要素除了有内容即哪些活动外，还有一个不可或缺的方面，即与这些活动相关联的状态。以下将从收购、培训及 IT 平台三方面，介绍利丰现有商业模式的设计结构。同时，这些"关联活动"亦可作为服务供应链战略实施的支持性活动（支撑体系）。

1. 收购

利丰在 1995—2010 年期间，共完成了 45 次收购，其中 2010 年一年就完成 12 次并购。12 家公司里面，除了一家是国内的公司以外，其他的都是国外的，包括美国和欧洲的公司。利丰的并购目标很明确，也很有特色。并购投资的目的不是为了风险回报，而是为了贴补所缺。

正如利丰的管理层所言："牛仔裤以前没有做。现在做了很多裤子，但没有牛仔裤。我们就可能会去找一些比较好的牛仔裤公司，如果价钱比较合适，就把它收购过来。收购过来以后，我们就可以雇用他们的人，因为他们的人懂得怎么去做牛仔裤。这样，我们的供应商品类里面就多了一个做牛仔裤的……另外，收购有时候能填补能力……最后，收购有些时候会收获一些客户。"

172

很有意思的一点是，利丰所有的收购都要在一百天以内完成。之所以有这个规定，主要是因为如果一百天以内不能完成的话，有时候被收购的公司期望可能会发生改变。

2. 培训

做贸易的基础在于对产品的了解，需要知道每一个产品的整个制造过程、制造地、制造标准等。在培训和知识管理（知识分享）方面，利丰的做法如下：

利丰每年都有计划地实施培训。除了对一般采购员进行比较技术性或学术性的培训以外，还有一些针对管理人员或者更高级的培训。每年利丰都会有人去麻省理工学院接受培训，回来后利丰会让他们制定很多不同的项目计划，要他们把学到的东西变成真实的计划。此外，利丰还很注重对于设计师的培训。利丰现在在纽约和伦敦共有 400 个设计师，香港是这些设计师的培训基地，然后再把他们送到纽约和巴黎培训。目前利丰在亚洲也有一个自己的设计师团队。

利丰有 200 多个独立的事业部，它们之间的沟通机制怎样？又是如何进行知识的交流呢？通过访谈我们了解到，利丰的员工（供应链实施者）每年至少参加两次大型的全球会议，就是所有人坐飞机到一个国家，或者是一个地方，举行交流会；还经常在内部举行交流报告、演讲、分享会；想要知道外面的情况，除了通过利丰的顾客以外，利丰也会购买一些市场的最新信息；此外，利丰还有一个知识管理的平台，其在内联网以外，用一个系统给内部的员工去分享，好像一个讨论区，可以提问，相关部门或人员负责答复。

3. IT

要在最短时间内以最低成本为客户采购，就需要拥有一套完善的管理运作机制，而以信息科技推动供应链管理就能够使信息流和物流更顺畅，从而提升整体的供应链效率。

利丰贸易专门为客户开发了一个电子商贸应用软件 Import Direct，是利丰经营产品贸易部门的核心管理系统。Import Direct 为供货商和客户提供一个网上商务交易平台，不但为供货商提供一个产品推广的接口，亦为客户提供一个极其方便的产品采购及追踪工具。供货商可把旗下产品的图片上传到 Import Direct，系统中的软件便会把图片整理成一个个产品目录（catalogue)，供客户查阅；客户亦能够在系统中查询采购资料及提交订单。Import Direct 同时连接了利丰贸易的订单追踪系统（order tracking system, OTS）和出口贸易系统 XTS-5。供货商、客户和利丰贸易员工在互相交换信息的同时，也可以实时在 Import Direct 系统里进行产品订购，形成一个信息与商贸合二为一的网络。

利丰贸易的信息管理系统不仅可以整合公司的内外部信息，亦能够与公司的业务伙伴，包括客户、生产商和物流公司随时保持联系与沟通，缩短了供应链成员的反馈时间，并借这些信息与合作伙伴建立更紧密的关系。

此外，利丰会根据不同的客户需要建立不同的系统。一般接了一个客户的订单后，利丰根据客户具体的运营模式、流程等再建一个跟他关联的 IT 平台。很多人可能认为利丰 IT 用得比较少，其实利丰是根据客户需要来创建独立的一对一平台，当然每一个客户的平台是不一样的。

6.2.3　设计要素之治理——服务供应链执行体系

治理回答的是谁来实施这些活动以及在哪儿实施。以下将通过对利丰供应链组织架构及其网络体系的介绍来说明利丰商业模式设立的治理机制，也即利丰现阶段服务供应链的执行体系。

利丰有三个核心的业务：第一个是贸易出口，以采购为主。第二个是经销，它包括物流在里面。最后一个就是零售。图 6—13 是利丰集团的架构图。

利丰（1937）是一个控股公司。总的来说，利丰有两个主要的业务，一个是利丰有限公司，另外一个就是利丰零售。利丰有限公司的业务主要有两块，一块是传统的出口采购服务即利丰贸易，另一块以前叫利和经销（利和 IDS，现称利丰物流），主要做一些分销、物流、营销等业务。利丰有限公司现在采购的产品有三大类：一类是服装（softgoods）；另一类是非服装（hardgoods），也就是硬品，硬品包括很多东西，比如玩具、运动用品、手工艺品、服装辅料、家居用品、旅游用品、家具、烟花等；还有一类是个人护理产品（health, beauty and cosmetics, HBC），它是利丰在 2007 年开始做的，发展很快。在这三大类产品的营业额中，70% 是服装，近 30% 是非服装，HBC 占 1%～2%。集团的零售业务，包括上市业务利邦控股有限公司、利亚零售有限公司以及经营连锁玩具店玩具"反"斗城的非上市利童"反"

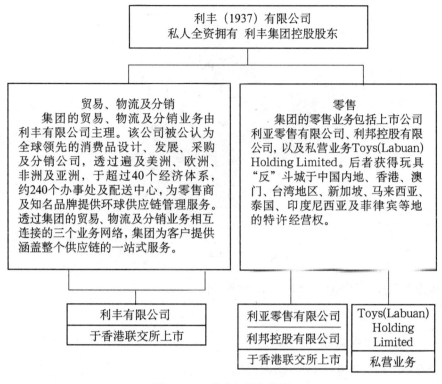

图 6—13 利丰组织架构图

斗城（亚洲）有限公司。利邦主要做一些男装的高级奢侈品。例如，CER-RUTI 1881、INTERMEZZO 等都是利邦做的奢侈品品牌。利亚做两方面的业务：一个是便利店，主要在华南地区，另外一个就是玩具"反"斗城。但人们通常说利丰，说的是贸易，因为贸易占整个集团业务的 70%～80%。

利丰有限公司的采购部门（贸易和物流方面）有三个网络：一个是出口采购（采购贸易，sourcing trading），一个是物流（logistics），一个是本岸经销（on shore）（见图 6—14）。

第一个网络是利丰贸易的传统网络，有 62 个采购办事处，大约 40% 在中国国内，60% 在世界其他国家，越南、孟加拉、印度尼西亚、印度都是采购量比较大的国家。很多时候客户找利丰做采购不是因为利丰的价格更有优势，而是因为利丰的设计能力以及可以控制整个生产的流程和管理产品品质的能力。

第二个网络是利丰的物流网络。利丰在全世界有 30 个物流办事处，96个仓库和配送中心。在马来西亚、泰国、新加坡和中国国内地区，利丰的物

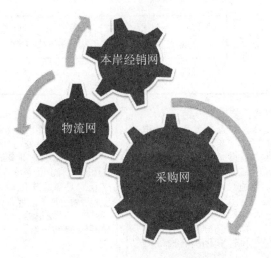

图 6—14　利丰三大网络

流业务很强，而在欧美方面相对要弱一些，这也正是利丰三年计划（2011—2013 年）里面要加强的地方。

最后一个网络是在本土做批发零售，即本岸经销（on shore），利丰目前拥有本岸经销办事处 48 个。本岸经销具体怎么做，为什么有这种业务产生，可以参见下面的例子。

Jennifer Lopez，好莱坞的一个明星，她有自己的几个服装品牌，也生产了很多的产品，但是她不知道怎么把这些产品推向渠道进行销售。而利丰在美国有一个很大的批发团队，且与很多不同的渠道，如大商场、百货公司、零售店有很密切的合作。利丰通过获得品牌授权的方式就把类似上述情况的这些品牌带进商店里面。利丰帮他们做了什么呢？第一进渠道，而且把产品放在不同的渠道里面卖。第二帮他们处理渠道的工作，顺便帮他们做采购。采购跟经销、批发都是利丰做的事情。这种模式在美国很成功。目前已经获得的授权品牌大概有 300 多个，利丰就把这些品牌带进 Macy's、Kohl's 这些美国本土的百货公司里面。

6.2.4　设计主题

商业模式设计的另外一个重要因素是设计主题（design themes），设计主题指的是企业创造价值的来源，它是设计要素的形态化体现。概念和实证研究建立了一般性的设计主题，包括新颖性、互补性及有效性（Christoph

Zott，Raphael Amit，2010）。

新颖性指的是企业采用新的内容（活动）、新的结构或者新的治理方式。互补性是指活动作为一个系统运作所产生的价值要高于分别进行这些活动所产生的价值。有效性是指企业对于活动体系的运作，如何通过降低交易成本来提高企业的效率。

通过前面对利丰，特别是利丰商业模式的演进过程的介绍，我们可以看出，利丰每一次的选择（商业模式的改变）都是创新之举，每一次的集成都实现了 1＋1＞2 的效果，每一次的转变都带来了更好的绩效表现，这表明利丰在商业模式的设计主题方面的确遵循了新颖性、互补性和有效性的原则。

6.3　商业模式的管理要素——利丰服务供应链运作的形态

任何一种商业模式都面临如何管理的问题，简单来说涉及两个方面，一是供方，一是需方（Christoph Zott，Raphael Amit，2010）。当下的管理正经历着从以生产为主导的产品交换向以提供服务为主导的价值协同创造的转变（Vargo and Lusch，2008）。在新的商业模式下，服务不再仅是整个产品供应的一部分而成为企业运营的基础，价值也不再仅仅产生于生产和销售过程，而是由企业和客户以及其他价值创造伙伴共同创造出来的。因此，企业需要了解如何与客户一起创造协同价值以及如何重构伙伴关系（Edvardsson，2008；Yadav and Varadarajan，2005）。

我们将这种以服务为主导的商业模式称为服务化战略，即服务化是从提供产品转向提供集成产品和服务并在使用中传递价值的组织能力和流程的战略创新（Baines *et al.*，2008）。服务化战略因客户能力和感知价值不同而有不同的形式。Wynstra 等人（2006）根据客户企业所使用服务的不同将服务化战略分为四类：消费服务、产品部件服务、工具服务和半成品服务。其中，消费服务是指企业运用其服务能力为客户提供与其特定状况相匹配的服务来支撑其各种核心流程。产品部件服务和工具服务要求企业具有创新能力并能满足客户的特定需求，二者之间的差异在于前者将产品或服务保持原有形态向最终客户传递，而后者按照既定方式影响客户的主要流程。半成品服务被作为要素投入买方企业并由其传递给最终用户，它强调客户和供应商运营之间的优化匹配和同步交接。Pekkarinen 和 Ulkuniemi（2008）指出，为了实现与买方之间的协同价值创造，服务供应商需要完成许多工作，包括资源供应、设计、整合、市场运营和外包等。同样，Martinez 等人（2010）在已有的交易性产品服务的基础上提出了另外三种服务方式：产品和服务的传递、产品和服务的定制化，以及产品或服务的协同设计与整合。

基于以上研究，根据服务管理层次和操作性资源层次的不同，即服务管理是流程导向的、技术导向的还是系统集成导向的，我们将服务供应链的服务化战略分为三种形态：业务流程导向型服务、技术应用整合型服务和系统集成打包型服务。服务化战略的形态如图 6—15 所示。

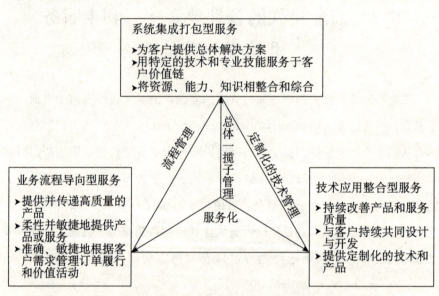

图 6—15　服务供应链中服务化战略的三种形态

上述不同的服务形态在利丰集团中处于并存的状态。这里需要强调一点的是，利丰每一次商业模式的演进并不是对原有模式的完全替代，而是在原有模式基础上的创新（增加新的内容）。如果非要找一个时间顺序的话，那么，在利丰中最先出现的应该是业务流程导向型的服务，而后是技术应用整合型服务，最后演进到可以作为集成商提供系统打包服务。

前利和服务菜单如图 6—16 所示。利丰的客户可以看到这些菜单并根据自己的需要选择相应的服务组合。可见，利丰不仅可以根据客户的需要定制供应链，在最初接触顾客时，还可以根据其所需定制服务组合。

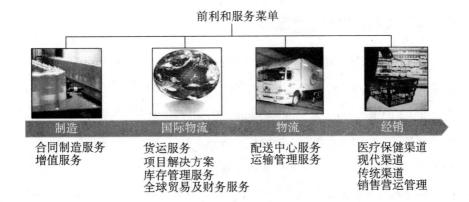

图 6—16　前利和服务菜单

6.3.1　业务流程导向型服务

业务流程导向型服务是指供应商通过将业务活动整合到客户服务价值链或业务流程中来实现客户价值增值，比如接管客户的管理活动、订单履行活动或物流活动等（Matthyssens and Vandenbempt，2008）。它强调通过以产品为中心、服务为辅的经营流程满足客户需求，从而降低总运营成本。其关键点在于柔性并敏捷地完成任务，这就需要企业具有柔性变化的能力（以最小的成本迅速做出改变的能力），利丰具有这种能力。2001 年 9 月 11 日，在恐怖分子袭击纽约和华盛顿之后，许多零售商认为美国的消费经济会受到重创，甚至崩溃。当一个惊恐万分的零售商给香港打电话要取消非常时髦的伞兵裤（脚口至腿部装拉链）生产线时，利丰集团建议将订单更改为通用的、四季均可穿的长裤，其他产品保留拉链。最后，顾客持续购买，零售商又续了伞兵裤的订单。利丰集团也迅速地将生产从高风险的国家转移到低风险的国家，在一周时间内重新配置了价值几百万美元的商品。另外一个故事就是，2003 年"非典"的时候，欧美的零售商都要求不要在华南地区生产，因为华南地区有 SARS。客户提出："我不知道我的货会不会染上'非典'，如果有许多工人病倒的话，很多工厂都要倒闭，那我的货就出不了了。所以你要帮我找另外一个国家去生产。"这种要求其实很麻烦，因为衬衣很多都是在华南地区生产的，比如东莞、深圳。但因为利丰有一个比较大的供应商网络，应变得很快，马上换到越南、印度尼西亚、孟加拉等地生产。

6.3.2　技术应用整合型服务

技术应用整合型服务是以有形产品为辅助的定制化的技术服务。它要求企业能够响应客户差异化和动态化的诉求，并根据客户特定需求提供技术解决方案（Matthyssens and Vandenbempt，2008）。技术应用整合型服务很重要的一点在于客户的高度参与，协同创造价值。在这方面，利丰的经验是做供应链不只是做产品，还是参与顾客的流程。

诸如利丰曾根据某餐饮企业的经营特点，设计餐具，并且就餐具的形状、材料以及使用便捷性等要素进行了全面的分析和考虑，全程组织生产，提供产品。通过这个案例，你会发觉，利丰做产品时不只是做产品，还要更多地考虑其顾客，即利丰的产品会对他们造成怎样的影响。

6.3.3　系统集成打包型服务

系统集成打包型服务是指企业通过整合资源、能力和知识全方位满足客户就特定事件或问题所提出的价值诉求。它强调"打包"和"系统集成"（Stremersch *et al.*，2001），"打包"是指一揽子提供对象性和操作性资源，"系统集成"则是指通过提供总体解决方案实现综合价值。现在的利丰完全具备服务集成的能力。

2010年，利丰跟某客户签订了全球的采购代理协议，利丰为此成立了一个子公司，专门帮客户做全球的采购。利丰为客户采购的产品名单，几乎是客户经营的所有非食品的自有品牌产品。这种协议叫采购代理，但其内涵已远远不是利丰最初采购代理的角色。当然，这宗协议本身也是对利丰全球服务供应链运作商这一新角色的肯定。

通过以上分析我们看出，企业只有完全了解并考虑客户的特定需求，采用相应的服务化战略，才能有效地获取竞争优势。

6.4　商业模式选择的反面——利丰不做什么

商业模式的选择意味着企业通过执行哪些活动向顾客提供价值。但这个问题的反面是，企业不选择做其他活动的原因是什么？探讨这个问题的意义在于更好地理解企业之所以选择某种商业模式的初衷。通过访谈我们了解到，利丰不会涉及的业务有以下几类：

第一类是低价值的业务。比如现在有一些客户只是找利丰赶空运，中间没有附加值。不做设计、不做物流的那些业务，利丰基本上都不做。

第二类是重资产投资，比如建议利丰投资建一个工厂的这种也不做。但如有人投资兴建仓库，交利丰运营的话，利丰会考虑合作。另一方面，如果需要利丰继续大量投资研发的，利丰也不做，因为利丰通常是找别人去研发。

第三类是生产批量标准完全规范化的业务。这是什么概念呢？比如说评审品质的标准如果是比较主观的，利丰就做。例如一件衣服做完以后，能通过利丰的验货员，他们就觉得你的产品是合格的。但比如食品的生产，可能它要达到什么质量标准，它的每一件货里面不可以超过多少毫升的积存，这些利丰就不做。

第四类是产品只能依靠极少数供应商生产的业务。要是只有很少的工厂可以做的话，利丰就缺少灵活性。

尽管只通过利丰的案例，我们不能总结出一个一般性的方法来进行企业的活动选择。但就利丰本身而言，还是有很多可以供大家学习和借鉴的地方。接下来给大家简要介绍一个一般性的思考企业商业模式选择的方法，即利润池分析法。

1998 年，贝恩咨询公司的 Orit Gadiesh 和 James L. Gilbert 在《哈佛商业评论》中首次提出行业利润池的概念。利润池是指行业价值链各节点所产生的利润总和。运用利润池分析法的目的是研究行业总利润在价值链各节点的分布情况，并为企业的战略决策提供依据。企业不论处于行业价值链的某一链节，还是跨越若干链节，均应从利润池的分布情况出发，并结合自身在行业价值链中所处的位置及拥有的利润池份额，研究行业价值链中其他有利可图的价值活动，寻找发展的机会，作出放弃或开发其他链节的决策。企业可以通过分析和预测行业利润池的变迁，确定企业未来的发展战略。

美国汽车制造业在 1996 年产生了约 1.1 万亿美元的收入及 440 亿美元的利润。该行业的价值链包括汽车制造、销售、汽油零售、保险、售后服务及租赁等链节。通过利润池分析法可以看出，该行业各链节的收入与利润之比是不均衡的：汽车制造及销售链节占总收入的 60%，其利润却不足行业利润池的 5％；而汽车租赁仅以约 0.8％的总收入却拥有了超过 20％的利润池份额。通过对价值链各节点利润池分布的分析，美国三大汽车制造商纷纷跨越其自身所处的节点，为顾客提供汽车金融产品（包括汽车保险、担保、租赁等）。福特公司在过去的 10 年中将近一半的利润来源于为顾客提供汽车金融产品，而其收入占公司总收入的 20％不到。

在考虑外部客观经济环境变化可能导致行业利润池发生变动的情况下，以较小的市场份额占有相对较大的利润池份额，以较快的行动为控制即将由于行业变迁而产生的新的利润池做准备，这就是利润池的基本管理思想。

本章主要参考文献

A. Afuah and C. L. Tucci, *Internet Business Models and Strategies：Text and Cases*, 4, New York：Irwin/McGraw-Hill, 2000.

A. Afuah, *Business Models：A Strategic Management Approach*, New York：McGraw-Hill/Irwin, 2004.

Christoph Zott, Raphael Amit, Business Model Design：An Activity System Perspective, *Long Range Planning*, 2010 (43)：216-226.

D. Mitchell and C. Coles, The ultimate competitive advantage of continuing business model innovation, *Journal of Business Strategy*, 2003 (24)：15-21.

Edvardsson, B., Holmlund, M. & Strandvik, T., Initiation of business relationships in service-dominant settings, *Industrial Marketing Management*, 2008 (37)：339-350.

Ellram, L. M., The supplier selection decision in strategic partnerships, *Journal of Purchasing and Materials Management*, 1990, 20 (4)：8-14.

Ellram, L. M., Wendy, L. T., & Corey, B., Understanding and managing the service supply chain, *Journal of Supply Chain Management*, 2004, 40 (4)：417-432.

H. Chesbrough and R. S. Rosenbloom, The role of the business model in capturing value from innovation：evidence from Xerox Corporation's technology spinoff companies, Industrial and Corporate Change, 2002 (11): 533-534.

J. Magretta, Why business models matter, *Harvard Business Review*, 2002, 80 (5): 86-92.

Martinez V., Bastl M., Kingston J., Evans S., Challenges in transforming manufacturing organizations into product-service providers, *Journal of Manufacturing Technology Management*, 2010, 21 (4): 449-469.

Matthyssens P. and Vandenbempt K., Moving from basic offering to value-added solutions: Strategies, barriers and alignment, *Industrial Marketing Journal*, 2008 (37): 316-328.

N. Siggelkow, Change in the presence of fit: the rise, fall, and the renaissance of Liz Clairborne, *Academy of Management Journal*, 2001 (44): 838-857.

N. Siggelkow, Evolution toward fit, *Administration Science Quarterly*, 2002 (47): 125-159.

Orit Gadiesh & James L. Gilbert, How to Map Your Industry's Profit Pool, *Harvard Business Review*, 1998 (5): 149-152.

Pekkarinen, S. & Ulkuniemi, P., Modularity in developing business services by platform approach, *The International Journal of Logistics Management*, 2008, 19 (1): 84-103.

Stremersch S., Wuyts S., Frambach R. T., The Purchasing of Full-Service Contracts: An Exploratory Study within the Industrial Maintenance Market, *Industrial Marketing Management*, 2001 (30): 1-12.

T. R. Eisenmann, *Internet Business Models*, New York: McGraw-Hill Irwin, 2002.

Vargo, S. L. & Lusch, R. F., From goods to service (s): Divergences and convergences of logics, *Industrial Marketing Management*, 2008 (37): 254-259.

Wynstra, F., Axelsson, B., Van der Valk, W., An application-based classification to understand buyer-supplier interaction in business services, *International Journal of Service Industry Management*, 2006, 17 (5): 474-496.

Yadav, M. S. & Varadarajan, P. R., Understanding product migration to the electronic marketplace: a conceptual framework, *Journal of Retailing*, 2005, 81 (2): 125-140.

利丰访谈资料.

利丰集团网站: http://www.lifung.com/eng/global/home.php.

第七章　服务供应链中的资金流：
供应链金融

随着经济全球化和网络化的发展，不同公司、国家甚至一国之内的不同地区之间比较优势被不断地挖掘和强化。这些"成本洼地"往往是经济和金融欠发达地区或资金不够雄厚的中小企业，成为制约供应链发展的瓶颈，影响到供应链的稳定性和财务成本，在这一背景下，供应链研究和探索的重心逐渐转向提升资金流效率的供应链金融层面。在激烈的竞争环境中，充足的流动资金对企业的意义越来越重要，尤其是对于发展机遇很好却受到现金流制约的中国中小企业。它们往往没有大型企业的金融资源，却是供应链中不可或缺的重要环节。它们虽然具有可观的发展潜力，却常常因为上下游优势企业的付款政策而导致现金短缺。中小企业对供应链不可或缺的意义，凸显了解决其融资问题的必要性，由此带来的挑战是对供应链中参与者及其关系新的理解，以及对金融和供应链物流交叉领域中的组织间交互模式的研究。本章将重点阐述供应链金融的内涵和要素，供应链金融的运作模式与风险控制，基于经济附加值（EVA）的供应链金融绩效衡量，供应链金融的挑战及其发展。

7.1　供应链金融的内涵与要素

随着供应链思想逐渐被接受以及供应链研究的日趋完善，供应链的工具和实践也得到很大的提升，供应链中的物流、商流、信息流的效率得到巨大的提升。原本被认为是辅助流程的资金流动问题，逐渐出现在资金相对短缺的中小企业身上，成为制约整个供应链发展的瓶颈。当整合供应链中的物流和信息流被实践和检验时，资金流也开始受到越来越多的关注（Hofmann，2005）。

宝洁公司在 2002 年的报告中指出，在供应链的流程中，材料和产品物理流动的过程中，往往伴随着大量信息化的金融活动，如图7—1所示。

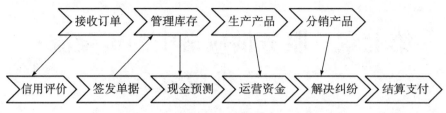

图7—1　宝洁公司物流与资金流的关系

Keebler（2000）和Carter（2005）认为，供应链管理影响到公司的资本结构、风险等级、成本结构、盈利能力和最终市场价值，作为影响股东价值的重要方面，供应链管理者必须使用金融的视角分析财务因素对供应链绩效的影响。无论是从单个企业的角度还是从供应链的角度，供应链中的四流——物流、商流、信息流和资金流已脱离了单个概念，相互影响、相互杂糅，形成相辅相成的整体。特别是供应链中的信息流和资金流，基本上贯穿了供应链中所有的行为。研究供应链中的资金流问题和财务问题，不仅对理解为了供应链正常运转提供资金支持的融资行为意义重大，而且对理解理解企业和供应链内的行为逻辑具有重要意义。

7.1.1　供应链金融的内涵

尽管对于物流供应链管理、企业间协作及金融的研究已经进行了多年，供应链金融却是一个相对较新的学科。如图7—2所示，供应链金融体系由三个关键部分组成：机构参与者、供应链管理特性和金融功能。其中，机构参与者包括了从供应商到生产者再到终端客户的工商业企业，第三方、第四方这些物流服务提供商，以及像银行、机构投资者等金融机构；供应链管理特性主要涉及与采购、生产、运输、销售等关键环节相关的伙伴关系和战略合作；金融功能是投资、财务、会计等金融职能和采购、生产、销售等物流职能的交叉运用，主要包括追踪资金流，获取和应用金融资源。由此，形成了集合供应链内部资金和外部金融资源的涉及工商业企业、物流服务提供商和金融机构多方权责关系的复杂的供应链金融体系。

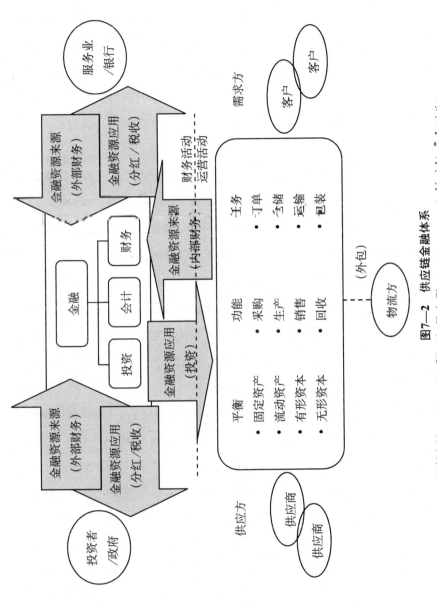

图7—2　供应链金融体系

资料来源：Hofmann E., "Supply Chain Finance: some conceptual insights," *Logistics Management*, 2005 (1): 203-214.

　　金融服务及物流服务提供商并不是真正的供应链成员，它们是由于向其中一个成员提供服务而被牵扯进来的。因此，供应链金融并不只是两个或更多个企业之间财务部门的协作，而是聚焦于财务方面或者金融工具的使用上，这可以应用于企业的任一部门。需要指出的是，财务协作的建立是由职能部门决定的，而我们所说的供应链协作是由企业组织决定的。例如，从事实业的企业与一家金融服务提供商之间的协作是财务协作，这是因为金融服务提供商提供的是金融服务或者相关知识。只有当这种协作关系扩展到供应链上所涉及的所有对象、流程、流动及固定资产、人员等时，我们才称之为供应链金融（Williams Timme，2000）。

　　在金融供应链（financial supply chain）管理研究领域，还有物流金融（logistics finance）、供应链融资（supply chain financing）、资产融资（asset-based financing）等多种概念并存。无论运用什么词汇来界定金融供应链，其本质含义仍然是供应链物流管理、战略合作及金融的交叉领域资金流的组织和管理。从本质上讲，金融供应链主要是对资金供给方主导的为实现资金流与物流、信息流充分融合而构造的金融系统。在现行的研究中，具有代表性的金融供应链概念当属 Hoffmann 在 2005 年提出的定义，他认为供应链金融可以理解为供应链中包括外部服务提供者在内的两个以上的组织，通过计划、执行和控制金融资源在组织间的流动，以共同创造价值的一种途径。进一步讲，对物流投资的目的就是要实现对企业和供应链的"价值"或"回报"的最大化，因此对物流决策的成本、收益和风险的财务分析至关重要（Thomas W. Speh and Robert A. Novack，1995）。其中，供应链物流金融成本是指那些受物流活动驱动的金融服务的程序和活动所引发的成本，有效控制物流金融成本的关键在于将供应链金融服务整合到供应链管理中（陈祥锋，石代伦，朱道立，2006）。于是，很多曾经是独立完成采购和支付运营职能的企业开始走向了集合这些功能的"共享服务"模式（Warren H. Hausman，2003）。这一理念成为金融供应链建立的出发点，即由主导一方整合供应链中的物资、信息和金融资源以提供集成的金融服务，最终达到降低供应链运作成本、提升整个链条价值和减少各环节风险的目的。供应链金融与传统的保理业务及货押业务（动产及货权抵/质押授信）非常接近，但又有明显区别：保理和货押只是简单的贸易融资产品，而供应链金融是核心企业与银行间达成的一种面向供应链所有成员企业的系统性融资安排。

7.1.2 供应链金融中的主体

制度视角关注的是供应链金融的不同参与方，这就使得供应链金融不仅包括协作各方，还包括组织部门及事业单位，它们可分为宏观和微观的机构参与者（见图7—3）。

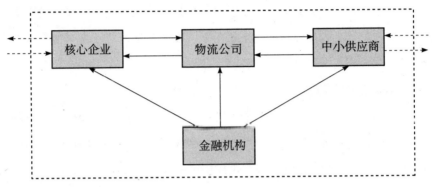

图7—3 金融供应链中的各类主体

1. 宏观机构参与者

供应链中的宏观机构参与者被定义为法律及经济上互相独立的单位。为了更好地理解这一概念，我们首先来对比一下传统的参与者与新的机构参与者。

最小的供应链单位发生在实业或商业企业之间，也即托运商及其供应商和顾客之间。供应商的物料、物品及服务需要托运商的生产处理。同时，实业公司生产原材料、物品，商业公司负责收购及分销这些产品至最终顾客。它们的顾客可以是其他的商业或实业公司，也可以是最终消费者（Gibbs，1998）。通过这种方式，许多的供应商—客户关系先于产品及服务到达最终消费者而存在。

物流服务提供商（logistics service providers，LSP）是供应链中额外涉及的机构。只有当它们为一家或者多家原始供应链成员提供服务时，它们才被看做是真正的链上成员。过去，LSP为顾客及供应商提供运输及仓储服务；如今，物流服务产业正在经历巨大的变化，服务的范围也广了许多。由于企业越来越专注于自身的核心能力，像物流服务提供的价值增加或者行政服务活动，如支付、售后服务等也变得越来越重要（Maloni and Benton，1997）。

在金融供应链背景下，供应链的参与者被扩展到了金融机构，即特定的金融服务商、银行及投资者。狭义来看，金融服务提供商是所有致力于为其他机构的投资及财务需求提供金融支持的机构。广义看来，金融服务提供商包括所有有结算合同的机构，而非必须是链上的契约方。这就囊括了金融服务商、银行或者保险公司的资本投资、证券投资或者风险管理。像代理商或者 M&A 咨询企业（提供信息及咨询服务）也属于广义上的金服务提供商（Hines，Hurtt，Langsam，2000）。

投资者可以分为公共和自有投资两种。公共机构提供一些项目用以支持提升资产净值。私人投资群体的区别在于可以分为资产投资者（如房地产投资）和金融投资者（如风险投资公司）（Pfohl，Hofmann，Elbert，2003）。

2. 微观机构参与者

如前所述，供应链上的宏观机构参与者有着不同的组织及流程。因而，供应链上运营及财务处理过程中所涉及的微观机构单位将会出现在不同组织中。不仅是企业内部，企业外部与供应链其他成员的交接处也因此处于动态变化之中。通常来说，微观机构参与者包括运营活动所涉及的所有部门，例如采购、生产、分销及物流单位。在金融供应链背景下，所有处理财务活动的部门也都囊括进来了（Pfohl，Hofmann，Elbert，2003）。当作出有关投资、会计、财务的决策时，会计部门、控制部门及财务部门也需要考虑进来。

微观机构的主要职责是处理接口事宜。问题在于哪一级的哪一个部门该负责金融供应链的相应决策及相关任务。供应链管理旨在通过整合创造价值的流程来优化资金、物料及信息的流动。因此，金融供应链关注于管理物流过程中引发的金融职能。供应链金融试图通过协调参与者之间的联合活动来使此想法付诸实践（宋华，刘林艳，2010）。

7.1.3 供应链金融的功能

在金融与物流、供应链管理交叉领域所发生的职能是投资、融资、会计（财物方面）以及运营方面的采购、生产和销售。在一个协作的供应链环境里，一方的采购通常涉及另一方的销售，因而连续地检验采购、生产和销售容易发生混淆。基于此，需要指出的是，在供应链金融环境下，我们所关注的金融功能具体是指协作供应链职能而非单个组织的职能。这中间一个有趣的区别是，传统上我们所认为的公司内外部发生了转变：以前从组织之外获取的资源被认为是外部融资；这儿却不是，原因在于我们把协作成员当成一个大实体，只有这个实体外的组织所提供的资源才被认为是外部融资。表面上看起来可能与传统的观念相悖，但事实上机构和融资手段都没有发生改变，仅仅是在供应链金融环境下内部融资的可选择性被扩展了。

1. 追踪资金流

竞争性战略到协作性战略的转变需要重新审视企业的会计制度体系，原来的体系建立在基于一臂长交易关系的假设之上，规制相关的买卖决策（Gietzman，1996）。在供应链金融环境下，会计是处理所有相关流程的识别、测量以及交流工作，并且负责向协作方阐明。传统上，效率（产出投入之比）是测量绩效的中心指标。在协作背景下，一些额外的物流绩效指标，如交付时间、缺货比率、交付的柔性等占了重要的比重。在金融领域，收益率和流动性可以说是两个最常用的财物指标，此处也需要加以考虑。除了运用广泛采用的基础指标外，在供应链金融背景下追踪财物信息是更为复杂的工作。

不同供应链成员间金融资源的流动是金融供应链的核心。对于财物流的精确测量或者是基于现金的会计核算是识别内部金融资源的基础。使资源重新分配在生产更有效率的地方的一个重要前提是可以追踪资金的流动情况。想要识别、测量、交流组织真实的现金流数字，需要追溯支付的发生点。而基于静态的资产负债表和收入表的方法不能综合地反映既定期间的现金流动情况。这是因为，即使账面反映的对于现金流的计算（流入 VS. 流出）是一样的，这种方法也不能反映资金的来源、使用及发生的时间，也不能揭示交易发生的原因，而这正是协作改进资金流管理所必需的（Hofmann，Elbert，2004）。

企业间的金融协作具有可见性以及对于信息的随时可得性特征。静止的会计方法总以周期为单位，一季度、半年或者是一年。而基于支付数字的现金流的计算则是持续可得的。尤其是为了在两个网络实体间创造价值而寻找加速现金流的方法时，及时的信息则是相当必要的（Cooper，Lambert，Pagh，1997）。

现如今，许多企业仍然在使用静态的绩效测量工具，这些工具不需要真正地追踪现金流数字。从以绩效为驱动的会计核算体系到以现金流为驱动的体系，这个过程中产生的转换成本是巨大的，因为不仅 IT 系统需要改变，额外的信息也需要记录。现存的计算现金流数字的方法都是基于常用的体系通过侧面计算出来的，暗含的假设是真正的现金流体系的引入太过烦琐。

建立正确的会计核算体系——权责发生制与以现金为基础的会计核算体系的混合，用以追踪协作成员间金融资源的流动，应该说是使供应链金融成功实施的一个基本的驱动因素。这意味着链上成员需要追踪发生在价值创造活动过程中的支付交易。这种以支付为基础的会计核算体系是仅用在供应链环境下还是作为公司范围内会计体系的一部分由各公司自行决定。很容易想象协作成员共同建立一个会计核算中心用以获得相应的财物信息。如果合适的会计核算体系没有建立起来，所有成员将依据不确切的信息，这可能会导致潜在改进机会的丧失或者引致分歧及不信任。

2. 金融资源的使用

协作投资可能发生在所有的物流职能上，遍及整个物流子系统，像订单处理、持有库存、包装及运输过程。当决策不同的投资选择时，需要同时考虑投资的花费和投资所产生的收益。费用相对来说较易测量，投资所产生的收益有两个维度：货币的和非货币的（Brealey，Myers，2000）。投资在信息及通讯设备上则很难计算出投资的数额，当然了，这种投资所创造的价值也是不容小觑的。每个企业都会面临投资在物流职能和流程上的任务。那么在供应链协作环境下的投资有何独特性呢？以下两点需要考虑：

首先，协作投资意味着参与者联合投资于某一对象，这当然不是一家企业可以考虑得来的事，投资备选方案的数量也因而增加了。一家生产型企业为了加强采购流程，从其自身角度出发可以投资新建仓库或者引入货物处理流程。与这家企业有着金融协作的最重要的供应商提供了一种新的选择：对供应商分销仓库的联合投资可能更有益于加强企业的采购流程。

其次，现在最好的投资选择是能向所有的协作伙伴提供最高价值的那个方案。这就需要在权衡不同的方案时考虑不同成员的现金流情况。例如，一个供应商面临 A 和 B 两种订单跟踪体系的选择，A 系统在财务上更具吸引力。但从协作的角度考虑，它的顾客和合作伙伴所使用的体系更接近于 B 系统，B 系统使得其与伙伴联系更方便，且从顾客的角度来说节省了相当的行政费用，那么协作的结果是 B 系统将是更好的选择。为了安排个体和协作体之间的最好选择，一个激励的现金转移体系需要在协作伙伴间建立（Carr，

Tomkins, 1996)。

协作投资活动的机会（例如增加的资产消耗），协作负债的管理，协作影响资本成本的方式，这些都有进一步改进的空间，也是未来可深入研究的子课题。

3. 金融资源的来源

采购、生产、销售及其循环可以自行解决企业内部对金融资源的需求。但企业不仅对这些职能需要投资，对供应链成员及服务提供商所提供的商品和服务也要进行支付，因而产生了融资的需求。投资者、政府、特定的金融服务提供商以及银行提供外部融资。一般来说，债券融资和内部融资是两种常用的方式。

债券融资有三种形式：长期借贷、短期借贷和信贷替代品（credit substitutes）。企业债券融资主要受公司的信用等级、证券价格以及债权人的意愿等因素影响。基于此，由于知识及资本的集中，供应链金融提高了链上成员获得资本及在金融市场上融资的可能性，也因而增加了债权融资的可选择性，改善了链上企业融资的境况。对于商业信贷来说，传统上它是指短期借贷。商业信贷政策会直接影响链上企业的现金周转期。例如，提前 10 天付款可享受 2% 的现金折扣。信贷替代品作为债权融资的第三个支柱为链上成员的融资提供了新的机会。可以想象，当金融服务提供商或者物流服务提供商创新地采用一些金融工具，链上企业的财务绩效将会得到改善。

金融供应链的一个本质特征在于流动。传统上企业内部融资的分类是静态的，其来源于以年为单位的资产负债表。这意味着在资产负债表上，内部的融资来源于企业的自有资金、未分配利润、折旧以及资产置换。当我们以流动的视角看待这一问题时，这种分类便不存在了，因为没有发生资金的支付。资金的来源仅代表了一种直接的现金流入，或者说，会计利润不是现金，因为它们不能用于花费。不过，会计利润可以通过节税的变现产生现金。

7.2 供应链金融的模式和风险控制

在供应链金融的概念范畴与运作机理的启发下，特别是在现实条件和需要的刺激下，国内外的金融机构针对不同的供应链条件，不断创造和推出自己的供应链金融产品，逐渐形成各种成熟的供应链金融模式，反过来支持和验证了供应链金融的理论研究。在企业的经营活动中，通常是由以下顺序步骤组成：付出资金、购入存货、售出产品、收回资金，形成一个经营循环。在整个经营循环过程中，企业的资产主要会以预付账款、存货、应收账款三种形式存在。围绕上述三种资产存在形式，银行的供应链金融产品基本上可分为预付款融资、动产抵/质押、应收账款和存货融资三种。

1. 预付款融资

预付款融资是供应链金融中很重要的一个组成部分，是金融机构在上下游双方签订的商务合同条约的前提下，通过与前两者共同签订三方协议，为亟须融资的客户提供融资的服务，是供应链所能带来的1＋1＞2的协同效应的体现（见图7—4）。预付款融资的内容主要包括先票后货、担保提货、未来货权质押等业务，若上游厂商发货，先票后货和未来货权质押业务一般会转为动产抵押，成为存货融资模式。

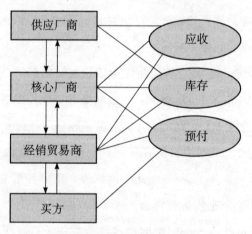

图7—4　预付款融资示意图

（1）先票后货是指商品买方从银行取得授信，支付货款；商品卖方按照购销合同以及合作协议书的约定发运货物，并以银行为收货人的授信模式。

（2）担保提货是指商品买方从银行取得授信，用于支付预付货款；当买方需要提货时向银行补充保证金，商品卖方按照银行指示为买方办理提货的融资模式。该模式下，若买方最终未能归还银行支付的融资款，则卖方对差额部分承担付款责任，该业务又叫卖方担保买方信贷或厂商银。

（3）未来货权质押是一种闭合的短期融资授信业务。是指银行根据进口商的申请，在其按照银行规定交纳规定比例的保证金后对外开立信用证，将信用证项下的未来货权质押给银行，银行通过控制信用证项下的货权，监控进口商的买卖行为，并采取必要风险控制手段而开展的融资模式。

预付款融资的分类比较见表7—1。

表 7—1　　　　　　　　　　　　**预付款融资分类比较**

预付款融资	对于借款公司	对于供应商
先票后货	• 融资不受已有存货规模限制，将融资的时点前置到增量采购阶段 • 能利用少量保证金扩大采购规模，获得较高折扣，并提前锁定价格	• 实现大额销售，基本确定一定的销售收入 • 引入银行和第三方监管机构，强化信用和存货管理
担保提货	• 在购货阶段提供融资，解决客户的资金缺口 • 货权归属客户，不影响其日常经营	• 实现大额销售 • 取得预付款，缓解资金压力
未来货权质押	• 信用证到期前，可选择进口押汇进行承接，缓解支付压力 • 融资比例很高，可因大量采购获得较高折扣	• 采用信用证方式结算，避免买方的信用风险 • 可利用收到的信用证融资，缓解资金压力

2. 动产抵/质押

在我国银行等金融机构开展供应链金融融资工作的尝试和总结后，以存货作为供应链金融融资的切入点，产生了动产抵押融资、标准仓单融资、非标准仓单融资等几种业务分支。在银行实务的操作和积累后，对存货融资的范畴、优点、业务流程有了一定的认识和总结。其中最主要也是最常用的是动产抵押业务。

动产抵/质押是企业以自有或者第三方存货提供抵/质押，银行为企业提供融资支持，并委托银行认可的监管方对抵/质押物进行现场监管的一项金融业务。在这种业务下，只要拥有银行认定的可抵/质押的货物，并交付给银行指定的仓储监管公司监管，就能从银行获得融资。同时，这项业务不是转移货权，不影响货物正常的经营周转，企业也可以根据需要分批赎回货物，无需一次性筹集全部的赎货资金。

3. 应收账款和存货融资

应收账款和存货融资是指借款人以自己应收账款和存货等流动资产的价

值作为融资的担保，取得资金用于生产和销售活动。融资的还款来源是存货销售或应收账款回收产生的现金流。根据借款人不同的信用风险度，银行对担保性资产实施严格程度不同的控制。包括：

(1) 特定化资产支持的融资（asset based loan，ABL）。这种信贷关系中，贷款人可以密切控制信贷出账和受控资产。贷款人风险控制方式包括融资的资产折扣率（即抵质押率）、控制企业现金回流以及现场审计，借款人通常需要频繁地出账以满足经营需要，贷款人需要频繁地对信贷额度进行调整。

(2) 资产辅助支持的贷款（secured lending）。这种贷款的核定基础也是资产折扣率，但对受控资产的监管和控制没有 ABL 严格，放贷也没有 ABL 频繁。尽管受控资产主要是应收账款和存货，其他类型的资产也被引入。

(3) 应收账款池贷款（blanket receivables lending）。应收账款和存货以外的资产经常被包括在受控资产池中，贷款额度并不与资产折扣率关联，贷款人很少对担保品进行控制，对受控资产的监管也不正式，受控资产的估值可能仅以资产负债表为依据。

(4) 保理（factoring）。贷款人直接购买应收账款，有或没有追索权。

下面以中信银行的供应链金融实践为例，进一步阐释以上融资模式和风险控制（陈祥峰，石代伦，朱道立，2005）。

7.3 中信银行的供应链金融实践

2006 年，中信银行财务年报显示实现净利润 37.26 亿，同比增长 22.24％。在 2004—2006 年 3 年间，中信银行总资产、总贷款、总存款及总经营收入年复合增长率分别为 19.7％、22.9％、19.2％及 26.9％，体现了较高的成长性。此外，中信银行作为一家以公司业务起家的股份制商业银行，公司业务的创新一直是其发展的主要因素。物流融资就是近年来少数商业银行根据中国经济、相关行业、相关企业发展需要而大力推广的一项创新金融产品，在国内物流金融领域，中信银行已经成为该领域的创新实践者之一。中信银行借助物流公司的物流信息管理系统，通过正常贸易项下商品抵/质押、生产商回购、重要单据控制、应收账款转让等手段将银行资金流与企业的物流有机结合，向公司客户提供集融资、结算等多项银行服务于一体的银行综合服务业务。通过信息数据、客户群细分，中信银行为该业务的拓展建立了相应的产品体系。因此，在这种状况下，选择中信银行进行单案例研究，对于探索商业银行供应链金融具有一定的代表性。本研究对中信银行的实地调研和深度访谈是于 2007 年 7 月进行的，访谈对象包括中信银行风险管理部等人员。

7.3.1　中信银行金融供应链运作及风险控制

在公司银行业务中，中信"银贸通"是中信银行按照物流金融的理念，利用各产业的物流特点，围绕产业链中的核心生产商，为销售渠道中的贸易及物流客户提供的综合性金融服务方案。该方案把原本互不相关的银企之间的信贷关系和生产企业、经销商之间的买卖关系，衍变为"生产商—经销商—银行"的三方合作，甚至是"生产商—经销商—第三方物流—银行"的四方合作。通过商业信用和银行信用的结合，有效地解决了中小贸易企业的融资问题，为买卖双方加快资金周转和提高市场竞争力提供了有力支持，同时也协助生产企业加强销售网络管理，提高整体销售能力，扩大市场份额。这一新业务的成功得益于中信银行金融创新产品的开发体系。对于新产品的设计，除了需要根据政府要求或监管规定的变化不断做评价、后评价及制度更新以外，银行的首要任务应该是规划这些业务的产品系。标准化的组织架构、授信流程、产品的设计标准等被认为是银行最关注的风险关键因素，但是在中国金融供应链创新产品系方面，目前还没有统一的概念和标准。通过综合分析中信银行的金融供应链创新产品，从产品系列和行业类型两个主要维度来划分比较合理，同时建立风险控制和运作模式两个次要维度来辅助分析（见 7—5）。

如图 7—5 所示，对于公司客户来说，公司银行业务的选择主要基于产品设计定制化的程度，也就是产品的创新设计要充分考虑到相应行业特点甚至具体到个体企业特点，所以通过行业类型的划分可以在满足客户差异化需求的同时，也提高了创新产品的竞争力。中信银行针对汽车行业、钢铁行业、家电行业等多个重点行业推出了针对性的金融供应链创新产品，并对供应链中的资金流、信息流、物流进行融合、控制和管理，形成了独特的运作模式。对于银行来说，风险的控制以及绩效的考量都是基于对具体产品类别的现存状况来分析的，因此通过产品系列的划分可以得到每一类创新产品的特点以及产品间的差异和共性。中信银行的金融供应链创新产品主要划分为单证质押、存货质押、保兑仓、工商银四类，并且通过汽车合格证、存货、保证金、商业票据等形式将风险控制在银行可以接受的范围内。

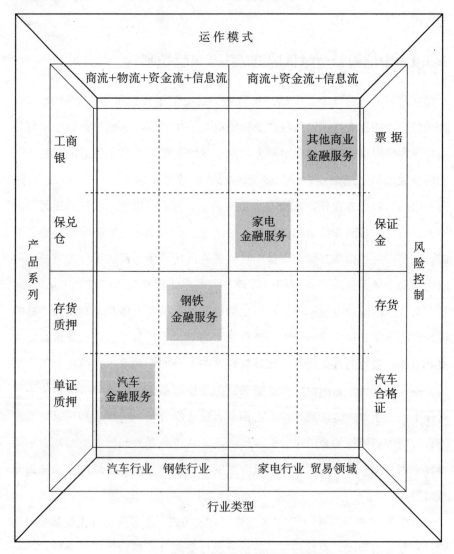

图7—5 中信银行的金融供应链分析框架

这样，最后得到了一个由产品系列和行业类型为主要维度，风险控制和运作模式为辅助维度，包含了中信银行首推的汽车金融、钢铁金融等核心金融供应链创新服务的矩阵结构。其中，汽车金融服务是将汽车合格证作为风险控制要件的单证质押产品形式，以融合供应链中物流、信息流、资金流的运作模式广泛应用于汽车行业；钢铁金融服务是将存货作为风险控制要件的存货质押产品形式，以融合供应链中物流、信息流、资金流的运作模式广泛应用于钢铁行业；家电金融服务是将保证金作为风险控制要件的保兑仓产品形式，以融合供应链中信息流、资金流的运作模式广泛应用于家电行业；其他商业金融服务是将商业票据作为风险控制要件的工商银产品形式，以融合供应链中信息流、资金流的运作模式广泛应用于其他商业企业。虽然每种服务背后存在具体操作方式的不同，比如说有多个生产商参与、签署多个协议，但是依然都包括在这一产品设计框架内。总之，商业银行通过对每一种类型金融服务的整体设计，在实现供应链各个节点风险控制的情况下，以及在运作过程中对物流、信息流和资金流的管理，最终试图达到银行、供应商、经销商、物流公司等多方共赢的目标。

7.3.2　汽车金融服务的创新

1. 汽车行业金融供应链的运作模式

中信银行的汽车金融业务是针对中国汽车工业和市场发展的状况定制的一种专门的金融服务产品。近年来国内巨大的市场需求促进了汽车行业快速健康的发展，从供应商到汽车生产商，到销售商，再到顾客群的产业链并不是很长，而且也比较清晰。虽然绝大部分的汽车经销商面对的市场很大，上游汽车厂商具有较强的品牌优势，然而中间经销商由于受资金短缺的困扰，面临着如何扩大经销能力的问题。正因为如此，中信银行在汽车生产商、经销商，甚至中远、中外运等物流企业之间搭建三方或四方的合作平台，创新适合汽车行业的金融供应链运作模式（见图7—6）。

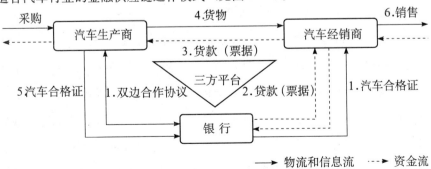

图7—6　汽车行业金融供应链的运作模式

据访谈了解，中信银行在操作汽车金融过程中，首先由商业银行与北京现代、上海大众、一汽大众、二汽东风、中国长安这五大集团签署双边战略合作协议。在这个协议之下，参与方共同约定由银行帮助汽车生产商实现销售网络的成长和扩张，汽车生产商在这个过程中也有义务去约束经销商，向银行提供有关的监督和各方面信息的反馈，以此谋求生产商和商业银行之间互惠互利的合作。通常成熟的生产商旗下有从省到市到县多层级分布的几百个经销商，所以在总体框架签署之后，也就是具体合作的时候，生产商开出希望银行支持的经销商的名单和采购量。通过这种合作推荐的方式，经销商就被纳入到银行和生产商合作的三方平台上，由银行、生产商和经销商共同签署三方协议。这其中没有任何担保的概念在先，而是由银行先提供银行承兑汇票以及贷款的支持，也就是先给经销商一定的授信支持，扩大其采购能力。款项到达生产商以后，生产商用专门的车队将汽车发送到经销商所在地。因为经销商不是和总行而是和某个分行签署双边的协议，那么当汽车运到该分行的所在地，协议方会对买来的汽车进行一系列的交割。交割之后，这些车在严格意义上也不是质押在银行，而是存放在经销商的所在地，银行根据经销商销售情况释放汽车合格证。

中信银行的汽车行业金融供应链的运作模式借助于银行主控的三方平台，力图实现物流、信息流和资金流在供应链中各个环节的平衡，达到多方共赢：对于生产商而言，由于经销商销售能力的提高，促进了产品的销售，扩大了产品在目标市场的市场份额；对于经销商而言，可以获取低成本的银行融资支持，提高经销商的销售能力，降低销售成本；对于商业银行而言，通过这种融资行为获得了相应的资金收益。

2. 汽车行业金融创新产品的风险控制

在金融供应链运作过程中，风险控制和管理是至关重要的，任何的金融产品，如果没有缜密、有效的风险规避机制，很容易产生供应链的中断和瓦解。汽车合格证是汽车在销售环节中所必需的一项文件，即销售要件。在汽车金融服务中，这个销售要件由商业银行控制，如果挂失或者补办都必须得到银行书面的授权。这样，通过一些协议中责任和义务的界定，以保证银行控制的是唯一的真实的销售要件。当然，单纯通过这种非担保、非质押的方式控制汽车，会有一些理论上的法律瑕疵存在。不过，中信银行提出，这需要重视授信资质的审核，在银行内部有一系列评估和判定。在贷款之前调查贸易背景和真实的需求，贷款之后进行持续的贷后管理，不定期地进行现场突击检查和物流检查，也就是从前到后通过内部条件和外在环境的约束，使发生违约风险降至银行能够承受的范围内。

除了实行严格的准入措施，银行还通过与融资方的双边协议来加强风险规避。例如，在三方合作协议中，商业银行要求汽车厂家在经销商未能及时销售汽车、回款出现问题的情况下，进行车辆回购，并且提供全额回款这样的承诺和义务，从而使银行的风险大大降低；对于保全仓库服务产品，银行指定专业的仓储管理公司监管汽车，同时监控汽车合格证，并根据经销商销售情况通知仓储管理公司准予经销商提车并领取汽车合格证，银行通过加强对物流的监管降低风险。

7.3.3　钢铁金融服务的创新

1. 钢铁行业金融供应链的运作模式

中信银行的金融供应链业务中，另外一项服务是钢铁金融业务。据中信银行介绍，推行这项金融产品的原因在于中国是最大的煤、钢铁生产大国，钢铁行业同样存在着与汽车行业类似的局面。实力强的经销商需要采购大量的钢材，货物是从供应商发运到最终的需求方，而资金的流向是多方的。货物同资金流一起融汇到比较大的供应商或者经销商那里，随之也就产生了融资服务和仓储服务的需求，甚至也会出现三方甚至多方的需求。中信银行针对钢铁行业的特点，创新适合钢铁行业的金融供应链运作模式（见图7—7）。

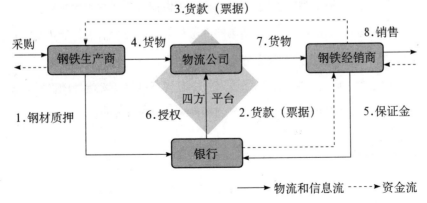

图7—7　钢铁行业金融供应链的运作模式

201

在这种运作模式中，首先将钢材作为质押，银行基于这个质押的担保给经销商提供授信服务，这种授信通常会打给某个钢铁厂家以支持经销商下次的购货。还有一种先开票后办理质押的过程，银行先给经销商授信支持，经销商把资金打给钢铁生产商，钢铁生产商基于资金发货。但是货物既不发给银行也不发给经销商，而是运到银行和经销商所在同城的某一个第三方物流公司。其间，参与方通常会签署两个三方协议一个两方协议，即银行、生产商、经销商签署一个三方协议，银行、经销商、仓储公司签署一个三方协议，银行和经销商签署一个两方协议。两方协议自然是解决一个质押关系。三边协议要解决的关系是，银行委托仓储公司去监管和实现质押的转移占有。经销商如果想动用这批货，前提是必须向银行存入保证金，而银行对货物的释放控制在保证金比例之内。这样，通过这种模式解决资金流和物流的平衡。

钢铁行业金融供应链的运作模式借助于银行主控的四方平台实现了物流、信息流和资金流在供应链中各个环节的平衡：对于生产商而言，通过银行监控经销商的市场销售，确保了产品销售渠道的健康发展，及时获取生产资金，降低了生产成本，减少了应收账款；对于经销商而言，通过销售总量的提高，获取更高的销售收益，享受更多的生产厂家返利优惠；对于物流公司而言，可以获取更多的中介收益。

2. 钢铁行业金融创新产品的风险控制

钢铁金融服务的模式实际上是对存货质押贷款这种物流融资产品的创新。存货质押贷款是指借款人以银行能够接受的存货质押办理的短期流动资金贷款。银行与借款人以及符合银行要求的仓储单位签订三方合作协议，仓储单位接受银行委托对货物进行有效看管，从而实现银行对质押存货的转移占有。此外，对于物流公司或仓储公司这些第四方参与者都是由中信银行严格指定，而且对接洽的任何物流公司都需要界定严格的准入标准。最后，如果经销商出现了违约或信用风险时，有两种方式应对：一是银行可以变卖质押的商品；二是协议中约定了厂家有回购的义务，且回购回来的资金要支付给商业银行。

7.3.4 家电金融服务的创新

1. 家电行业金融供应链的运作模式

家电行业属于产品销售淡旺季差异明显，大宗订货可以获取更高商业利益的领域。在该行业，一般经销商所获得的收益主要是大额订单所产生的家电生产厂家的返利或者折扣。所以，对于经销商来说，主要是从批量上实现利润，用利润覆盖其他亏损，并且还可以有较高的盈利。面对这样一个通过量来实现盈利的行业，中信银行设计了适合家电行业的金融供应链，以这种运作模式来达到扩大销售量的目的（见图7—8）。

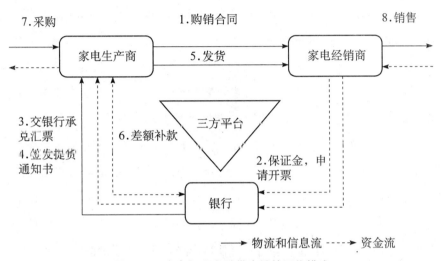

图7—8 家电行业金融供应链的运作模式

在这一运作模式中，银行向经销商收取一定比例的保证金，为经销商签发银行承兑汇票，专项用于向生产商支付货款，银行在经销商存入保证金的额度以内签发提货通知单，生产商只能凭银行签发的提货通知单向经销商发货。买方实现销售以后向银行续存保证金，银行再次签发提货通知单，如此循环操作，直至保证金余额达到或超过银行签发的银行承兑汇票金额。例如，银行给生产商100万元支持，经销商给银行第一票30％的保证金，这时银行的敞口风险或实际风险是70％。银行在70％的安全前提下，先同意把30％的货发出，然后和经销商签订一个提货通知书给生产商，生产商收到提货通知书以后会完全按照严格的指令把相应的30％的货发给经销商，然后经销商将30％的货物实现销售后回笼的资金付给银行，银行再进行下一次货物的释放。虽然本质上还是利用了经销商的自有资金，但是却帮助经销商提升了整体的采购量，于是厂家就能够提前得到预收货款。

家电金融供应链的模式借助于银行主导的三方平台实现了信息流和资金流在供应链各个环节的平衡：对生产企业而言，由于增强经销商销售能力扩大了产品的市场份额，从而能获取更大的商业利益；通过锁定销售渠道，减少应收账款的占用。对经销商而言，可以由大批量订货获得生产企业给予的更高比例的返利或折扣；对于销售季节性差异明显的产品，还可以通过在淡季批量订货、旺季实现销售获得淡季付款所带来的更高的商业利益。

2. 家电行业金融创新产品的风险控制

家电金融服务的模式是基于保兑仓业务的产品创新。保兑仓是银行向核心生产企业（卖方）及其经销商（买方）提供的以银行承兑汇票为载体的金融服务。对于商业银行而言，其风险的控制在于经销商交付的保证金，承兑汇票到期时，如保证金余额低于承兑汇票金额亦即买方不能完全实现产品销售，则由卖方将承兑汇票与保证金的差额部分以现款支付给银行。但是，不像汽车金融和钢铁金融两大主流，这一产品设计最大的问题是银行只控制现金流和文件流（信息流），至于生产商和经销商之间商品的具体交易情况则并不清楚，即银行并不控制物流。所以，企业很容易从中寻找突破口谋求一种不当获利，使其成一种变相的融资工具。虽然不能完全避免这种可能性，但是银行还是通过对产品的设计尽量使风险降至可以接受的范围内。

7.3.5 商业银行供应链金融创新启示

通过以上对中信银行的案例研究，不难看出金融供应链的运作对于推动我国供应链物流的纵深发展，特别是商业银行提升竞争力、开拓新业务提供了一种崭新的竞争模式。然而，透过该案例研究，可以发现商业银行要实现这一目标或模式，必须有赖于如下几个要素：

第一，商业银行能够掌握产业供应链的运作状态，并且在不同的个体、组织和要素之间寻求到整合的机会和综合效益。金融供应链的最大特点在于它依托产业供应链和物流，利用金融资源的整合和管理，推动供应链和物流的顺畅运作，同时依靠供应链和物流的运行，商业银行寻求创造较高的资金收益。而这种收益不仅仅取决于产品供应链运作的数量和时间，也取决于供应链经营企业之间的经营状态、交易价格、支付政策等因素，亦即供应链中的资金流状态受到企业协作时的战略决策影响，所以，商业银行要想有效地介入金融供应链，就必须掌握产品供应链物流运作的状态，提供定制化的金融产品或解决方案。特别是在产业供应链中，不同的成员利益方有着各自不同的风险收益偏好和目的，因此，作为商业银行，只有充分意识到这一点，知晓供应链运作中的资金流入和流出状态，洞悉产业发展的状态，同时整合各方不同的预期和利益，利用自身的资金优势，尤其是综合融资和风险管理能力，参与到日常供应链运作的设计和组织中，才能真正实现商业银行在金融供应链的主导作用。如果商业银行不了解产业发展的状况，以及产业供应链中各方的预期和发展障碍，只是简单地提供信贷业务，就很难介入到金融供应链运作过程中。

第二，金融供应链的持续发展有赖于供应链合作方管理的规范化和制度化，特别是商业银行需要建立良好的供应链关键绩效指标（KPI）体系。金融供应链运作中资金流的发生通常是多频次的，只有有效降低每笔业务的运作成本，才能推进物流金融的持续发展。因此，在开展金融业务前，参与各方需要明确具体的运作方式，以及各方的权利义务和违约责任等，在分清责任的情况下签订合作协议，并将金融供应链业务各环节的分工和协作程序化、制度化和可操作化，并且在此基础上，能随时对业务的进展进行实时追踪处理、协调与监控，尤其是在质押物不断进出的状况下。正因为如此，如何建立有效的金融供应链关键绩效指标成为商业银行有效组织金融供应链的前提，而这种关键绩效指标，既应当包括度量产业供应链投入产出的指标，如物流周期、供应比率、交易条件、供应柔性等，更应当包括反映现金流运转状态的指标，如现金流量周期、利润率、流动比率等（Hofmann，2005）。只有建立起完善的供应链指标体系，以此反映金融供应链的运行，才能真正实现以较低的成本和风险，实现较高的资金运作收益。

第三，在金融供应链运作中，特别是存货抵押或仓单质押等业务模式下，必须选择合适的抵押或质押物。商业银行的仓单质押是利用质押的物品，对供应链的买卖方进行有效的资金融通。质押物是商业银行控制风险的一种重要手段，因此，质押物的状态成为金融供应链能否有效展开的关键。从中信银行的案例研究可以看出，金融供应链运作中的质押有物品和单据之分：作为物品，必须具备产权明确、物理化学性质比较稳定、规格明确、市场波动风险较小的特点（如钢铁、贵金属等），才能作为物流金融的质押物；作为单据，质押票据一定是供应链运作中不可或缺的重要要件，如销售要件、物流中的仓单或提单等，没有这些约束条件，很容易给商业银行带来较高的风险。所以，并不是所有的产品和业务都适合金融供应链的运作，特别是仓单质押业务。

第四，作为金融供应链节点的第三方物流需要拥有综合物流服务能力，而商业银行也需要结合物流保障金融供应链的稳定运行。从中信银行的物流金融业务可以看到，第三方物流往往在金融供应链中起到了重要的作用，它是以质押物质仓管与监管、价值评估、公共仓储、物流配送、拍卖为核心的综合性第三方物流服务平台，不仅为银企之间的合作起到了媒介作用，并且自身也融入金融供应链中，成为为供应链企业提供良好物流服务的专业提供商。因此，有效地整合强有力的第三方物流，成为金融供应链成功的关键。此外，由于金融供应链是将金融管理活动融入商流和物流过程中，作为资金方案提供者的商业银行，如果不能有效地掌控物流活动，会产生诸多风险，这在保兑仓运作中表现得较为典型，即有可能产生卖方利用银行给予的买方支持，将这种模式演变为自身大量获取资金的途径，从而给商业银行带来较大的风险，所以，在金融供应链运作中，完全脱离物流的组织管理是不可行的。

综上所述，中信银行的案例研究揭示了金融供应链的运行方式和风险控制，从而反映了在企业变革过程中，商业银行突破发展的创新模式和路径（伊志宏，宋华，于亢亢，2008）。

7.4 基于 EVA 的供应链金融绩效衡量[①]

EVA 诞生于上世纪 80 年代，主要是为了纠正当时只注重产出不注意成本和风险的公司经营习惯。EVA 模型将股东权益这一财务核心概念引入供应链金融管理中，尝试建立一个平衡的系统来衡量股东权益的变化。EVA 模型的优点在于，它全面地反映了公司价值增减的相关因素，将公司的注意力集中到增加股东价值的关键方向上来，给公司管理人员优化绩效提供了简单和准确的方向，并在很大程度上能够协助公司管理和战略制定。另外，它对公司价值的准确反映，不仅有助于将公司中的力量凝聚在关键方向上，而且有助于公司文化的培养。EVA 思想在供应链金融研究中的引入，将供应链金融与企业绩效紧密联系在一起，为供应链金融的评判提供了一个标准，更为供

应链金融提供了一个优化的价值标准。当前国外学者对 EVA 在供应链金融中的应用做了一些突破性的研究，对供应链金融的开展提供了很多启发。

7.4.1　EVA 在供应链管理中的应用

EVA 模型在辅助企业管理和战略制定上，显示出强大的作用，越来越多的学者将 EVA 模型引入新兴的供应链管理中，取得了一系列成果。D'Avanzo（2003）指出，很多领先企业的高级主管把供应链当成股东价值和差异化竞争力的关键驱动因素，然而降低成本（65%）和增加收入（25%）仍旧是保证供应链卓越却不被公司理解为能最大化绩效和最终价值的投资方向。

Lambert 和 Burduroglu（2000）认为，供应链管理者应该把供应链创造的价值测量和销售给客户、供应链伙伴及其最高管理者，同时应该审视供应链中测度价值的方法，比如顾客让渡价值、战略利润模型（SPM）和 EVA。Lambert 和 Pohlen（2001）认为，很多所谓供应链指标的绩效测度方法，只是在供应链模型中加入一个内在因素，无法发现在供应链中公司对价值和盈利能力的影响。因此他们利用 EVA 模型开发了一个能解释将绩效转化为股东价值的供应链指标的框架。EVA 模型尝试将公司内原本杂乱无章、看似没有联系的工作流程，统一到优化股东权益的意义上，使得公司每个岗位的工作，都能看到自己对公司价值的影响，简洁地促使测量体系中的每个人都学会从公司高层的视角考虑问题。

7.4.2　EVA 在供应链金融中的应用

Lambert 和 Burduroglu（2000）认为，供应链金融的核心问题是真正理解内在的因果关系，并将物流系统和物流流程与关键财务指标联系在一起，而 EVA 就是能够解释和呈现这些关系的很好选择。

然而在 EVA 的研究中，供应链对资本成本面的影响近些年才被重视和关注。Pfaff（2004）认为，对资金周转及其三个要素销售周期、库存周期、回款周期的计算和优化，都没有被理解为是供应链专家的工作。而这些恰恰是供应链绩效的重要组成部分。

在总结前人研究的基础上，Moritz Leon Gomm 结合 EVA 模型，更加深入地考虑了 EVA 模型中供应链所带来的影响，提出一种从 EVA 角度考察供应链金融绩效的更加深入的视角。Moritz Leon Gomm（2010）指出，金融与供应链合作的潜在领域包括供应链中流动资产和不动资产的融资、供应链中为了使用杠杆效应获取最优资本成本率而进行的营运资本融资、利用规格和IT 系统对财务过程的优化、为优化现金流转而进行的资金管理等。他同时指出，优化供应链中的融资结构和资金流可以被称为供应链金融（supply chain finance，SCF）。SCF 旨在优化跨越企业边界的融资行为，以达到降低资本成本和加快现金流的目的。重点是通过衡量股东权益加强财务侧面，以获得一个面向未来、风险控制和以市场为导向的优化供应链（见图 7—9）。

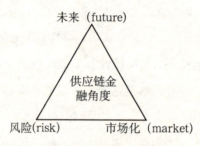

图 7—9　供应链金融三维度模型

这三个资本市场中得到的标准，是股东价值进行优化的核心。未来导向是指公司价值不仅通过短期视角来增强，而且通过很长一段时间的努力。此动态方法将股东价值与以过往表现为基础的静态试图区别开来。风险控制是指经营活动中的风险与不确定性，以及它们对结果的影响，需要在经营活动的评估中考虑在内。市场导向并非是指明需求市场，而是需要将公司或者工程的绩效与市场中其他的进行比较，例如标杆管理。这三个方面都是 EVA 方法的一部分。

为了达到保持和追求更高的股东权益，要从供应链管理和供应链金融两个方面着手（见图 7—10）。供应链管理的核心是过程的有效性，体现在 EVA 系统中就是税后净营业利润（NOPAT）的部分，但应了解公司使用资本的效率，其衡量指标是成本、时间和质量三个部分。而供应链金融注重的是资本成本，体现在 EVA 模型中也正是资本成本部分，为了达到较满意的结果，需要注意的是用未来导向、风险管理和市场视角进行分析。

在总结供应链金融所涉及的方面以及众多财务过程后，Moritz Leon Gomm 指出，公司的财务价值能够通过供应链管理在融资周期、融资总量（如股票和房地产）和资金成本三个层次上得到优化。持续时间和总量的结果决定了财务

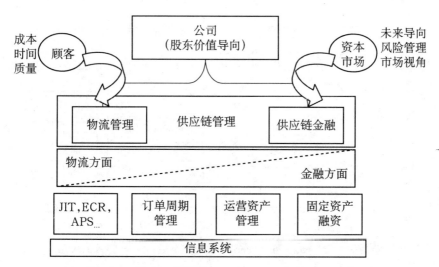

图 7—10　股东权益与供应链金融、供应链管理的关系

需求。他同时提出了关于如何考察供应链金融的体系，如图 7—11 所示。

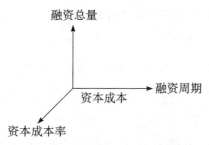

图 7—11　基于 EVA 视角的供应链金融模型

Moritz Leon Gomm 提出的模型是供应链金融与 EVA 思想的结合，即将 EVA 模型中追求股东价值的方向与供应链金融中的诸多侧面相结合。最重要的是他将一般难以度量的供应链金融的绩效，结合 EVA 模型，提出了可以衡量和比较的三个指标。这不仅对供应链金融的量化研究作出了开创性的贡献，而且为以后的研究提供了思路和方向。

如图 7—12 所示，EVA 模型中包含了资本获取和资本使用两个部分。税后净营业利润表明了公司主营业务的利润情况，是资本使用的表现。而资本成本代表了主营业务外的资本成本，是公司能够生存和维系的前提。Moritz Leon Gomm 主要对资本成本部分进行了分析，认为 EVA 中资本成本的理解，能够对供应链金融中的基本问题进行较为全面的概括和诠释。

Moritz Leon Gomm 将供应链金融问题分成资本成本、融资周期和资本总

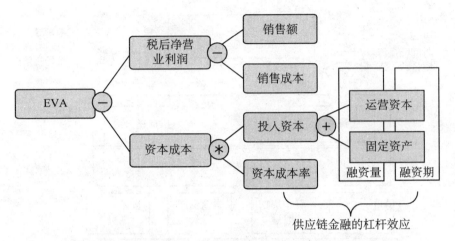

图 7—12　Moritz Leon Gomm 的供应链金融模型与 EVA 的关系

量三个维度，是在 EVA 模型和供应链金融三个考察方向模型的基础上得到的，涵盖了供应链金融的基本问题。

在 EVA 模型中，经济附加值被看成是两个方面相互影响的结果，一方面是主营业务带来的利润增加，另一方面是资本成本带来的成本增加，而融资获得足够的资本成本是有序有效开展主营业务的前提。税后净营业利润所代表的主营业务在供应链金融中的影响比较间接，供应链金融直接影响的是 EVA 评价体系中的资本成本部分。资本成本的费用，可以看成是资本总量和资本成本率共同的结果。而在供应链金融中，资本总量可以表示为融资资本总量和融资周期的共同的结果。而资本成本、融资总量、融资周期正是供应链金融中的基本要素，将它们取出来作为供应链金融评价的指标，并以供应链金融对公司 EVA 的影响作为判断供应链金融绩效的标准，无论在可能性还是在必要性上都是符合研究逻辑的。

7.4.3　基于 EVA 模型的供应链融资模型及假设

通过前面的综述可以看出，国外的供应链金融研究要更加远视和深入，其中将财务工具引入供应链金融的方式、尝试给供应链金融定义一个测度的框架等角度，对于国内普遍进行的定性研究而言，是一个巨大的创新和突破。Moritz Leon Gomm 的供应链金融模型，是在国外开展供应链金融更深层次的研究背景下得出的，同时也是与国外的经济环境和供应链金融实践相结合的，具有一定的条件性。此模型从 EVA 的理念出发，以股东收益为最终评判标准，对供应链金融的定量化研究起到了意义重大的启发和引导作用。由此看来，国内的研究借鉴其理念和思路意义重大，而要将他的成果应用于国内的研究和实践，却需要根据国内的环境和条件，做出一定的调整。

在国内的研究中，主要是针对中小企业的融资难问题，提出基于供应链的结构性融资措施。这些措施通常只是把金融作为供应链融资的工具，从而忽视了金融和供应链在更多更深层次上的联系。同时，国内的经济环境与国外的经济环境还有着显著的不同，不仅信用风险问题难以解决，而且金融工具相对较少。信用风险问题的突出，导致了在供应链融资过程中融资双方都要更多地考虑风险的因素。这个问题体现在对供应链融资的测度中，可以通过对每个维度增加风险控制的成分，达到测控风险的目的。金融工具的缺少，说明了供应链金融还是需要依靠三种基本的供应链融资模式。不得不提的是，虽然供应链融资过程中的风险问题可以分为内生风险和外生风险两个部分，但是由于不同行业的供应链外生风险差异非常大，如果将其考虑进去，显而易见会有很多纰漏。所以无论是以往学者的研究还是在本书中，都将外生风险暂时排除在考虑范围之内，通过先考虑内生风险的方式，来研究风险。

在 Moritz Leon Gomm 所提出的供应链金融框架中，他认为融资周期（duration）、融资总量（volume）和资本成本（capital cost）三者相辅相成，可以作为评价供应链金融绩效的有效框架。我们认为，如果将供应链金融框架具体到供应链金融的一部分——供应链融资中，那么这些维度可以更加地细化和专注。

如果将三维度模型应用到供应链融资中，则会出现以下不足：（1）融资周期、融资总量和资本成本三个维度都出自融资事件这个封闭过程，无法反映其在供应链中的环境和制约。换句话说，就是把融资这件事情孤立出来，甚至没有将融资双方的情况都很好地容括在内，缺少了供应链的角度。（2）这三个维度从基本反映能力来看，都缺少了对于融资风险的涉及。而国内的供应链融资环境并不宽松，融资渠道并不宽敞，融资秩序也并不规范，需要其中有对于风险控制点的涉及。（3）不同的供应链融资有着不同企业的实力背景和贸易背景，这也意味着不同企业的融资时长、融资量和融资成本会根据其资本实力、业务情况和相互关系存在明显的差异。融资周期、融资总量和资本成本三个维度虽然是以量化的方法对供应链金融进行评判，但其结果单一：横向来看，对于不同行业甚至同行业不同的企业背景的融资行为都没有可比性；从纵向来看，随着企业的发展、企业关系的变化等，三个维度的说明能力也有些让人质疑。

如果在三维度的基础上，结合 Moritz Leon Gomm 本人提出的未来（future）、风险（risk）和市场化（market）的关键方向，将风险的概念融入到三维度模型中，并将未来的理念用动态考察的方式来实现，将市场化的理念用比较的方式来实现，那么融资周期、融资总量和资本成本三个维度可以转化为业务融资周期比（率）、资本融资率和成本盈利指数三个维度。

业务融资周期率指的是在整个业务周期中，融资过程所占的时间占整个周期的比例。资本融资率指的是金融机构所能提供的融资额占融资企业资本金的比例。成本盈利指数可以定义为在本次业务中融资成本率与业务盈利率之间的比值。

将融资周期和融资总量的维度，转化为业务融资周期率、资本融资率两个维度，不仅是供应链融资最近本特征自偿性的表现，而且从对比的角度体现了融资公司偿还融资抵押的能力，给供应链融资的决策者提供了判断依据，同时将原有的绝对指标转换成相对指标，使其适用范围大幅度增加。

成本盈利指数的维度，是在结合 EVA 模型的基础上作出的改进。在EVA 模型中，税后净营业利润作为税前主营业务的增加，体现了销售成本的盈利能力，其盈利的基础是企业融资后得到的销售资源。销售盈利率和资本成本率的意义在于，通过供应链融资得到的盈利能力，判断能否弥补融资所造成的损失，如果是得大于失，那么能够大多少。

所以，我们基于 EVA 模型提出的供应链金融模型如图 7—13 所示：

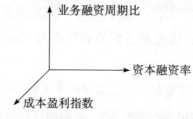

图 7—13　基于 EVA 模型的供应链融资模型

而前面综述得出的理论框架的基本逻辑如图 7—14 所示：

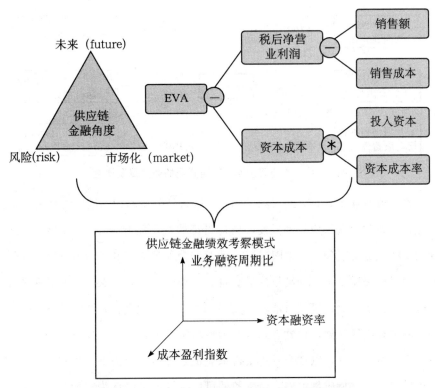

图 7—14 基于 EVA 的供应链金融模型的理论根源

在以上框架的基础上，我们得出基本假设：在供应链融资中，资本融资率（业务融资率）、业务融资周期比和成本盈利指数三个维度影响着供应链融资绩效的基本判断。接下来，我们通过一个真实的案例来检验假设的正确性。

7.4.4 X 公司的供应链情况

X 公司的油品供应商及月供给量大致如表 7—2 所示，其中××海洋石油销售有限责任公司的资源渠道很广，油品来源及组织能力很强。

表 7—2   **X 公司的油品供应商及月供给量**   单位：吨

供应商	月供给量
××海洋石油销售有限责任公司	3 000
陕西 BH 工贸有限公司	3 200
云南 LW 物资供销中心	4 000
其他公司	800

供应链中，X 公司主要的三家上游企业和三家下游企业以及它们的业务比重如图 7—15 所示：

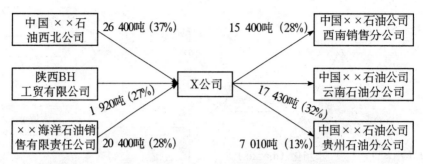

图7—15　X公司主要上下游企业的业务量及比重

在上游企业中，××海洋石油销售有限责任公司的初期注册资金是5 000万元，也是首批获得成品油批发经营许可证的八家能源企业之一。X公司与陕西BH工贸有限公司、中国××石油西北公司建立了长期合作关系，使得其油料供应渠道稳定，油品供应有保证，主要开展汽油、柴油、煤油的批发经营、零售及仓储，以及石油化工产品的的销售和储备。以上三家公司是X公司的主要供货来源，付款方式全部为预付货款的形式，供应商在收到预付货款之后组织发货，以3个月的银行承兑汇票支付。考虑到三家供应商的供货渠道稳定、供货质量可靠、付款条件可以接受，可以认为它们是比较优质的供应商。

下游企业中的三家石油公司，都是大型石油公司，资金实力相对雄厚，企业资信情况良好，付款也都非常及时。X公司与它们签订了协议，共同确定一家银行为融资银行，并在此银行开立一个账户作为收款账号，并设立监管账户，双方严格按照之前制定的贸易合同进行操作，保证货款项目能够及时安全地收回至银行收款账号。X公司在发货后，出具增值税票，当对方企业在收到发票以后以现金支付款项。这三家企业占到X公司全部销售收入的73％。因为供应关系非常稳定，价格也比较合理，所以产生了这种先发货再收款的模式。对于其他的客户，公司采用的是预付账款的方式，确定收到货款之后，才会给对方企业发货。

下面以一次具体业务为例。在本例中，供应链的层级增加了一级。与上面介绍的××海洋石油销售有限公司、X公司和中国××石油西南销售分公司的供应链相比，这次的贸易增加了更上游的一级供应商中国石油集团，但××海洋石油销售有限公司、X公司和某石化公司之间的活动和逻辑，与上面介绍的情况几乎完全一致。具体供应链活动和逻辑如图7—16所示：

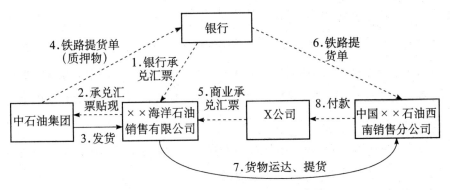

图7—16 X公司某供应链关系示意图

供应链融资的具体流程为：(1) 银行获得××海洋石油销售有限公司与中石油集团签订的供应合同，银行索要 X 公司与××海洋石油销售有限公司合同件，并索要 X 公司与中国××石油西南销售分公司的合同件，作为备案。银行为××海洋石油销售有限公司提供保证金比例为20%，期限3个月，4 000万元的银行承兑汇票。(2) 银行与××海洋石油销售有限公司、X 公司签订三方合作协议书。(3) ××海洋石油销售有限公司将银行承兑汇票贴现支付给中石油集团，中石油集团发出货物，银行手持铁路提货单，作为质押物。(4) X 公司向××海洋石油销售有限公司提供商业承兑汇票，金额为4 000万元，保证金比例为30%，汇票期限6个月。采取代理贴现方式，款项划至××海洋石油销售有限公司在银行的账户，银行将从 X 公司账户扣除4 000万元，用于填满银行承兑汇票敞口。(5) 银行将铁路提货单交付给中国××石油西南销售分公司，1个月后货物发至中国××石油西南销售分公司，中国××石油西南销售分公司付款，用以兑付 X 公司的商业承兑汇票。

7.4.5 基于 EVA 模型的供应链融资分析

在上述供应链融资案例中，银行通过对供应链逻辑的把握和对质押物及风险的控制，以提供承兑汇票的方式，同时完成了对××海洋石油销售有限公司与 X 公司的融资，使得贸易中的资金流问题不再制约贸易的进行，给具有潜力的供应链贸易提供了周转的平台。在这个过程中，银行通过赚取开票手续费、贴现利息和保证金存款利息收入等，获取收益。这也是供应链进行融资很重要的资本成本部分。

在对供应链融资过程和风险的控制中，银行密切关注开票资金占公司资本比例、商票金额中自筹保证金所占比例等，这体现出融资资金的比例是供应链金融的重要考察点。同时，银行密切监控货物在供应链中的流转、承兑汇票的期限和兑付时间等，这也反映了融资周期在供应链金融的判定中也占据重要的位置。

通过上述案例的分析过程，我们看到供应链融资成功与否，企业的利益能否增加，股东的利益能否维护，应该注意以下几个关键点：

第一，融资的结果能否带来好处，也即相比于融资所造成的成本，本次供应链贸易本身的盈利水平是否能够填补融资成本。这与 Moritz Leon Gomm 提出的供应链金融问题中的市场导向相一致。在案例中，体现为××海洋石油销售有限公司通过银行汇票贴现完成的交易，其盈利能否弥补开票手续费、贴现利息等所造成的损失；X 公司通过商业承兑汇票完成的交易，其盈利能够弥补开票手续费、贴现利息、保证金存款机会成本造成的损失。这在案例中显然是非常被重视的。所以说成本盈利指数可以作为衡量供应链金融绩效的一个重要指标。

第二，在案例中，融资周期在整个业务周期中的比例也被重点关注。作为融资手段的承兑汇票，其期限被重点考察，银行在业务过程中提供了承兑汇票贴现后，就对货物何时到达、收货方何时付款使得开票方能尽快地兑付承兑汇票敞口密切监控，希望能尽可能减少风险区间，这正与 Moritz Leon Gomm 提出的风险导向和未来导向相契合。在案例中，体现为银行在为××海洋石油销售有限公司开具的承兑汇票贴现后，以及收取和代理贴现 X 公司的商业承兑汇票后，希望中国××石油西南销售分公司和 X 公司的付款能尽快地兑付承兑汇票，这说明业务融资周期比应该作为衡量供应链金融绩效的一个重要标准。

第三，相比于其他的融资模式，供应链金融因涉及企业较多，涉及层面较广，风险一直是被重点关注的。而无论供应链整体优势能够给融资企业资质上带来多大的优势，其偿债能力都是一个应该被重点考察的指标。这正是 Moritz Leon Gomm 倡导的风险导向。在案例中，银行根据××海洋石油销售有限公司和 X 公司的规模和偿债能力，分别给予不同的承兑汇票限额，这是偿债能力被重点参考的直接表现。资本融资率作为表现企业偿还融资能力的重要指标，在评判供应链金融绩效中也是非常重要的。

　　此外，通过对供应链中上游核心企业供应链融资部门的访谈，可以看出公司在确定一次供应链融资能否融资时，更多的是从供应链整体的角度出发，综合考虑上下游因素，横向和纵向地考虑问题。其中提到的偿债能力问题、融资周转问题和融资盈利问题，体现在考察指标上，亦可以总结为资本成本率、业务融资周期比和成本盈利指数三个维度。

7.5　供应链金融的挑战及其发展

　　尽管供应链金融的概念相对较新，但已有一些趋势开始显现。一份在供需双方之间进行的、名为"2008年供应链金融市场的状态"的调查报告，提出了应对供应链金融的四种方法，如图7—17所示。

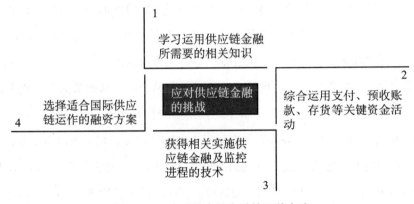

图7—17　应对供应链金融的四种方法

　　缺乏相关财务活动的知识，将会是供应链金融实践所面临的最大挑战。具体来说包括缺少管理终端对终端流程的合作技能、内部信息技术在响应需求系统上的局限性、难以预计实施供应链金融项目所给大家带来的潜在节约等。然而，调查中也有一些非常成功的企业，其特点如下：最好的需方企业都扩展了支付的方式，增加了对供应商管理库存（VMI）的应用，寻找到了比较"便宜"的融资方式；最好的供方企业都使用采购批量绩效转折点（purchase order performance milestone）政策来引发买方的支付行为，同时增加了对赊账交易条件的使用。报告同时总结出四条与供应链金融有关的绩效指标：平均资金周转期、过去一年现金周转期的相对改进量、应付账款天数、应收账款天数。综合使用好应收、应付账款以及存货从而减少营运资金，这将会成为最便宜最好的可用资金来源。

对于越加国际化的供应链，挑战不仅仅在于链中的存货，还在于企业需要预测海外市场的需求。VMI 近年来应用比较广泛，通过 VMI 可以实现需求及存货的可见性，企业从而更好地管理库存水平、应收及预付账款天数来降低整条链上的成本。

技术对于将供应链金融战略付诸实践以及监测其运行的进程来说非常重要。包括电子票据以及支付平台（EIPP）、ERP 支付模块、往来账户的自动管理、信用水平的自动标注、在线支付等。此外，使物流和资金流都可视化的技术显得尤为重要，这是因为金融机构可以通过此平台更好地预测风险，从而企业获得资金的可能性也会大大提高。

随着全球化进程的加速，扩大市场、满足更广范围内消费者需求的动机使得企业纷纷上马国际供应链，然而在架构国际供应链的同时需要考虑不同区域、国别之间的负债和税收等相关政策以及整个链上的具体成本发生点。从金融的视角来看待这样一个供应链网络，使得资金流不伴随物流一起流动成为可能。可以拟定何时、何地支付给谁的贸易合同，从而最大限度地获得税收以及其他成本收益节省。基于此，很多专门从事这一业务的公司，如 UPS 融资公司（UPS Capital）等应运而生。UPS 融资公司为美国小企业参与国际贸易提供了更为便捷、有效的融资方案。UPS 融资公司主管 Robert J. Bernabucci 说，由于 UPS 经营货物运输，并提供可见性服务，与银行和其他金融机构相比，UPS 融资公司可以在第一时间为小企业提供贸易融资。这样，供应商不仅可以尽早收到货款，货物的投递时间也将缩短。只有将货物运输与有效融资相结合，高效供应链的真正价值才会实现。小公司之间的全球贸易几乎都是通过信用证或预付现金实现，而无担保条款通常仅限于大公司之间。信用证虽然有效，但时效性很强且成本较高。预付现金交易会使小公司的现金流转更为紧张。传统的金融服务公司通常对运送中的或在国外存放的货物不抱信心，使得想参与全球贸易的小公司选择甚少。此外，美国经济大幅放缓后，由于信贷紧缩，小公司很难从银行获得金融贷款，生存压力巨大。UPS 的新业务为小企业提供了解决方案，利用货物作为担保，同时还能拯救小企业的业务。

中小企业对于我国国民经济的重要意义已无须多提，然而，国务院发展研究中心发展战略和区域经济研究部所作的"中小企业发展状况与面临的问题问卷调查"中，对"目前不利于企业发展最主要的问题"一问中，有66.9％的企业将"资金不足"列为第一位的问题，可见中小企业要发展，改善融资服务是关键。中小企业融资难是个历史性的难题，产生的原因很多，破解这个难题也是一个复杂的系统工程，需要政府、银行、企业的共同努力。

对于新兴的供应链金融来说，尽管物流和金融服务提供商正日益响应这种需求，提供这种服务的市场却还处于起步阶段。协作金融流程外包的有效性取决于公司对于开放其大部分金融体系的准备程度及意愿。不过，可以预测的是，供应链金融将会越来越重要，应用也会越来越广泛，而抓住这一机遇的法宝在于获得相关知识、综合运用关键融资活动、掌握（运用）相关技术、采用适合国际环境的融资方案。

本章主要参考文献

Carter, P. J., Monczka, R. M. and Mosconi, T., Looking at the future of supply measurement, *Supply Chain Management Review*, 2005 (2): 27-29.

D'Avanzo, R., von Lewinski, H., and van Wassenhove, L. N., The link between supply chain and financial performance, *Supply Chain Management Review*, 2003 (16): 40-47.

Hofmann, E., Supply Chain Finance: some conceptual insights, *Logistics Management*, 2005 (1): 203-214.

Lambert, D. M. and Burduroglu, R., Measuring and selling the value of logistics, *The International Journal of Logistics Management*, 2000 (1): 1-17.

Lambert, D. M. and Pohlen, T. L., Supply chain metrics, *The International Journal of Logistics Management*, 2001 (12): 1-19.

Moritz Leon Gomm, Supply chain finance: applying finance theory to supply chain management to enhance finance in supply chains, *International Journal of Logistics: *Research and Applications*, 2010 (2): 133-142.

Pfohl, H.-Chr., Hofmann, E., Elbert R., Financial Supply Chain Management —Neue Herausforderungen Für die Finanz-und logistikwelt, *Logistic Managevnent*, 2003 (5): 10-26.

Thomas W. Speh & Robert A. Novack, The Management of Fiancial Resources in Logistics, *Journal of Business Logistics*, 1995, 16 (2): 23-41.

Warren H. Hausman, Financial Flows & Supply Chain Efficiency, Executive Summary, Sponsored by Visa Commercial Solutions, May 11, 2005.

陈祥峰, 石代伦, 朱道立. 融通仓与物流金融服务创新. 科技导报, 2005 (9): 30-33.

陈祥锋, 石代伦, 朱道立, 钟颉. 融通仓运作模式研究. 物流技术与应用, 2006 (1): 97-99.

刘林艳, 宋华. 供应链金融的研究框架及其发展. 金融教育研究, 2011, 24 (2): 14-21.

伊志宏, 宋华, 于亢亢. 商业银行金融供应链创新与风险控制研究. 经济管理与研究, 2008 (7): 54-60.

张媛媛, 吉彩红. 基于质押贷款下的库存管理问题的研究. 数学的实践与认识, 2006 (5): 88-95.

后　记

现代服务业是国家现代化程度的重要标志，是反映一个国家或地区综合实力的重要内容，同时也是实现经济可持续发展的重要力量。加快发展现代服务业，对于推进产业结构调整，加快经济发展方式转变，保持我国经济长期平稳较快发展和社会全面进步，有着十分重要的意义。这其中企业的服务供应链管理，或者从制造转向生产服务产业链是一个重要的趋势，从国际来看，制造服务业已成为引领制造业产业升级和保持可持续发展的重要力量。很多知名的跨国企业集团，如 IBM（国际商业机器公司）、NIKE（耐克）、ROLLS-ROYCE（罗尔斯-罗伊斯航空发动机公司）都已成功转型。

IBM 曾经仅是硬件制造商，经过十余年的业务整合，现已成功转型为全球最大的"提供硬件、网络和软件服务的整体解决方案供应商"，在 IBM 全球的营收体系中，目前大约有 55％的收入来自 IT 服务。

ROLLS-ROYCE 是著名的发动机公司，是波音、空客等大型飞机制造企业的供货商，ROLLS-ROYCE 并不直接向它们出售发动机，而以"租用服务时间"的形式出售，并承诺在对方的租用时间段内，承担一切保养、维修和服务。发动机一旦出现故障，不是由飞机制造商或航空公司来修理，而是由发动机公司在每个大型机场都派驻的专人修理。ROLLS-ROYCE 通过改变运营模式，扩展发动机维护、发动机租赁和发动机数据分析管理等服务，通过服务合同绑定用户，增加了服务型收入。公司民用发动机订单有 80％都含有服务协议，服务收入达到公司总收入的 55％以上。

从这两个企业的例子中可以看出，依托制造业或者其他产业（如物流、贸易）发展服务业，亦即核心技术、能力服务化。如 IBM、ROLLS-ROYCE 等在制造领域的领导地位是其产业拓展的根基，但其主营业务并非简单制造，而是向"制造—服务"转型，依托制造提供集成化的产品服务和系统集成解决方案已成为当今企业持续发展的一种重要趋势。

这种服务导向的战略运作具有中间投入的特性，与第一、二产业以及服务业关系十分密切，是分工细化和服务外部化的产物。三大产业不断发展，能够不断扩大对生产服务业的需求，促进产业企业服务供应链的发展；反之，生产性服务的发展也能够有力支撑其他产业的发展。因此，推动生产性服务的发展，必须提高三个产业自身的竞争力，深化产业链分工，不断加强产业之间的互动，增强产业之间的关联。这主要包括：第一，加快产业服务外包的发展，通过引导和推动企业进行管理创新、技术创新和业务流程再造，将一些非核心的生产性服务环节转变为外部化的专业服务，以核心竞争优势整合企业的服务供给能力，实行专业化经营，深化发展产业链上的专业化分工体系；第二，加快以信息技术为基础的产业价值链的再造，在企业内部，将信息技术用于企业生产的各个环节，加强部门之间的交流合作，在企业之间，通过建立信息共享平台推动上下游企业之间的合作，特别是在产业链或网络的基础上建立协同化的创新平台，形成具有较强创新能力的创新网络；第三，将生产性服务业引入三次产业生产过程，着力提高产品的附加值，从产品生产的研究设计、市场调研到物流运输、营销策划，都通过服务导向的供应链运作来提升产业竞争力，加速产业升级。

冯国经先生等人在《在平的世界中竞争》中曾经说道："技术上的变革以及愈发平坦的世界带来了新的机遇，也使我们面临新的挑战。我们需要清醒地认识世界是如何变得平坦，以及其基本结构是如何转型的。我们需要改变我们的思维模式以便更好地了解这个世界，发现其中存在的机会。我们要进一步探究这些变化到底对我们的企业有何影响，我们如何应用新的方法，我们怎样才能构筑灵活多变的试验来测试可能应用在新的世界中的新商业模式或方法，我们如何调整自己当前的思维模式以使我们能够在这些变化中发现机会。"我想服务导向的供应链管理正是一种全新的思维模式和经营模式，需要让各类企业从产业价值链的角度来重新审视自身的战略和运作模式，以及企业资源能力的组织管理，和相应的供应链结构建立、管理运作战略和流程。所有这些问题都需要我们不断地从理论和实践上加以探索，以使中国的企业能真正从单纯地制造生产走向高增值、创新性强的生产服务，提升中国企业在全球产业中的竞争力。

"让智慧点亮人生，让思想成就事业"，本书只是对这一管理模式的一种简单理解、分析，希望能引起理论界和实践界的高度关注，不断深化对这些问题的研究和探索，这是我们共同追寻的目标。

图书在版编目（CIP）数据

服务供应链/宋华著 . —北京：中国人民大学出版社，2012.3
（"从实践到理论"企业管理丛书·利丰系列）
ISBN 978-7-300-15428-2

Ⅰ.①服… Ⅱ.①宋… Ⅲ.①物资供应-物资管理 Ⅳ.①F272

中国版本图书馆 CIP 数据核字（2012）第 040521 号

"从实践到理论"企业管理丛书·利丰系列
服务供应链
宋 华 著
Fuwu Gongyinglian

出版发行	中国人民大学出版社	
社 址	北京中关村大街 31 号	**邮政编码** 100080
电 话	010 - 62511242（总编室）	010 - 62511398（质管部）
	010 - 82501766（邮购部）	010 - 62514148（门市部）
	010 - 62515195（发行公司）	010 - 62515275（盗版举报）
网 址	http://www.crup.com.cn	
	http://www.ttrnet.com（人大教研网）	
经 销	新华书店	
印 刷	三河市汇鑫印务有限公司	
规 格	170 mm×250 mm 16 开本	**版 次** 2012 年 4 月第 1 版
印 张	14.75 插页 1	**印 次** 2012 年 4 月第 1 次印刷
字 数	226 000	**定 价** 45.00 元